杭州"最美"十年

中共杭州市委宣传部
杭州市精神文明建设委员会办公室
编

杭州出版社

图书在版编目（CIP）数据

杭州“最美”十年 / 中共杭州市委宣传部，杭州市精神文明建设委员会办公室编. -- 杭州 : 杭州出版社，2023.11（2024.5）
ISBN 978-7-5565-2319-1

Ⅰ. ①杭… Ⅱ. ①中… ②杭… Ⅲ. ①社会主义精神文明建设—杭州 Ⅳ. ①D648

中国国家版本馆CIP数据核字(2023)第244376号

HANGZHOU “ZUIMEI” SHI NIAN
杭州“最美”十年
中共杭州市委宣传部 杭州市精神文明建设委员会办公室 编

责任编辑 王晓磊
责任校对 陈铭杰
美术编辑 章雨洁
出版发行 杭州出版社（杭州市西湖文化广场32号6楼）
电话：0571-87997719 邮编：310014
网址：www.hzcbs.com
印 刷 杭州宏雅印刷有限公司
开 本 710 mm × 1000 mm 1/16
字 数 240千
印 张 19.5
版 印 次 2023年11月第1版 2024年5月第2次印刷
标准书号 ISBN 978-7-5565-2319-1
定 价 53.00元

编委会

打造有礼之城，展现最美杭州

——《杭州“最美”十年》序

“水光潋滟晴方好，山色空蒙雨亦奇。欲把西湖比西子，淡妆浓抹总相宜。”千百年来，杭州始终以旖旎的风光和深厚的历史文化底蕴闻名于世，引来无数文人墨客写下咏叹赞美的辞章。近年来，杭州加快了城市现代化的步伐，高楼林立，繁华锦绣，一座既充满活力又充满韵味的国际化大都市正在崛起。

在物质文明高度发展的当今，杭州的精神文明建设也出现了日新月异的变化，市民的文明素养不断提高，杭州文明的景象随处可见。排队上公交、礼让斑马线、垃圾不落地、以礼待宾客……生活在这座城市里，如同诗意栖居于礼仪之城，每个人都在争当文明使者；旅游到此，时时处处可感受杭州人民的热情好客、乐于助人，完美的服务让每一位游客深感暖心。道德模范、最美人物层出不穷，正气充盈、诚实守信蔚然成风。围绕 G20 杭州峰会和杭州亚运会(亚残运会）的举办，新时代文明实践中心（所、站）全覆盖，全民参与的志愿服务体系日臻完善，数智赋能“杭州市文明帮帮码”（文内简称“文明帮帮码”）通过帮你帮我大家帮，打通了志愿服务供给端和需求端，有效提升广大群众参与文明实践志愿服务的积极性和获得感。文明底蕴得以厚植，杭州城市文明的高度不断提升。

杭州精神文明建设的丰硕成果，是中央、省文明办精心指导和市委、市政府正确领导的结果，更离不开全体杭州市民的共同努力。党的十八大以来，杭州市委、市政府始终坚持以习近平新时代中国特色社会主义思想为统领，以培育和践行社会主义核心价值观为根本，紧紧围绕举旗帜、聚民心、育新人、兴文化、展形象的使命任务，组建市委宣讲团，依托全市新时代文明实践中心（所、站），推动“百支宣讲团　千名宣讲员”赴基层开展宣讲，学习宣传有声有色，氛围不断浓厚，学习成效愈见明显。

近十年来，杭州市深化文明单位、文明村镇创建工作，群众性创建活动蓬勃开展；深化推进城市环境品质提升行动，积极打造“席地而坐”的卫生环境、“杯水不溢”的通行环境、“水墨淡彩”的夜景环境、“满城桂香”的园林环境、“宋韵钱塘”的人文环境，充分呈现历史文化名城、创新活力之城、生态文明之都的特色。

近十年来，杭州市深化开展公筷公勺、光盘光瓶、垃圾分类、文明观赛、文明待客、公共礼仪等文明好习惯养成专项行动，积极践行“浙江有礼”十种礼节礼行；通过市民大学堂、文明“大篷车”等公众平台，推出文明礼仪系列主题活动；广泛开展“我文明　我礼让　我守规”文明交通提升专项行动，引导广大市民进一步养成遵章守法、文明出行的良好习惯；积极开展“窗口树形象　服务展风采”窗口行业文明服务专项行动，不断提升窗口行业文明服务能力和水平；拓展文明实践阵地，建设“文明驿站”，打造百姓身边“暖心点”；尤其是紧扣 G20 杭州峰会、杭州亚运会（亚残运会）筹办举办等中心工作，深入实施城市文明提升行动，巩固提升“礼让名城”“志愿善城”品牌影响力，大力塑造城市文明新风尚，为盛会成功举办增光添彩。

近十年来，杭州市始终把打造最美之城与创建全国文明城市紧密结合起来，常态化开展“发现‘最美杭州人’、争做‘最美杭州人’”宣传活动，挖掘和宣传日常身边涌现的“最美”典型；加强行业“最美”人物选树，一批批“最美科技工作者”“最美助残人”“最美退役军人”“最美拥军人物”“最美统计人”“最美禁毒人”“最美建设人”“最美教师”不断涌现；持续开展“我推荐我评议身边好人”活动，健全优化“杭州好人”选树机制和流程，积极向上推荐“浙江好人”“中国好人”人选；开展市域文明新实践中为民办实事活动，实施“十百金名片”培育行动，实现“一县一品”，打造百个文明新实践金名片；推出“寻访好家庭 说说好家风”活动，宣传展示文明家庭，进一步弘扬家庭美德；深入开展文明校园创建活动，引导青少年“扣好人生第一粒扣子”，落实立德树人根本任务。

近十年来，杭州市强化顶层架构设计，加强党对志愿服务工作的领导；建立健全党政领导、部门联动、社会协同、公众参与的志愿服务工作格局，进一步完善志愿服务制度和工作体系；迭代升级“文明帮帮码”数智系统，通过“实践（有礼）讲堂、实践课程、文明驿站、帮帮‘益’站、亚运志愿”等“10+N”功能模块，打造向上贯通省级，向下贯通市、区县（市）、乡镇（街道）、村（社区）五级的新时代文明实践在线数字综合服务平台。

“今年水曲春沙上，笛管新篁拔玉青。”杭州市将以全域争先、全面出彩的一流标准和水准，不断完善创建体制机制，夯实群众性精神文明创建工作基础；以“浙江有礼·最美杭州”市域文明新实践为载体，统筹推动文明培育、文明实践、文明创建，推进城乡精神文明建设融合发展，提高市民文明素质和社会文明程度；积极打造“礼让名城”“志愿善城”，动员更多市民加入志愿者队伍；激发全社会参与热情，广泛开展文明村镇、文明单位、文明校园、文明家庭等文明创建活动，形成人人参与创建、人人支持创建的良好局面；不断厚植文明底蕴，以有形阵地为依托，以无形文化滋润心田，谱写独具魅力的文明新篇章，为建设世界一流的社会主义现代化国际大都市、打造中国式现代化城市范例提供坚强思想保证、强大精神动力、丰润道德滋养和良好文化条件。

一座城市的文明不仅在其颜值，更在其精神。为深入总结“最美”品牌近十年来的探索和实践，结合推进“浙江有礼·最美杭州”市域文明新实践，培育“礼让名城”“志愿善城”等亚运文明提升标志性成果，我们邀请了20余位杭州作家，共同撰写了这部纪实文学作品集《杭州“最美”十年》。本书以近 20 万字的篇幅，分《十人》《十礼》《十名片》三个篇章，生动地叙述了最近十年，杭州在精神文明建设领域涌现出来的先进典型人物、“浙风十礼”优秀做法和文明实践标志性成果，以展现杭州培育践行社会主义核心价值观的最新工作进展，展示广大市民新时代文明实践最新成果，呈现“有礼”“最美”的杭州城市文明。同时，它也是一部精神文明建设工作互相交流、互相借鉴、互相学习的宝贵资料和生动教材。文明建设永远在路上，让我们共同努力！

是为序。

《杭州“最美”十年》编辑委员会

2023 年 11 月

目 录

第一章 十人

第二章 十礼

第三章 十名片

第一章

十人

“最美十人”：

“桃李不言，下自成蹊。”

至2023年，“最美杭州人”选树活动已满十周年。十年来，助人为乐、见义勇为、诚实守信、敬业奉献和孝老爱亲的道德模范和先进人物得以挖掘和推出，先后涌现出一大批“时代楷模”、“诚信之星”、全国道德模范、“中国好人”、浙江省道德模范、“浙江好人”等各层面的最美人物。十年来，争做“最美杭州人”常态化宣传活动持续开展，杭州“最美”品牌始终闪亮，杭州“最美现象”也从开始的一株株“盆景”发展成为一片引人入胜的“风景”，转化为良好的道德风尚。在“最美”导向之下，道德的力量突破群体、地域、行业的拘囿，像蒲公英的种子，撒满钱塘大地。

从“小我”走向“大我”

——记“阿里巴巴”公益助残负责人吴菊萍

一身干练的职业装，一张温婉的笑脸，眼前这位女子如清澈的泉水，为难耐的暑热送来了几分清凉。乍一看，这位女子是如此普通，但神情里的从容与诚恳，话语间的自信与坚定又让她显得那样不普通。当她稍作停顿，说起这些年精彩纷呈的公益之路，聊起那些质朴又真诚的感悟时，更让人情不自禁地为她竖起大拇指。至于十多年前那惊人的“一接”，则被她轻描淡写地带过了。然而，我们不会忘记十多年前那“一接”留给我们的震撼，以及其发散出来的炽热的道德光芒。

这位女子就是“最美妈妈”吴菊萍。此时的她，不仅是一位母亲、一位公民，也是一位公益人。

这些年来，吴菊萍坚守平凡的本心，坚守平凡的岗位，以公益人的责任感与良知奋战在公益服务事业的一线，发挥公众人物的表率作用，为社会传递正能量，以党员的先进性带队伍、强自身、创品牌，以实际行动让“最美妈妈”成为永恒的旋律。

勇救婴孩　誉满杭城

12年前，吴菊萍奋不顾身救下了素不相识的妞妞，一时间，这一善举传遍了整个杭城。光阴流逝，但当年盛夏时节发生的那一幕依然留在了我们每个人的心里。

在小女孩危在旦夕之际，偶然路过的吴菊萍反应迅速，扔下太阳伞，脱掉高跟鞋，伸出双手，冲向前方，站在了孩子最有可能掉落的地方。那个瞬间，吴菊萍出于一个普通人的良知和一位母亲的本能，向着未知的危险，伸出双手。她没有想到从10楼窗台上坠落下来的瘦弱稚子，会产生将近700斤的重量，没有想到这一举动会让自己的身体遭受重创，也没有想到这次意外会让她刚刚七个月的儿子被迫断奶。彼时，她的心里只有一个信念：万一孩子掉下来了，一定要接住孩子！

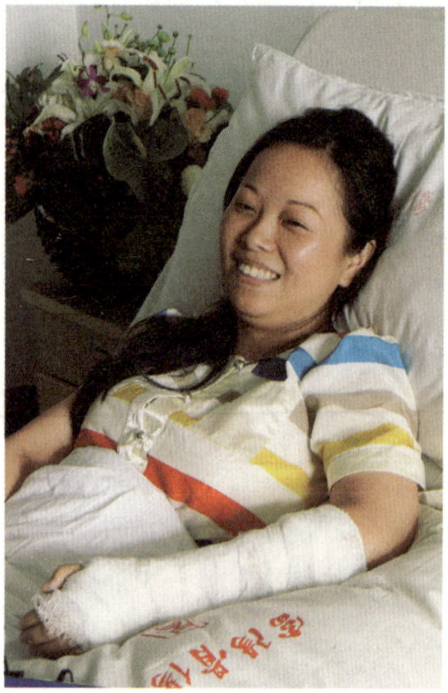

吴菊萍

时间一分一秒过去，10楼窗台上的孩子牵动着所有人的心。人们不由自主地屏息着，似乎忘记了时间的存在。而稚童仍按着自己的心意玩耍，殊不知危险就在眼前。“啊——”人群中有人叫了一声，最让人担心的一幕还是发生了，孩子开始快速坠落。在人们掩口惊呼的沉默中，吴菊萍伸出双手稳稳地接住了孩子，那个叫作妞妞的女孩得救了！

当时在现场围观的人们不会忘记那个惊心动魄的瞬间，人们惊呼："没有想到！""太吓人了！""人还好吗？"生命的力量总让人惊叹，也让人思考。吴菊萍和妞妞的身体在接触的一瞬间，产生了巨大的冲击力，两个生命双双陷入了昏迷，也从这一刻起，两个生命紧密相系，共同捧起了生命的光。妞妞不会忘记生命中的那一束光，围观的人们不会忘记那特殊的一道光，杭州这座城市也不会忘记凝聚着美与善的那一片光亮。

一次善举，使吴菊萍成了众人注目的焦点，随之而来的各类荣誉让她措手不及。人生头一回成为万人瞩目的焦点，吴菊萍一直带着淡淡的笑来回应。在荣耀、掌声、赞许甚至质疑的背后，大家可能忘了作为主角的吴菊萍承受着怎样的压力。若干年后，回望那段时光，吴菊萍说，面对无法抵挡的关注，只能深深地吸口气，默默地调整心态，认真地审视自己，也勇敢地寻找平衡点。我们都知道，这世间从来没有从天而降的英雄，只有一个个活生生的善良人儿，是危难时刻的选择让他们变得不普通。幸运的是，人间处处是温暖。经历勇救婴孩事件，吴菊萍收获了更多的爱与理解，正是这些爱与理解，让吴菊萍始终坚定地按着自己的心意，继续散发着爱与美。

公益之路　向光而行

如今，吴菊萍是阿里巴巴集团公益部党建工作负责人，一手抓党建，一手办公益。

救了妞妞之后，吴菊萍因为严重的骨折伤，在医院的病床上治疗了三个月。身体康复之后，吴菊萍从阿里巴巴 B2B 诚信通品控部调到了阿里巴巴集团社会公益部工作，投身公益事业。工作岗位的转变，让她发现了自己更擅长的东西，也发现了世间更有价值的东西。在公益部门，吴菊萍从基层做起，从点滴做起，立志要以实际行动，配得上所有曾经的荣耀。

2023 年 5 月，阿里巴巴公益基金会在北京八达岭长城，发布了助力残疾人互联网高质量创就业的“万人残疾人商家创就业助力计划”。吴菊萍是这项计划的参与者之一。在暑热时节见到她的时候，她刚刚结束了手中的一个助残项目。

吴菊萍说，中国有 8500 多万残疾人，他们可能是我们的长辈，可能是我们的兄弟姐妹，也可能是我们的知己挚友，他们的生活质量备受全社会的关注。就业这个最基本的民生，对于残疾人来说，意义更为突出，残疾人朋友的人生故事可能会因为这个“创就业助力计划”而变得不一样。

面对复杂的电商环境，残疾人与健全人一样，直面各种挑战与风险。吴菊萍和她的小伙伴借助阿里巴巴公益基金会的力量，联合淘宝平台，计划在三年的时间内，为超过 10000 个残疾人商家提供免费电商运营课程，其中包括建立残疾人创就业社群，从活动运营、店铺诊断、课程教育、就业辅导、社群活动等五个方面，助力残疾人商家在激烈的电商竞争环境中生存发展。同时，陪跑 100 家有发展潜力的标杆残疾人商家，启动“浙励播”直播助残项目，让残疾人获得直播技能培训，赶上直播带货的红利期。吴菊萍说这些设想时，一直带着诚挚的笑容。她真心地为残疾人朋友着想，为他们的不幸而难过，也为他们的成功感到骄傲。

公益事业的价值不仅在于帮助弱者渡过难关，也在于为他们重拾生活的信心，铸就社会正能量，形成全社会共享的可持续的向善氛围。吴菊萍非常谦虚，很少提及自己的功劳，一直在强调社会的力量和团队的努力。她说，每一个公益项目的推出，都是她与团队小伙伴细致调研、反复论证的结果。“创就业助力计划”精准对接残疾人的需求，准确把握社会环境的变化。这项计划不仅要帮助残疾人朋友赚到钱，获得更高的生活质量，也要帮助他们获得自尊感和认同感，成为更好的自己。公益之美，着实让人感动。

吴菊萍还提到了一位老朋友——游林冰。在此次“万人残疾人商家创就业助力计划”启动现场，游林冰与其他残疾朋友一起，登上了八达岭长城，圆了心中征服长城的梦想。吴菊萍和她的伙伴们希望残疾人朋友“不仅能征服真正的长城，也能征服自己心中的长城”。为了这样的心愿，吴菊萍始终在努力着。

吴菊萍与游林冰的缘分始于“魔豆妈妈”公益项目。“魔豆妈妈”公益项目是吴菊萍加入公益部门之后早期负责并任爱心大使的项目，这个项目帮助了许多身处困境的女性创业就业。游林冰就是这样一位女性。她是不幸的，在事业蒸蒸日上时遭遇惨烈车祸，失去了丈夫，自己更是高位截瘫；她也是幸运的，家人不离不弃，社会关爱始终都在。受益于“魔豆妈妈”爱心工程，游林冰开办了网店，凭着一股不服输的劲儿，终成“五钻卖家”，不仅做

吴菊萍（左一）、毛陈冰（右一）荣获第三届全国道德模范称号

到了自食其力，还能养家。

时代的进步也让许多问题暴露了出来，残疾人的电商运营遇到了新难题。许多像游林冰这样的残疾人尽管已经获得了生存的途径，还需要修炼一身过硬的功夫，“助力残疾人互联网高质量创就业计划”应运而生。这些年，吴菊萍的工作强度很大，她走了很多地方，认识了很多残疾朋友，真正了解到残疾人朋友的所思所想，明白他们的苦衷和诉求。这些人与事让吴菊萍知道，公益事业的发展也应该讲究“用户至上”，只有全面透彻地考虑受众的需求，才能使这些项目更好地推进，让受助者真正从中受益。

虽然很累，但是吴菊萍在这份有爱的工作里收获了心灵的慰藉。看着游林冰他们过得越来越好，笑容越来越美，吴菊萍感到由衷的高兴。她明白，自己所做的只是很小的一部分，但星星之火可以燎原，她相信，爱会成为这个时代、这个世界的主旋律。

近年来，作为阿里巴巴集团公益助残项目的负责人，吴菊萍和她的小伙伴们共同努力，持续跟进，还推出了数字人手语翻译项目、信息无障碍项目、优酷无障碍剧场项目、高德地图“轮椅导航”项目等公益助残项目，覆盖了残疾人朋友衣食住行的方方面面。每一个项目从设想、立项、实施到验收，各个环节都凝聚着大家的心血，也发挥着阿里巴巴集团的技术优势。过去，科技总是让人感觉冷冰冰的，但是，有了公益的加持，技术散发出了迷人的光芒，带来一股股暖流。像数字人手语翻译项目，就是由吴菊萍所在的阿里巴巴公益基金会提供资金支持，达摩院通过融合 3D 虚拟人技术、计算机视觉、机器翻译、语音技术等，为听力障碍人士研发的助残项目。如此，听力障碍人士来到一个景区，除了用眼睛感受美，还能通过手机扫码获取手语讲解信息，这样便能更真切地了解美景背后的历史与传说。在杭州亚运会期间，听力障碍人士也能跟着“手语主持人”全面感受亚运风采。

十年公益之旅，吴菊萍经手了许多公益项目，公益已经成为她生命中一个深深的烙印。吴菊萍说，公益不仅是她生命中的重要部分，也是每个阿里人生命中的重要部分，因为集团的“人人３小时（每人每年完成３小时公益志愿服务）”，公益倡导已经成了她和同事们自觉的行动。从感动、触动、行动到带动，公益已经变成了吴菊萍的一种生活态度和生活方式。在不影响正常生活的情况下，分享出自己富余的资源，比如时间、金钱或者物资，积少成多，聚沙成塔，每个人在这样的付出里都能成为不一样的自己。

吴菊萍也用自己的真诚与善良影响着身边的人。她常常带着自己的儿子、干女儿妞妞以及妞妞的妹妹一起去做公益。社区的图书馆里留下了他们的身影。瞧，孩子们正在细心地整理图书，分门别类摆放好，小心地拂去书上的灰尘；社区托育班的小宝宝们也得到他们的照护，吴菊萍经常带着三个孩子，让他们做一些力所能及的“工作”——去照顾更小的孩子们，为孩子们讲故事，陪着孩子们一块儿玩。父母的言传身教是孩子最好的“教材”，父母说的话、做的事，会以潜移默化的方式影响孩子的方方面面。三个孩子一定从妈妈身上看到了爱与善的力量，这份力量将一直陪伴着他们，成长为更好的自己。

党建引领　再创辉煌

这十多年来，吴菊萍也在不断成长。如今的吴菊萍，作为公益部党建工作负责人，她以妈妈的爱全情投入党建日常工作，以新时代女性的形象发挥半边天的作用，全面落实新时代党的建设总要求，以党建引领公益业务，努力打造“互联网 + 党建”的创新标杆模式。

“互联网 + 党建”是一个新颖的概念，作为党建工作负责人，吴菊萍肩上的担子格外重。如何结合公益事业做好党建工作，如何更好地讲好互联网党建故事，成了她一直思考的问题。吴菊萍认为，学习，是最便捷的进步之路，这也是她一直坚持在做的事。古人有言：立身以立学为先，立学以读书为本。吴菊萍一直以做学习型党支书为己任，勤学党的创新理论，钻研相关业务问题，苦练自己的组织管理本领，不断提高自己的业务水平，在党建工作中凝聚“她力量”，散发公益光彩。

从一名普通党员到党的十八大代表，从一名普通员工到基层党务工作者，吴菊萍有太多的话要说。这些年，她所在的支部不断发挥党建优势，带领广大党员和优秀青年，联动行业伙伴，在乡村振兴、救灾抗疫、五社联动、人人公益等社会发展最重要、最迫切的领域开展系列活动，取得了丰硕成果。吴菊萍所在的支部一直在探索有力量的党建活动，他们不仅发动内部党员员工参与，还通过平台力量带动几百万爱心网友参与党建公益，还与一些优秀的公益组织开展联合党建，帮助更多的人，让公益之光铺满大江南北。

在支部建设上，吴菊萍也颇费心思，她与伙伴们发挥聪明才智，将公益部主打 IP“爱豆”与中国红相结合，形成基金会党支部的品牌“爱豆红”，又提炼出基金会党支部的口号“爱在阿里，共绘中国红”，让支部建设更有凝聚力，让每一位党员的成长发展与企业发展、国之荣耀相系，体现了支部一心向党、红星满满的热忱。

所有的努力都有回报。2023 年，阿里巴巴公益基金会党支部被浙江省委互联网企业工作委员会评为“先进基层党组织”，吴菊萍本人获评“浙江省委互联网企业工委优秀党务工作者”。沉甸甸的荣誉背后，是吴菊萍数年如一日认真做事、真诚协作、助力发展、创新实践的结果。她说，帮助别人也是帮助自己，团队的进步也是个人的进步。人是沧海中渺小的一粟，唯有发光，才能遇见光。

从前，吴菊萍只是一个普通的女子，12 年前一次意外的经历，让刚过而立之年的吴菊萍成为当年现象级的“网红”，她的人生也悄悄地发生了一些变化。这几年，吴菊萍也曾有过徘徊与不安，但那一瞬的光让她知道，她可以凝聚更多的力量，让世界充满光，那么，何不因着悄无声息的变化，发挥自己的能量，向着一个更好更精彩的目标前进呢？吴菊萍选择了坚守本心，坚守纯真，勇敢地担起了身上的担子，在公益之路上越闯越勇。

在这个瞬息万变的世界上，永葆初心、永记使命非常艰难，但吴菊萍凭着那一股韧劲做到了！她依然是那个笑脸盈盈的女子，依然充满活力与激情，她没有停下来，她始终在努力，在漫漫的求索之后，真正实现了从“小我”向“大我”的跨越。

沈　烨

为人民服务没有终点

——记杭州公交集团第三汽车分公司28路司机孔胜东

孔胜东，杭州公交集团28路3-9118号车驾驶员。10年公交车修理工、4年乘务员、24年公交车驾驶员，37年义务修车，从青春少年到沉稳中年，他践行着共产党员全心全意为人民服务的宗旨。也许你没有坐过他的车，也许你没有体验过他的维修手艺，但在杭州，在某种程度上，这个名字已成为社会主义核心价值观实践者的代名词。

一辆公交车就是一个流动的家

2022年1月31日，除夕夜。杭州的街道略显冷清，孔胜东驾驶的28路公交车平稳如常地行驶在万家灯火中。这是他坚守司乘岗位的第24个除夕。

2023年1月21日，除夕夜，恰逢周六。这是孔胜

孔胜东

东在义务修车点的第 5 个除夕。

时间回溯到 1982 年 11 月。

高中毕业的孔胜东进入杭州公交大修厂，当了一名机修钳工。由于表现突出，厂里推荐他入党。在当年的入党申请书里，孔胜东清楚地记得自己一笔一画写下的诺言：努力为人民服务。

“1992 年 4 月 14 日是我终生难忘的日子，那天我入党了。”说起自己的入党经历，记忆的匣子瞬间打开，他有些激动。也就是在这一年，孔胜东作出了一个重大决定——去一线当公交车乘务员。这让单位的领导和同事百思不得其解。要知道，那时候机修钳工工作稳定，每周都有一天休息，而线路上的乘务员每天来回奔波，早出晚归，很少休息。但孔胜东想的是，作为一名党员，就应该践行全心全意为人民服务的宗旨，到一线，就能为更多群众服务。

这份信仰一直深深烙印在孔胜东的心里。

1996 年 8 月，杭州公交车陆续实行无人售票，为了能继续在一线服务群众，孔胜东又作出了一个让大家意外的决定：报名参加公交车驾驶培训，花一年时间学车，成为一名公交车驾驶员。

驾驶员的辛苦不言而喻，休息时间少不说，成为驾驶员后，孔胜东还常常加班多跑几圈。“作为一名党员，就应该担起这份责任。”对于工作上的辛苦，他从未抱怨过一句，还把自己的车厢打理成了一个温馨小家。在他眼中，乘客就是他的家人。

作为一名公交车司机，全车乘客的安危都系在方向盘上。孔胜东深感责任重大，每次出车前，总是提前上班，认真做好车辆例保工作，确保车辆有一个良好的机务状况投入营运。每天早上 7 时，他都早早到岗出车，在开车前认真检查公交消防设施，如查看安全锤有没有放到位、安全锤击破方位标志有没有脱落等。孔胜东的公交车一天要清洁五六次，这是他的党员承诺服务中新增的内容之一。另一项承诺是每天下班后，再义务多跑一趟车。正常情况下孔胜东平均一天跑四圈，一圈两个小时。但是为了让更多的乘客坐上车，孔胜东觉得值得多跑一趟，也就这么坚持下来了。

在服务工作中，孔胜东始终践行“热心、诚心、真心、爱心、耐心”的服务理念，主动揣摩乘客心理，努力提供优质服务。关门之前看一看，发现赶到乘客等一等，对行走不便的乘客扶一扶，对外地乘客主动问一问，回答乘客提问耐心和气，碰到带小孩的乘客关照注意安全……平时还根据不同年龄、不同层次乘客的特点，有针对性地做好周到、耐心的服务。他在行车中严格遵守交通法规，保持中速行驶、礼让三先，不开赌气车、霸王车、冒险车，在平时操作中，始终把乘客的安危放在心上，及时提醒、照顾好不方便的乘客，至今已安全行驶 83 万多公里，每天载客 1000 多人次。形象点说，这相当于把全杭州人都拉一趟，绕地球转了 20 多圈。

“您好，上车请把手机拿到手上，包请放到前面。”每当一个市民乘客上车，孔胜东都会热情地送上这一句提醒。要知道，熟悉他的市民如果能赶上孔胜东的车，往往会觉得自己很幸运，远远地看到车头挂金闪闪“模范牌匾”的28路车，就知道是孔胜东的车来了。一上车，市民们会亲切地称呼他一声“模范”。电子报站提示之后，他还会习惯性吆喝一句“大家下车时注意脚下安全，不要遗忘随身携带的物品……”，亲切得如同拉家常。

市民方先生从在杭州大学读书时就乘坐孔胜东驾驶的28路公交车，聊起孔胜东，方先生感慨万千：“一开门就能听到他说，欢迎乘坐开往植物园的28路公交车，请大家扶好往里走，后门下车，要关门开车了，大家扶好把手。车要转弯了，会说车辆转弯，大家请扶好把手。岁月流逝，一样的声音一样的热情，唯一不一样的就是孔师傅也老了，头顶的头发越来越少。”

2015年3月5日上午，在体育场路的公交站点，胡大伯正在候车。一辆公交车穿过淅沥小雨向站台驶来，胡大伯定睛一看，怎么这辆车不是自己熟悉的绿色涂装啦？红色车身上印着的人像倒是有些眼熟。再定睛一看，车身上印着的正是孔胜东。原来这一天，这辆编码为7525的28路公交车成了“孔胜东学雷锋专车”，并在浙江大学玉泉校区公交站正式揭幕。“蛮好的，孔师傅就是杭州学雷锋最好的代表！”上车后，胡大伯和几位认识孔胜东的乘客齐声称赞。

百闻不如一见。踏上孔胜东驾驶的这辆28路车，每个乘客都会惊喜不断：车厢里有他亲手绘制的沿线导乘图和车辆换乘示意图、便民小药箱等。以前，孔胜东的车上还会提供免费茶水、一次性防吐塑料袋等，不过这些服务项目因杭州推行无餐饮公交环境，都被取消掉了，但人性化服务所带来的温馨感依旧留在了乘客的回忆中。据估算，仅免费茶饮这项服务，就用掉了一次性茶杯 4 万余只，茶叶 50 余斤。为了乘客能够不误站、不坐错车，孔胜东还特地给公交车配了一个扩音喇叭，除了车上本身就带有的自动报站系统提供的报站服务外，他还利用这个喇叭提供个性化的报站服务。2006 年 7 月 1 日起，他又在车厢内推出免费阅报活动，每天自费购买好 8 份报纸，将它们放置在车厢醒目位置，以供乘客乘车时阅读。

“车子环境好了，乘客的心情也会更好。”孔胜东笑着说。从事行车服务 20 多年，他先后收到各类表扬信（电）4000 余件，乘客们都亲切地称他的车子为“放心车”“雷锋车”。

2016年，G20杭州峰会召开前夕，孔胜东意识到公交作为城市文明的窗口，司乘人员的服务水平直接反映出一个城市的文明程度。为了更好地和国际友人交流，孔胜东和他的同事们开始学起了英语。“我们请了老师来教，学习一些日常口语和风景名胜的讲法。”孔胜东说。不仅如此，他们还要一岗双责，担任起安全员的职责。孔胜东说：“在外国人面前，我代表中国；在中国人面前，我代表杭州；在杭州人面前，我代表公交。”

文明交通关乎每一个人的出行平安，是一座城市最闪亮的名片，更是一座城市现代化文明的标志。2023 年 7 月 5 日，在“迎亚运　促和谐”交通文明提升行动启动仪式上，孔胜东表示：“一辆公交车就是一个流动的家，我们会开好文明车、安全车、礼貌车，将每一位乘客安全送达目的地，持续擦亮‘礼让斑马线’金名片，让中外游客来到杭州像回到家一样温馨。”他与其他公交车司机们一起，接受英语、安保等各方面的培训，还去火车东站做文明引导员，努力提高服务能力和水平，为杭州亚运会和亚残运会作出更多贡献。

一个坚持了 37 年的义务修车摊

工作之余，孔胜东不忘坚持服务群众。

许多老杭州都知道，在中山北路和百井坊巷交叉口，每个周六晚上，都能看到孔胜东义务修理自行车的身影，37 年来，风雨无阻。除了在司乘岗位上度过的那 24 个除夕夜之外，还有 5 个除夕夜是在修车岗位上度过的。

我的面前有两张照片，一张老旧泛黄，但仍清晰可见照片中的人物是一名神情专注的青年，正在修理一辆自行车。另一张则新得多，是一个已过不惑之年的中年男人，他穿着公交集团的司机制服，正在指导身边一名青年人如何补胎修车。两张来自不同年代的照片，串联起了近 30 年的岁月。

1986 年，团省委向全省团员发起“为社会风气根本好转作贡献”的倡议。一直热心助人的孔胜东就琢磨开了，自己有点自行车修理技术，也想响应号召为群众多做点事。

“高中毕业时，有一次到同学家玩，晚上回家的时候自行车胎瘪了，但我找不到修车的地方，真当不方便。”有过切身体会的孔胜东开始默默观察，经过一个月时间的调查，他发现当时杭州夜晚能修自行车的地方极少，市民晚上想修车很困难。于是他就想在离自己家比较近的中山北路口义务修理自行车。

1986 年 3 月 5 日，“共青团员义务修理自行车”大红招牌在这里竖了起来。1992 年，他加入中国共产党后，修车点也正式更名为“共产党员义务修车点”。从此，每个星期六晚上 7 时到 10 时，他都会来到这里设摊，为市民免费修车，这一修，就是 37 年。无论是酷暑还是严寒，他都会准时出现在路边，当有人有急事在身，而车一时难以修好时，孔胜东还主动把自己的自行车借给人家，时间长了，好多人知道中山北路有一辆“公车”。

做出了决定，做起来并不那么容易，回忆起自己志愿服务生涯的开端，孔胜东感慨万千。“我想到会有压力，但是没有想到压力会这么大。当时正是下海经商的热潮期，单位里也不限制员工从事副业。有点空闲的人都去做生意了，只有我在路口架着个摊子给人免费修车，就有人说我是‘62’。甚至还有人跑去我家里和我父母说，我脑子有点问题。”孔胜东笑着解释，“62”就是杭州话里说一个人是“傻帽儿”的意思。

恰好此时，公交集团团委组织青年团员参观浙江革命烈士纪念馆，孔胜东也参加了。孔胜东认认真真地参观着，更加坚定了坚持为人民服务的思想。“看着那些烈士的革命事迹，我心想，自己受的不过是一些小委屈，而他们失去的是生命。”他以这样朴实的思维，让自己坚持住了志愿生涯的第一步。

正在修自行车的孔胜东（右一）

孔胜东笑言，在他志愿生涯的每个阶段，都有人猜测他马上就要不做了。“刚开始义务修车的时候，有人说我是为了出风头，坚持了一段时间后，风言风语还是存在。”但孔胜东并没有理会外界的质疑，他说做人就要走自己的路。

2001年底，孔胜东家的旧房

拆迁，全家搬去了城东的采荷新村，距离修车点有半个小时的车程。当时他已经被评选为全国劳模，得到了外界更多的关注。单位的领导关心他的身体，向他建议，趁这个机会从修车摊上退下来吧，不然真的太辛苦了。但他谢绝了领导的好意，每周六坚持骑车一个小时，来回在新家和修车点之间，为市民提供维修服务。

说起这些年的坚持，孔胜东说了两件趣事，都是与“打赌”有关的。2013年2月9日即年三十晚，正好是一个周六。尽管街道上连行人都很少出现，孔胜东还是雷打不动地来到了修车摊守候。不多时，一对父女推着车过来。“孔师傅啊！我和我女儿打赌来着，她说今天大家都在家吃年夜饭，你一定不会来，我说你肯定会来，结果你让我赢了啊！”这位父亲说道，那位女儿也不好意思地笑了。

另外一件事发生在2003年。孔胜东说，那也是自己过得最为艰苦的一年，家中老母患上了癌症，在冬至那天去世，开春以后，又遭遇了“非典”，让他的志愿服务倍感压力。3月的一个周六晚上，全国刚刚打响抗“非典”战役不久，人们减少了外出活动，孔胜东仍在修车点上一如既往地等候。两个大伯推着车从远处走来，看见孔胜东的身影，都十分激动：“孔师傅啊，我们打赌说，这么特殊的时期，你肯定不会来，没想到真还能看到你！”

从1986年至今，整整37年，近2000个周末的夜晚，孔胜东没歇过一次，为市民义务修车超过3万辆，使用材料费达数万元。岁月把他从一个毛头小伙子变成了知天命的中年人，但他那颗为人民服务的心没有变，“义务修车”的诺言没有变。孔胜东用自己的服务感染了身边无数人，“孔胜东”三个字也成为这座城市最温暖的一个标签。

这么些年下来，孔胜东的修车摊也在慢慢壮大，从一个人发展到一个团队。2012 年年初，孔胜东所在的杭州公交三公司成立了“孔胜东志愿服务队”，全公司有 200 多人自愿报名参加服务队，他也正式招收了 3 个徒弟，全是杭州公交三公司的职工，清一色 20 多岁的小伙子。

修车这么多年，如果说没有遭受过误解，没有过委屈，那是不可能的。对此，孔胜东看得很淡：“很多人认为，来你这里就一定要把车修好，修不好就是你的责任。”有一次，一位车主的车坏了，孔胜东亲自检查后，发现要修好还缺一个关键刹车零件，但是修车点没有这种零件，他便跟车主建议，让车主自己去买，买来后由他帮助安装。谁料，车主并不接受孔胜东的说法。那天天色已晚，多数自行车专卖店都歇业了，孔胜东团队的志愿者经过努力，买到了零件，孔胜东亲手将刹车配件安装上，车主才满意而归。

他说，现在的每个周六晚上，7 时还没到，就已经有一排待修的车等在那里，若不是有一个团队，大家共同努力，还真是忙不过来。时代在发展，新情况也在增多，自己也在不断适应，孔胜东说：“我还要不断学习！”

谈起在杭州举行的第 19 届亚运会，孔胜东兴致勃勃：“亚运在杭州举办，身边的年轻一辈会更加注重强身健体，这样才能为国家多出力嘛！我年轻时候很喜欢蹬自行车，现在身子都没什么毛病，还能多修几年车呢！”

一个始终发挥榜样模范作用的志愿者

这些年孔胜东又获得了一些荣誉。他先后被评为杭州市首届十大平民英雄、浙江省首届道德模范、最美杭州人、最美浙江人，荣获了全国劳模、全国道德模范等荣誉称号，并作为基层党员代表，光荣地当选为党的十七大代表，参加了党的十七大，还列席了党的十七届五中全会。

在这些荣誉背后，孔胜东还是一个丈夫，一个父亲。与他携手走过人生路的人，正是最支持他的人。“开公交车以后工作挺忙的，有的时候下班回家晚了，饭也来不及吃就要赶去修车点。”每当这样的时候，妻子就会将饭菜热好，装在保温盒里，给他送到修车点来。女儿也一样支持他的志愿服务。“每个周六晚上，我动作稍微慢一点，我女儿就要催促我，爸爸你快一点，还有 10 分钟就到点了，你该出发了！”

而面对繁忙的本职工作和数十年坚持的志愿者修车服务，孔胜东认为，首先要把本职工作做好了，才是一名合格的志愿者。所以，不管志愿工作多么繁忙，他仍然驾车行驶在 28 路公交线上。

那么多年来，孔胜东一直保持着共产党员的本色，吃苦在前，享受在后，对自己高标准、严要求，从不因为自己是先进模范人物而飘飘然，相反，他从未因参加社会活动、公益活动而少开一趟车。

2022 年 8 月 13 日，习近平总书记给“中国好人”李培生、胡晓春的回信，传递了对“中国好人”的亲切关怀。一纸书信，万千关怀。这封意义非凡的回信，在各级道德模范、最美杭州人中引起热烈反响。

“伟大出自平凡，平凡造就伟大。李培生、胡晓春用实际行动在平凡的岗位上践行着社会主义核心价值观，用爱岗敬业诠释着工匠精神，树立了精神文明建设的标杆。在认真学习了习近平总书记重要回信精神后，我倍受鼓舞、倍感亲切、倍增干劲，也会继续做好工作中的每一件小事，在平凡的岗位上发挥榜样模范作用，用实际行动为精神文明建设贡献力量。”孔胜东说。

孔胜东认为，向善是一种美德，向上是一种力量。作为一名普通的公交车司机，他会一直把对职业的坚守与忠诚，倾注在每一个默默无闻的日暮晨昏里，倾注在每一个单调重复的起步挂挡中；也会始终以党员的标准严格要求自己，坚持做到为民服务的思想不变、敬业爱岗的态度不变、奉献社会的精神不变、吃苦耐劳的作风不变，认真践行自己开一辈子公交车，做一辈子志愿者的诺言。

“公交车有终点和起点，为人民服务却没有终点。”孔胜东是这样说的，也是这样做的。

陈曼冬

点亮美好生活的“火炬”

——记国网杭州供电公司供电服务指挥中心服务拓展班班长史文斌

史文斌，一名被群众亲切地称作“阿斌师傅”的普通电力工人，自1981年参加工作以来，在平凡的工作岗位上，始终坚持用党员的标准和“电力人”的职业道德，诚信、敬业地为电力客户服务。他带领服务队，用16万余次抢修服务和9万余次志愿服务，连续42年零投诉、零违章及客户满意率100%的工作业绩，践行了一名共产党员的承诺，赢得老百姓的交口称赞。

数十年如一日，坚持服务客户为先

1981年，史文斌进入杭州市电力局工作。初入职场，他被分入了线路检修班，通过勤奋学习，掌握了有关供电线路的重要基础知识及技能。由于勤奋好学，在工作的第三年，史文斌被调入技术性强、工作责任重的紧急抢修班。

20 世纪 80 年代的杭州，电网系统薄弱，整个杭州主城区只有 127 条 10 千伏架空线路，用电条件十分艰苦。每当气温超过 35℃，用电量骤增，就会拉电，随之而来的就是故障不断。

1985 年大年三十傍晚，史文斌接到报修电话，有群众反映青年路一个变压器冒出浓烟。史文斌立即带队，摇着警铃，风风火火赶赴现场。

原来，大年三十用户用电量多，电箱负荷大，导致温度过高进而断电。电箱内低压闸刀全都烧得通红，滚烫的铜屑不断落下。为保证安全，队员们讨论后，打算等消防部门到达后共同抢修。

史文斌看着越聚越多的围观群众、不断冒烟的变压箱，考虑到大年三十，老百姓都等着看春晚、吃年夜饭，再不处理掉这一险情，可能会有更多住户停电，决定冒险投入抢修。

他向周边小店借了一盆水，打湿了衣领及前胸，再次爬上抢修梯，冒着寒风，顶着面前散发着高热的滚烫的闸刀，在“冰火两重天”下成功完成了抢修。

20 世纪 80 年代，电力抢修人发扬的是“缺电不缺服务，限电不限真情”的精神，只要老百姓一个报修电话，抢修班师傅们就会从城北跑到城南，即使仅仅是为了给用户换一根保险丝。那个时候的一根保险丝只值 1 毛钱，但是它体现了客户对杭州电力的期盼、信任和认可，也体现了杭州电力对客户的关爱、支持和呵护，可谓一根银线连着千家万户，一次服务连着民情民心。

时光飞逝，转眼来到了 90 年代，这是一个大发展、大跨越的时代。杭州电网建设快马加鞭，提出了“三年缓解、六年适应、十年超前”的战略部署。

史文斌凭借着出色的业务能力、负责的工作态度，担任了杭州局抢修班的班长。在这个岗位上，史文斌是担任时间最长、技能等级最高的一名班长。

史文斌

电力抢修是全天候的活，风里雨里，严寒酷暑，跑不完的路，流不完的汗。一旦出了故障，有抢修任务，抢修师傅必须马上赶到现场，工作条件艰苦不说，安全风险还不小。作为抢修班长，史文斌既是指挥员又是战斗员，比别人多一份艰辛和责任。

作为能源产出小省，浙江省用电需要靠省外特别是西部地区输入，到了用电高峰时段，工业用电不得不“停三开四”保民生。在夏季电力负荷高峰时段，拉闸限电之后电力设备非常频繁地发生故障。

面对电力客户的用电疾苦，史文斌总是急用户所急，想用户所想，耐心地倾听每位客户的报修，判断故障的性质，合理地布置和协调各抢修班组的投入，热诚主动地帮助用户完成故障善后的修复工作，即使碰到急躁的用户口不择言，也总是耐心地做好解释工作，尽最大努力来保障电力客户的正常供电。

1999 年夏天的一个晚上，史文斌正在夜校上课，当班的同事打电话报告，班组在仓基小区的抢修遇到了困难，史文斌马上请假赶到现场指挥抢修。

抢修完成后，在场的许多住户还是不放心，要求电力部门派人值班，避免二次停电。现场百余人情绪激动，但抢修班还有其他故障等着抢修。作为党员、班长的史文斌站了出来，承诺留下来值班，保证住户们晚上可以安心休息。

这一留，史文斌就在闷热的变压器房内坐到了后半夜2时。当时的变压器房内温度高达50℃以上，待在里面如同洗桑拿，常人根本待不了几分钟，但史文斌一留就是几个小时，等到他从变压器房里出来，早已全身湿透，好似从水里捞出来一样。

史文斌常说：“客户的困难就是我们的困难。无论客户什么时间打电话，无论客户是大还是小，也不管是刮风下雨、酷暑严寒，我们电力人都会以最快的速度赶到，尽最大能力抢修。”

2004年5月的一个周末下午，史文斌接到同事的电话，得知某媒体前来联系，想请电力部门的“高手”，解决登云新村一位读者家中“电太多”的问题。

原来，这位住户家中的冰箱、洗衣机等电器无一例外地“麻电”，断断续续持续了10多年，严重影响了正常生活。住户求助过多位电工，一直无法得到解决，便向媒体求助。

虽然这不在电力部门的管辖范围内，但热心的史文斌第一时间赶到住户家中，仔细检查屋里的各回路布线和接触点，搬沙发、抬桌子，经过2小时的检查，排除“麻电”的发生是住户内部引起或与相邻住户装修有关的可能性。

顺着这条思路，史文斌开始了大海捞针般的搜寻。他跑上跑下，逐户查找相邻的住户，连续查找了三个单元的住户，终于找到了故障点，并一次性解决了长久困扰用户的“麻电”之苦。

对于史文斌来说，工作永远是第一位的。他家里常备一整套抢修工具，随时准备出发。有时前脚刚回到家，听说哪个居民区停电了，他便转身往出事地点赶；有时刚端起饭碗，接到报修电话，他二话不说放下碗筷就上路。

为了更好地服务客户，坚守岗位的他数日不回家是常有的事。最长的一次，他连续工作了四天五晚，累了在岗位上打个盹，饿了就吃碗方便面，连换洗的衣服都是家属送来的。

工作上尽心尽责的史文斌，每每谈到妻儿，总是既自豪又内疚。他说：“我对工作尽心尽力，对家庭和孩子却亏欠良多，但他们都非常支持我，从没有怨言。”

一年三百六十五天，任何节假日几乎都跟史文斌绝缘。每当过年过节的时候，他总是留在一线和同事们在一起。

成家后的18年间，史文斌只有一年春节不是在工作岗位上度过，这还是因为过年前出了车祸不得不躺在床上休养一个月。而这难得的休养时间，史文斌也没闲着，一直靠电话远程指挥工作。

因为对丈夫工作的支持，妻子沈敏芳被评为浙江省电力系统的贤内助。她说：“阿斌离不开抢修班，离不开老百姓。他的心已经和广大用户紧紧联系在一起了。我们全家都全力支持他！”

家人默默无闻的支持和奉献，让史文斌可以全身心投入工作。几十年来，他高标准、高质量地做好本职工作，作业标准化达100%，客户满意率达100%。

手把手帮带教，努力打造优秀团队

从事电力抢修服务数十年，史文斌探索总结出了电力表后延伸服务的考核规范和管理方法。

2003 年 4 月，为了方便广大客户，切实解决因表后产权产生的表后线故障处理难问题，杭州电力局决定成立一支特殊的抢修服务队伍，尝试将供电服务从表前延伸到表后。客户家中再小的用电麻烦事，服务队都能管，哪里有电力抢修，哪里就有延伸服务。

当时，表后延伸这项崭新的服务项目在服务规范、标准方面还是一片空白，在别人眼中就是“苦、脏、累、烦”的代名词。有人怀疑，也有人畏惧，但史文斌选择了尝试。自此，杭州电力局第一个以劳动模范名字命名的班组——“阿斌电力服务队”应运而生。

开展表后线延伸服务工作的时间较紧，又没有现成的模式可以套用，彼时年近四十的史文斌沉下心来，与队员们一起研究当时各行业先进的上门服务规范，并结合自己多年的工作经验，从最初的施工规范、考核章程等制度的梳理，到对新招聘人员进行优质服务思想理念的培训，成功编写出 30 余万字的《阿斌电力服务队作业指导书》和《表后电力维修服务规范手册》，填补了浙江省电力系统内供电抢修服务规范的空白。

除了积极上门为客户抢修，阿斌服务队还主动送电力关怀进社区、进家庭、进学校。在处理近万份的延伸服务工作中，服务队工作满意度为百分之百。

2005 年 5 月，杭州电力局注册了“阿斌电力服务队”的商标，成为系统内第一个以劳模名字注册的商标。

在史文斌的带领、培养下，在组织的支持、关怀下，杭州电力公司涌现出了越来越多的“阿斌师傅”，“阿斌电力服务队”也由最初的 6 个人，经过多年的培育打造，扩容至 2000 余人。这支庞大的队伍取得了安全质量、客户满意率连年保持 100% 的骄人业绩，先后获得全国、省、市“工人先锋号”，浙江省政风、行风建设十大新事鼓励奖等荣誉称号。

2012 年 5 月，根据国家电网公司部署，杭州供电公司将各类党员服务队统一规范为国家电网浙江电力（杭州阿斌）共产党员服务队，以“坚持一个品牌、完善两个联动、树立三个形象、实现四个统一”的工作思路，用行动做榜样、做标兵、做先锋，不断将服务延伸至社会各个领域。

2016 年 9 月，G20 杭州峰会如约而至，史文斌带领服务队积极请战，全力服务峰会电力保障。他们分列十余个战区，紧密协作，各司其职，每个保电场所都配备了一本“一馆一册”的“绿宝书”，详细记载了场馆内所有供配电

史文斌（左二）展示电力设备维修操作

设备的情况。同时，每个重点设备都安排了 1 到 2 名队员，实行 24 小时专人守护，确保各项重要活动用电万无一失。

虽然会期只有2天，但史文斌和队员们“几十过家门而不入”，以“保电有我、有我必胜”的连续作战精神，完成特级保电任务 16 项，涉及保电场馆 83 家、变电站 92 座、10 千伏及以上线路 514 条、路灯 37800 支，向世界展示了杭电人的铁军风采。

2019 年 8 月，超强台风“利奇马”在浙江过境，掀起狂风暴雨。作为台风登陆地，温岭电网受损惨重，1 座 220 千伏、11 座 110 千伏、7 座 35 千伏变电站全停，负荷损失超过 90%，人民群众生产生活秩序受到严重影响。

作为省内第一批到达灾区的队伍，史文斌和 398 名队员克服了道路塌方、通信中断等诸多困难，通宵达旦奋力抢修。在这次重大支援任务中，抢修队累计抢修了 133 条线路、1818 个台区，为 21 万余户温岭居民送去了光明。

2020 年，国网杭州供电公司打造“红船精神、电力传承”实践基地。国家电网浙江电力（杭州阿斌）共产党员服务队利用这一实践基地，大力开展青年党团员培训教学工作，培训内容涉及生产、营销和志愿服务基本常识，通过打通专业壁垒，有效提升青年党团员的技能水平。服务队还将培训课程录制成视频，上传到杭电云学堂，利用线上、线下融合互动的教学模式，提升培训的针对性。

服务不断延伸，全心为社会做贡献

2006 年起，史文斌带领阿斌电力志愿服务队相继在杭州市米市巷、半道红等 37 个社区开展“爱心电力 + 社区”活动，签订共建协议，定期上门为社区居民提供用电咨询、线路检修等服务，还向孤寡老人发放爱心服务卡，长期提供“管家式”服务。国家电网浙江电力（杭州阿斌）共产党员服务队成立后，将服务触角延伸到了社会公益领域，“阿斌”这个品牌从电力服务向爱心志愿服务拓展，成为行业的服务标杆、百姓的用电助手、社会的公益品牌和政府的民生服务典范。

“阿斌师傅你人太好了，这么冷的天气还跑来帮我们。”2016 年 2 月 19 日，杭州市半道红社区居民汤老伯拉着史文斌的手说。60 多岁的汤老伯身患肠癌，月初刚做完化疗，与老伴和母亲 3 个人住在一套不足 30 平方米的房子里。史文斌得知情况后，第一时间上门与汤老伯结成帮扶对子，给汤老伯带来慰问品，并义务检查室内线路，更换老旧开关和灯具，临走前还将一张“共产党员服务卡”递给了汤老伯：“我给您留一张名片，以后有什么困难随时找我。”

像这样的故事在史文斌的身上数不胜数。10 余年来，他先后为 200 多位老弱孤残人员建立“爱心孝老卡”服务档案，为 600 多层老旧楼道改善照明，使 7000 多户居民受益。

2019 年 1 月，史文斌受邀去杭州弯湾托管中心讲授电力安全课，在那里，他遇到了一群特殊的大孩子——一群智力存在缺陷的青年。为了帮助这群孩子更好地融入社会、拥抱生活，史文斌联合杭州弯湾、残联基金会三方，在香樟街成立了“驿电湾”智能洗车站，通过“电动汽车充电站 + 驿公里智能洗车”的模式，让孩子们轻松拥有更多就业机会。每个月初，史文斌都会带领服务队队员上门检查电路、与孩子们互动，他也被这些“大孩子”们亲切地称为“舅舅”。

2019 年 5 月，在史文斌的推动下，“驿电湾”公益行动合作备忘录在国网杭州供电公司签订。根据备忘录，杭州供电公司将为“驿电湾”开辟更多的电动汽车充电站点，组织员工和弯湾的孩子们开展结对，提供源源不断的爱心动力。

为了更好地服务百姓，史文斌和队员们制定了二十四节气服务表，将全年服务计划与四季特点紧密结合。比如清明前夕是杭州采摘茶叶的旺季，他们会提前为茶农检查电力线路安全。芒种时节，杭州几乎每天下雨，天气非常潮湿，他们便主动进社区，重点检查地下室的用电安全，让人性化服务的阳光投射到家庭用电的角角落落。

而针对农村独居老人的生活安全问题，史文斌和队员们推出了“电力关爱码”志愿服务行动，利用每家每户都有的智能电表，通过用电情况的变化，自动生成红、黄、绿三色码，及时研判并预警突发情况。一旦出现红、黄码，志愿者们便会协同乡镇管理员、村网格员，第一时间赶到现场，处理异常情况、提供关爱服务。

除了在杭城，史文斌还将他的爱心服务送到了千里之外的青海玉树。2018年，史文斌克服高原反应，带队踏上青藏高原，参与高原“有氧图书馆”选址和“免费午餐”对接，与师生们开展光伏蓄电技术交流、电化教学系统维护及学生用电安全课程培训。“点亮玉树”公益项目迄今已坚持13年，先后为12所无电学校通上电，帮助玉树提前实现“校校有电”，惠及师生超2.1万名，辐射藏区人口3.5万人。

最近几年，史文斌获得了一个又一个荣誉：全国劳动模范、国务院（国资委）优质服务标兵、浙江省劳动模范、浙江省道德模范、浙江省最美志愿者、杭州市劳动模范、杭州市十大“平民英雄”（道德模范）、最美杭州人、全国电力客户服务满意明星，但他劳动的本色不变。成为杭州市道德模范巡讲团成员之后，他频频走进机关、村镇、社区、企事业单位等，传播道德风尚，推动文明创建深入基层，激励广大市民为打造和谐品质之城奉献力量。

同时，国家电网浙江电力（杭州阿斌）共产党员服务队在他的坚持下，把学雷锋时段性的活动转化为持续性活动。他们每年都要走进校园课堂，宣讲电力知识和安全用电常识；走进企业，为管理者提供各种“金点子”服务，帮助企业优化用电、节约用电和安全用电。

目前，杭州供电公司已建立了“市县一体化”的志愿服务体系，设有1支总队、14支分队，共有2200余名注册志愿者，涌现出一大批先进典型。

2021年3月，国网杭州“阿斌我来帮”志愿服务队——原国家电网浙江电力（杭州阿斌）共产党员服务队——成功加入杭州市党群“连心”志愿服务总队，成为10支专业党群志愿服务队之一，正式接过杭州市2021年党群服务“起跑令”，每月定期到党群服务中心驻点提供电力志愿服务。

一项又一项的志愿服务工作，伴随着史文斌走到了现在。如今，年近花甲的他退休在即。2023年9月20日，史文斌光荣地成为亚运火炬传递手，在杭州奥体中心体育场4号门前接过亚运火炬，往终点方向跑去。而让志愿服务的“火炬”更好地传递下去，是史文斌当下最大的心愿。

“亚运会在杭州举办，这是个练兵的好机会。”史文斌说。“阿斌我来帮”志愿服务队的队员们，全员都参与到了亚运会的相关工作中。“保电和志愿服务，不少队员是两者兼顾。”

亚运“青年V站”是亚运会的服务站点，在亚运期间为观众、运动员提供信息咨询、应急救助等服务。参与“V站”的志愿服务就是不少“阿斌我来帮”

队员们的重要工作。史文斌还联系了结对共建的社区，与社区工作人员共同组建了亚运会期间的志愿服务队。大家利用业余时间，协助社区开展治安巡逻，为老年人提供修电帮扶，在社区介绍亚运会知识和电力知识。

“电力志愿服务不仅仅是满腔热情地做好事，还需要有过硬的专业本领。”对于传递志愿服务的“火炬”，史文斌有自己的要求。在他看来，电力服务专业性强，又要常常与客户打交道，只有练就精湛的技术，才能真正地帮客户解决问题。

“高科技、智能化时代，每个人都必须不断地学习，精进本领。”这两年，史文斌的团队加入了不少博士毕业生。“他们跟我学操作，我跟他们了解前沿科技，大家共同进步。”史文斌说。

溺　紫

坚守梦想　匠心致美

——记杭州技师学院教师杨金龙

2023 年 10 月，2023 年第二季度“中国好人榜”候选人名单新鲜出炉，杭州技师学院汽车涂装专业教师杨金龙名列其中。虽是一名“90 后”，但他已经获得了众多沉甸甸的荣誉。“全国五一劳动奖章”“全国汽修工楷模”“最美浙江人”“最美杭州人”“浙江省杰出创新人才奖”，加上全国人大代表和浙江省首名特级技师的身份，无不体现出他正以青春和智慧演绎着人生华丽的乐章。2015 年，杨金龙荣获第 43 届世界技能大赛汽车喷漆项目冠军，实现了中国在世界技能大赛上金牌零的突破。而这背后，是一路拼搏、一路艰辛、一路汗水、一路坚守，让一个平凡的云南农村小伙扬名国际舞台，成为工匠楷模。

勤于学习，磨砺技术

云南保山，祖国西南边陲的一座小城。这里风景优美，民风淳朴，似乎与车水马龙的都市生活没有太大关系。1994 年 10 月，杨金龙出生在这里的一个普通农民家庭。他家境贫寒，父母靠着务农的微薄收入养大了他和弟弟，也锻炼了杨金龙吃苦耐劳的品质。

15 岁那年夏天，平时成绩优秀的杨金龙在中考中发挥失常，没能考上心仪的高中。他放弃了复读，本着学一门手艺的想法选择进入了职高。村里很多人对这个选择都表示不理解，觉得这个孩子从此丧失了美好前途，却不想这反而成为杨金龙发光的起点。

杨金龙在保山市隆阳区职业技术学校汽车维修专业就读。在学校里，他努力学习，常常就一个问题追着老师“打破砂锅问到底”。因为这个专业是与杭州技师学院合办的，2010 年 3 月，杭州技师学院本部来保山招生，招生专业是汽车钣金与涂装。起初，杨金龙只是出于好奇来随意听听，没想到不知不觉中，他被老师所讲的内容深深吸引。杨金龙从小就喜爱色彩，他想如果学会喷漆，那么以后自己的车，想喷什么颜色就可以调出什么颜色喷上，那多有意思。此外，老师还告诉在场的学生，喷漆行业的前景非常好。那时正是中国汽车保有量快速增长的年月，对掌握钣喷技能的人员的需求十分旺盛，人员缺口大，薪资也在不断上升。杨金龙想，这门手艺既好玩，还能多赚钱补贴家用，太适合自己了。他十分兴奋，讲座结束后就回家告诉了父母自己的想法。父亲听罢，也很赞同。

父母的支持加上杨金龙自己的天赋和努力，通过选拔，他顺利地进入杭州技师学院本部学习。“对于汽修技工来说，这里简直是天堂，我就像一个饿肚子的孩子进了免费餐厅，大口大口地把汽车钣金、喷漆专业理论知识和技能‘吞’进肚子，希望快速消化。”杨金龙说，“我喜欢思索钣金和喷漆的问题，在寝室想一天也不觉得疲惫。这就是兴趣所在，而当问题被解决的时候，那种兴奋是难以言表的，而且我这个人性格有点倔，做一件事情就要做到最好。”

课堂上，杨金龙始终是最认真的那一个——努力学习每一个技术操作，仔细琢磨每一种材料和染料，用心掌握每一件实操工具。在同学和老师们的眼里，杨金龙痴迷于钻研技术，常常为了攻克一个难题，在实训车间待到凌晨。刚开始上实操课时，大家因为不够熟练，完成得不甚理想，不少同学开始抱怨，或敷衍了事。杨金龙则不同，他暗下决心，一定要努力做好。他反复尝试，甚至到了忘我的境界。杨金龙的老师梁思龙说，杨金龙最与众不同的一点，在于他爱研究、爱思考。再加上勤奋刻苦，他的技艺很快就得到了明显提升。

不久，他的努力就得到了回报。2011 年 4 月，学校举行一年一度的学生技能运动会，杨金龙一举夺得学生组第一名。5 月，杨金龙以优异的成绩被绍兴奥迪 4S 店选去实习。12 月，杨金龙经过学校的选拔，获得参加全国中等职业院校汽车维修汽车涂装项目浙江省赛的资格，在第二年 4 月的比赛中荣获全省一等奖，还代表浙江参加全国大赛，并荣获二等奖。带着这些荣誉，2012 年 7 月，刚毕业的杨金龙被昆明一家汽车油漆供应商看中，回到了云南老家，顺利地得到第一份工作。

突破自我，大赛折桂

0.01 毫米，相当于一根头发直径的 1/6，这是被誉为“技能界奥林匹克”

的世界技能大赛汽车喷漆项目所允许的最大误差。8 年前，杨金龙正是带着突破这 0.01 毫米的执念，让中国人首次站上了这项当今世界地位最高、规模最大、影响力最广的职业技能竞赛的最高领奖台。

2014 年 2 月，第 43 届世界技能大赛汽车喷漆项目中国集训基地落户杭州技师学院。非常欣赏杨金龙的老师梁思龙找到他，询问他有没有参加的意向。已经工作一年半的杨金龙没有任何的犹豫，因为在他看来，这是一次绝佳的学习机会，可以学到国际领先的理念和技术；而且不同于很多比赛，世界技能大赛的参赛选手终身只能参加一次，机会实属难得。

为了能够取得好成绩，杨金龙下定决心投身于异常艰苦的训练。然而，在

杨金龙比赛现场

参加浙江省选拔赛时，杨金龙暴露出一个很大的问题：比赛时容易紧张，影响实际水平的发挥。对此，杨金龙积极接受学校提供的心理辅导，也通过查资料、参加各种训练对抗赛的方式，努力提升自己的心理素质。在学校、老师和自身共同努力下，杨金龙逐渐摆脱了这一问题，为比赛奠定了心理基础。

相对于心理培训，更重要的是磨炼技术。几乎每天，杨金龙都在实训车间里一遍又一遍地重复着那 0.01 毫米。特别是在进入国家队集训后，每天的练习时间都在 8 个小时以上，没有任何的节假日，而杨金龙还要经常性地完成 18 小时的极限训练。夏天的实训车间，室温高达 45℃以上，且因为喷漆不能暴露皮肤，需要穿着全封闭的防护服，全身很快被汗湿透了。而工作服湿了就不能再穿，以免影响喷漆效果，所以杨金龙经常是训练一次，就需要更换七八套防护服。有许多选手承受不住而中途退出了，身心俱疲的时候，杨金龙也想过放弃，但他转念一想：这就是我所喜欢的事业，这么多年都坚持下来了，再咬咬牙！他便继续投身于训练之中。

2015 年 8 月 16 日，巴西圣保罗，第 43 届世界技能大赛的最后一天。此时的杨金龙穿着白色防护服，戴着护目镜，耐心地给汽车车门进行内外双色喷涂。已经连续比赛了三天的他，显得更加沉稳与自信。喷涂、调色、点修补、图案设计、塑料件修复、车身侧围贴护和车门内外双色喷涂，总共 6 个比赛项目，他一一耐心又小心翼翼地完成，眼神中透着坚毅。

随着比赛结束的哨声响起，杨金龙放松了紧绷的神经，长长舒了一口气。虽然还不知道比赛结果，但他知道，自己已经发挥出了最佳水平。出乎意料的是，他不仅获奖了，而且是汽车喷漆项目的冠军！没有中国人获得世界技能大赛金牌的历史由此成为过去。那一刻，杨金龙笑了，笑得非常灿烂。

三尺讲台，弘扬精神

带着第43届世界技能大赛汽车喷漆项目冠军的荣誉，年轻的杨金龙成为浙江省首位特级技师。根据相关规定，他可享受教授级高工待遇，其他荣誉也接踵而至。他获得了人社部、浙江省和杭州市的各级表彰奖励，不少企业高薪想要聘请他。面对众多的鲜花、掌声及邀请，杨金龙却做出了一个让所有人意外的选择，回到母校，做一名普通教师。

杨金龙的选择源于他自己参加世界技能大赛的感受。他说，参加比赛令他印象最深刻的一点，就是我国工匠的技术水平与国际先进水平属于一个梯队，甚至在某些方面还略胜一筹。只要做好人才培养，培育一种坚持创新和追求极致的精神，就能够为国家输送更多的工匠型技术人才；如果自己不当老师，而是去4S店工作的话，就只能为某个企业服务，而无法为提高整个行业的技术水准贡献力量。“不能只证明一两个中国人能行，而要证明中国的技术工人都能行。”这样的信念一直伴随着他的执教生涯。

刚开始做老师的时候，杨金龙很不习惯角色的转换。以前的他都是自己动手做一些技术活，只需要考虑自己，现在则是要根据每个学生的特点制定教学方案，这对他来说是一个全新的挑战。给学生们上课时，杨金龙经常会讲本行业在未来的发展机遇和挑战。他希望通过这些内容，让学生们更好地理解自己即将从事的工作，也更坚定自己的理想，就跟自己当年一样。

每当新学期开始，杨金龙总是会将自己参加世赛的经验和体会讲给学生听：世赛的技术指标按要求是，标准喷涂厚度0.13毫米，油漆上下的厚度允许误差上下浮动只有0.01毫米，而油漆一般要喷五六层以上……讲完他总是勉励自己的学生：“无论未来从事什么工作，在哪个岗位，都要把自己的工作做到最好、做到极致，把‘工匠精神’发挥出来，这样才能让‘中国制造’达到一个更高的高度。”

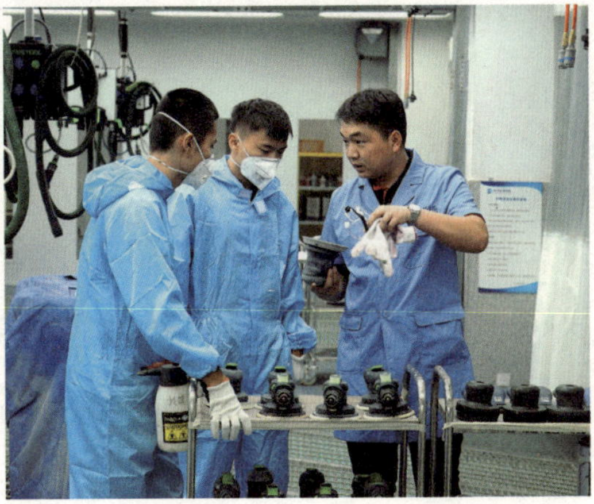

杨金龙（右一）教学场景

在教学中，杨金龙把学生当成自己的朋友，坚持晓之以理、动之以情、授之以技、持之以恒。他要求学生“不能只成为一名工人，还要成为行业内那个制定规则的人”，因而除了在技术上引导学生认真钻研之外，他还注重培养学生的创新意识。他所说的创新主要是在工艺方面。喷漆属于细致的手工活，要把它做好，不能光是复制原先师傅的既定方法，而是要根据不同的环境不同的情况，使用不同的耗材油漆，并通过自身的理论知识积累，不断琢磨怎样能更好地操作，怎样能让质量达到更好，怎样避免一些问题的产生。当年在参加世界技能大赛的时候，杨金龙就接触到了国内还没有采用的“免磨底漆喷涂模块”技术。回来后，他结合国内环境进行了技术改进，并在省内众多汽车 4S 店推广。杨金龙觉得，只有教育学生带着这样的创新思维去思考，才能够不断地提升自我，适应产品和技术的发展。

课余时间，杨金龙会经常与学生聊聊天，打打篮球。他说：“只有先成为学生的朋友，才能更好地做老师，充分了解他们的性格之后，我可以更好地指导他们。”他从不会放弃不上进的学生，而是会积极引导他们。他认为这些学生只是还没有找到人生目标，希望能通过自己的交流和沟通，让他们找到热爱的方向，并为之奋斗。

白驹过隙，杨金龙从事职业教育已经进入第 8 个年头，他累计为汽车喷漆行业培养出 500 余名技师、2000 余名高级工，为行业企业培训技术工人 3000 余人次。他常常跟学生讲，如果所有人都是在设计一个产品，却没有人来生产，没有人来验证，没有人来试验的话，这个产品最终是无法落地的。例如运载火箭发动机的组装，它需要具有高级装配技术的技术工人去一步一步地组装，才能够顺利地飞向宇宙。因而对于职业教育，他发自内心地热爱，也对未来抱着非常乐观的心态。党的二十大的召开，让他感到非常振奋。他说，从总书记的报告中可以充分感受到，党和政府对技术人才非常重视，中国的职业教育将来大有可为。制造工艺的改进，产品质量的提升，企业的转型发展，除了研发团队的设计之外，也很需要一线的技术工人来支撑、来负责实现，这正是职业教育大展拳脚的时候。

不忘初心，建言献策

杨金龙以一线工人的身份，不断改进技术工艺；也以老师的身份，不断传承工匠精神；还作为全国人大代表，积极为行业和培养技术人才建言献策。2018 年 3 月 5 日，第十三届全国人民代表大会第一次会议在北京召开，杨金龙作为人大代表，坐在会议厅的一楼第十六排。这是他第一次走进人民大会堂，也是第一次如此近距离地见到党和国家领导人，他激动的心情难以言表。他明白，自己的身上又多了一份沉甸甸的责任。

这些年，杨金龙不断走进职业院校、工厂、车间、汽修店等一线了解企业技能人才需求、青年技术工人职业发展的情况。“高学历技术人才短缺，又会操作又懂编程的人才尤其难觅。”他说，许多企业在转型升级的过程中，高技能尤其是高技能复合型人才缺口依旧不小，企业“喊渴”需要相应的技能人才队伍建设支持。

对此，杨金龙建议，应该加大技能人才培养激励力度。例如从国有企业做起，对通过相应技能等级认定的人才给予相应的薪资待遇，在职业晋升中给予技师、高级工毕业生享受本科、大专生同等待遇。

十三届全国人大五次会议召开期间，杨金龙提交了关于设立劳模工匠国家专项津贴的建议。这源于他参加全国总工会主办的全国劳模工匠论坛的经历。在与全国高新人才、劳模工匠交流的过程中，他体会到设立这一专项津贴的重要性。他认为通过这样的呼吁，社会上各个行业对技术人才会更加重视，也让所有的社会人员都能意识到，无论在哪个岗位，只要能够坚持去做，努力做到极致，都能成为这个岗位的表率。他同时还希望，类似这样政策的出台，能够纠正当下一些年轻人追求“躺平”的不良价值观，让年轻人看到学好一门技术，深耕一个一个行业，能够得到越来越高的认可，从而鞭策他们努力向上。

对于所从事的教育事业，杨金龙也有着自己的建议。他说，各地应因地制宜、加大规模、加快速度，推进建设职业技术大学，同时加大对技工院校办学的支持力度，还应加快形成职业技能培训体系，按照“企业主体、政府引导、市场调节”的思路，建立终身职业培训机制，让更多青年凭借一技之长实现人生价值，技能报国。

杭州第19届亚运会举行，杨金龙显得尤为激动，因为作为第192棒火炬手，他亲身参与了亚运火炬杭州站的传递。“这不仅是我个人的荣誉，也代表着社会对广大技能劳动者的认可。”杨金龙说，“现在杭州举办了一届有史以来最成功的亚运会，对我今后的工作也有着更多的激励。我想生逢如此盛世，我这样的技能劳动者应该坚守在自身岗位上，并能百尺竿头，更进一步，不断磨炼技能，优化教学，让‘工匠精神’在新时代更好地传承发扬下去。这也是我所理解的‘最美’吧。”

赵　晗

做特殊孩子的“护花使者”

——记上城区弯湾托管中心负责人徐琴

来到杭州市上城区凯旋路129号，轻推玻璃门，清新的茶香和甜品的醇厚气味扑面而来，这里是弯湾托管中心内的“弯湾爱生活”茶饮铺，一个小小的爱心驿站。这里的主人是一群心智障碍的青年，在这里，他们负责制作茶饮。

这只是“全国三八红旗手”“浙江省道德模范”“最美浙江人”徐琴助残事业的一部分……

苔花如米小，也学牡丹开

徐琴的助残事业，开始于儿子弘毅。

30多年前，一场意外改变了徐琴儿子弘毅的命运，也改变了徐琴奋斗的方向。那一天，只有18个月大的弘毅不幸跌倒并严重受伤。医生告诉徐琴，即便抢救过来，

徐琴（右一）

他今后也将面临诸多后遗症。那时的徐琴慌极了，只一心祈求：“就算他是植物人，只要我每天能看到他，我就满足了。”最终，弘毅脱离了生命危险，但也成了一个患多重障碍的孩子。

从抢救室出来的弘毅，依然时不时要和医院打交道。在后来的很多年里，徐琴记得，她总是匆匆忙忙抱上弘毅往医院跑，只不过她也越来越娴熟，越来越有经验了。

徐琴很温和，她的温和中有种恒定的慈爱。她似乎天生乐观，其实，她的乐观离不开家人的爱与支持，她是在一个充满爱的环境里长大的。妈妈温柔坚强，支持她的一切决定；爸爸乐于助人，左邻右舍谁家有困难了，总是第一个冲上去帮忙，生活里的困难到了他手上，好像都能被幽默化解。

“我的爸爸给了我最大的底气。”弘毅出事后，徐琴的父亲曾偷偷去问医生：“哪天医疗水平发达了，要多少钱才能治好我外孙？”也许是不忍让老人的期待落空，明知情况不容乐观的医生还是说了一个数字：“大概 3 万块吧。”自那时起，“3 万”就成了老父亲的奋斗目标。在那个普遍月薪只有几十元的年代，老人靠每天风里来雨里去地摆地摊，真的攒齐了 3 万元。当那 3 万元钱交到徐琴手里的时候，她回忆道：“这份爱太沉重了，那一刻我都要‘崩溃’了！父亲的这一行为，让我坚定，我们不能放弃孩子的成长，哪怕只有一丝希望。”

在家人的呵护下，弘毅享受了一段快乐的时光，他进入了杨绫子特殊教育学校学习。日子就这样一天天过去，直到弘毅毕业，原本平静的一汪水，像是被投入了一颗石子。少了与老师、同学一起相处的环境，离开特教学校后，弘毅显得闷闷不乐。

2009 年，徐琴找来了弘毅同班的 6 位同学，在杨绫子学校老校区租了一间教室，请来已经退休的班主任。这样，校园生活就又延续了。徐琴的初衷很简单，她只是想给这些还无法进入社会的孩子们找个伴，让他们更开心地生活。

这便是弯湾托管中心成立的缘起。

徐琴把托管中心取名为“弯湾”。是的，小就小了，弯就弯了，慢就慢了，但是我们同样需要快乐，这是“弯湾”名字的寓意，也是徐琴的心愿，更是所有心智障碍孩子家庭的心愿。

几年来，这间小小的教室记录了许多快乐的时刻。2011 年 5 月，在区残联和区民政局的关心和社区的支持下，弯湾托管中心正式注册。至此，它成为一个温馨的“大家”，给更多相似状况的孩子以关爱和陪伴。

在弯湾，有这样一套托管理念：生活即教育，活动即康复，就业即自信，融入即快乐，陪伴即幸福。而这“五位一体”的核心，就是尊重。这里的老师和家长会根据每个孩子的兴趣和特长，为他们量身定制合适的课程、岗位，努力提高孩子们的幸福感、获得感、安全感。

茶饮铺的主要负责人子怡就是一个例子。子怡喜欢画画，最喜欢画的卡通形象是她创作的小猪，在她看来，小猪憨厚、可爱，代表简单的幸福。而她的每一幅“小猪画”，其实都融入了她自己的思想情感，有说不完的创作故事。于是，向来以孩子们的体验、喜好为主的徐琴就将子怡的小猪作为一个 IP，定制了很多周边产品，放在弯湾的各个角落，就连茶饮铺里的招牌产品也叫“真猪奶茶”。

像子怡这样被关爱、被治愈的孩子还有很多。画画、唱歌、弹琴、烹饪……他们是努力的、勤奋的，更是阳光的、自信的。

“苔花如米小，也学牡丹开。”徐琴很喜欢清代文人袁枚《苔》诗中的这一句。苔花微小，却自在可爱。徐琴说：“我第一次读到这句诗的时候，就特别喜欢，我感觉这就是为我们弯湾的孩子量身定做的。”

苔花的姿态：简单、乐观、向上

从一个只有 7 个孩子的托管中心起步，徐琴陪着这群特殊的孩子走过了一段漫长而精彩的旅程。一路走来，徐琴的坚持得到了回应，弯湾托管中心成了许多有心智障碍的孩子向往的大家庭。一个、两个、三个……越来越多的孩子来到了弯湾。面对他们，徐琴就像对待弘毅一样，一腔爱心也自然而然地得到了每个孩子的认可，她成了这几十个孩子共同依赖的“徐妈妈”。

随孩子一同到来的，还有不少被弯湾的温暖和爱意感动的家长。他们自愿参与到弯湾的大小事物中，因为他们都有一个共同的心愿，那就是守护这些孩子们。

徐琴还记得，曾被家里人“藏起来”的孩子诚诚，因为担心他会受到嘲笑和歧视，他的父母从未让别人知道他的情况。弯湾却消除了诚诚父母的顾虑。来到托管中心后，原本内向的诚诚交到了许多朋友，不仅积极参加各种活动，还开始在弯湾洗车行工作，状态明显好了很多。慢慢地，诚诚的父母也开始带他外出走街串巷，拜访亲朋好友。如今，诚诚真正成了一个站在阳光下的被人们看见的孩子。

徐琴带着孩子们走上街头开展公益活动

不仅是诚诚，在徐琴的坚持下，弯湾的所有孩子，都成了“不打马赛克”的孩子，而他们接受的爱，也都是无保留的爱。“进弯湾的第一个条件，就是能坦然地接受孩子的现状。”徐琴说，“这样才谈得上帮助他们。”

徐琴的努力不仅改变了不少家长的态度，吸引了更多有相似经历的家长参与公益助残事业，也引起了社会面的关注。在弯湾这方小天地里，随处可见社会人士留下的爱心痕迹。因为心智障碍，在洗车行工作的大孩子们洗完一辆车往往要花上比外面店铺多得多的时间，但对前来洗车的车主来说，时间并不重要，相反，在这30多分钟的时间里，他们乐意和这些年轻人聊天交流。“你们的到来，给了我们锻炼的机会！”徐琴感激这些光顾的客人，因为她深知人际交流和融入社会，对于这些心智障碍青年是多么重要。多年来，她坚持不懈地教他们学会生活技能，为的便是更好地与社会接轨。

除了这些心怀善意的陌生人，在弯湾的志愿者队伍中，还有一群老朋友。年近七旬的吴佩荣就是其中一位。每天，她都会花一个多小时，坐公交车从杭州的城西赶到城南，为的是给托管中心的学员们拍照，记录他们成长的过程。在过去的4年时间里，她拍摄了一万多张照片。学员们自然很喜欢吴佩荣，亲切地称她为“荣荣老师”。还有一位见证着弯湾成长的“郑伯伯”郑国树先生，他已连续参加志愿活动达14年之久。在弯湾大孩子们的眼里，处理照片和视频“神速”的郑伯伯就像他们的同龄人，日常提醒郑伯伯“骑车小心”“注意安全”成了他们极为挂心的事情。

不仅大人们充满温情，小朋友们同样如此。让徐琴颇为感动的是，弯湾显然也影响了孩童们的行为。现在茶饮店里经常有家长带着小孩子来买茶送给快递小哥、外卖小哥、环卫工人等等，小朋友们还总说要用自己的零花钱、压岁钱来买。这当然是件有意义的事。

既接受着社会的善意的爱心，弯湾也在积极地回馈着社会，向社会展示他们向上的形象。

2023 年 9 月，第 19 届亚运会、第 4 届亚残运会将在杭州举办，对于这场家门口的盛会，徐琴和弯湾的孩子们自然不想错过。“我一直在想，我们弯湾能不能也为迎接亚运会做点贡献？”在徐琴看来，不畏挑战、积极向上不仅是体育精神的表现，更是一种生活态度。作为一个老杭州人，徐琴深爱着这座城市，也愿意向四方来客展示杭州人的风貌，更何况体育比赛、运动精神对这群孩子们本来就不陌生。每年，徐琴都会带他们参加马拉松比赛。弯湾跑马拉松也有一个传统，就是在起跑时，由徐琴牵着他们跑，等跑出一段路了，再放手让他们自由跑。而不管速度快慢，跑出去的孩子一定会在终点前几百米处停下来，等“徐妈妈”和同伴们，等全员到齐后，大家又继续手牵手跑到终点。徐琴说：“这样的马拉松我们一起跑过 8 次。”

“迎接亚运会，我们虽然不是参赛运动员，但我们可以当啦啦队。”怀着这样的憧憬，三年前，徐琴就带领托管中心的学员们开始了啦啦操的排练，排练的歌曲名就叫《天天向上》。对于这一路上的转变和成长，其间的艰辛和不易，徐琴都清楚地记得。旁人看几眼就能记住的动作，这里的学员却要学上很久，更别提表演过程中复杂的队形变化，显然这都是一个个难关。

在一个个陪练的日夜里，徐琴感受到了孩子们发自内心的热情与真情，对此，她既感动，也欣慰。“我真希望他们全都能上场！”尽管由于队形限制和个人情况的差异，部分孩子只能担任“替补队员”的角色，但他们依然全力以赴，训练得无比认真，即使忍着眼泪，也要做到最好。

简单、阳光、快乐，这是弯湾啦啦队的表演留给观众和评委的最深印象。在杭州亚运会组委会组织的暖场节目遴选中，弯湾的节目以全票通过，成功进入杭州亚运会、亚残运会开闭幕式暖场节目资源库。这无疑是一份难得的荣耀。

什么是眼中最美的存在？

徐琴的身上有很多标签。有了那些荣誉头衔加持后，她不觉得自己的生活变得两样了，她仍是那个把自己奉献给弯湾、奉献给助残事业的“徐妈妈”。被称为“最美浙江人”“最美杭州人”的她，对于“最美”，也有自己独特的看法。她说，美随处可见，最美的就是身边的一个个瞬间。

弯湾的孩子们便是她眼中最美的存在。

有一次，弯湾小超市的员工阿萍去给附近小区的顾客送货。那是一个比较老旧的小区，找到目的地并不容易，阿萍又是第一次独自送货，徐琴难免放心不下。可为了给阿萍锻炼的机会，徐琴还是选择默默地跟在她身后。她看到，找不到路的阿萍拿着托管中心老师写的地址，前后问了三位老奶奶，才顺利地把货送到了顾客家。阿萍的表达并不流利，但她靠着手中的字条，加上简单的比画，顺利走过了一个又一个路口。午后的阳光晒得阿萍汗流浃背，但每一滴好像都在无言见证着她的进步。眼见阿萍顺利完成任务，徐琴的激动溢于言表，她想给阿萍的，就是一个大大的拥抱。可令她惊讶的是，阿萍却没有奔向平时最亲近的“徐妈妈”，而是径自向帮助过她的老奶奶跑去，挨个向她们鞠躬致谢。阳光下，阿萍笑得清澈纯真，而不远处的徐琴早已是泪流满面。

毫无疑问，像阿萍这样热心的孩子，在弯湾托管中心还有很多，徐琴对此颇有家长为孩子自豪的感觉。比如，原先弯湾附近有个公交站，因为各种原因没有安置等候椅，弯湾的孩子发现了，就主动搬凳子给等车的人们坐。这不就是美的时刻吗？

如今的弯湾托管中心，已搬进宽敞的场所，有学员 50 余名，共有 80 多个志愿团队来帮助过弯湾，固定志愿者约 200 名。弯湾先后荣获 20 多项国家、省、市荣誉：国务院残工委全国“残疾人之家”，首批“全国阳光助残志愿服务基地”，住建部全国无障碍环境建设优秀典型案例，杭州亚残运会残疾人事业展示点，省品牌社会组织、五星级残疾人之家、“最佳志愿服务组织”，市 5A 社会组织、品牌社会组织、“最美志愿服务组织”等。

这几年，徐琴去过全国各地的助残场所，了解心智障碍人群的现状。她发现全国仍有大量的心智障碍孩子和家庭需要帮助。她明白，单凭一个弯湾的力量是远远不够的，但如果弯湾的经验能汇总出一套有效的方法，是否就能给更多的家庭带去希望，点亮更多心智障碍人士的生活呢？

想法萌发后，徐琴很快付诸行动，她总结了弯湾多年来的成长心得与管理经验，撰写并出版了“弯湾爱生活”系列教材。与此同时，她还推出了线上公开课，为全国各地的特殊群体提供切实有效的帮助，为各类服务机构提供样板。这一举措无疑有着开创性意义。持续输出经验的弯湾，如今在全国范围内已与 300 余家心智障碍人士服务机构开展相互交流学习。

2021 年，在党的百岁华诞之际，徐琴做了一个大胆的决定，她要带着弯湾的学员们踏上一次穿越敦煌戈壁无人区的徒步之旅。“继承先烈的顽强意志，体现出一种生命的韧劲。”五天四晚，111 公里，这无疑让人胆战心惊，不少人劝徐琴不要冒险了。但坚持“用生命影响生命”的徐琴，最终还是带着弯湾的 22 名同学和老师出发了，雅丹地、沼泽地、盐碱地……都留下了他们坚韧的脚印。

用生命温暖生命，用生命影响生命，这是徐琴一贯的理念，也是她实践的准则。在访谈最后，徐琴感慨地说，未来的道路上，她将继续追求助残事业的进步和发展，希望与弯湾的全体学员、老师、家长以及志愿者们一道，通过更多的行动，为特殊人群创造更多的机会，搭建展示才华、融入社会的平台，为社会带来积极而持久的改变。

姚乐晨

让我们一起缔造微笑

——记整形外科专家、“母亲微笑行动”志愿医疗队创始人韩凯

这世上最美的是什么？

面对这个问题，或许有千千万万种回答。而在杭州人韩凯这里，则只有一种答案，那就是笑容，是一张张在手术刀下被弥合、被重新唤起的纯真笑容。为了这道美丽的风景，30 多年来他一直没能停下奔忙的脚步，像只上足了发条的陀螺，始终带领团队，冲锋陷阵在公益志愿医疗的第一线。

杭城的六月末，梅雨溽暑交织。刚从甘肃回来的韩凯，眉间风尘未扫，却抑制不住欣然：为期一周的“母亲微笑行动”兰州站义诊刚刚结束，此次活动将令当地 116 名唇腭裂儿童重拾微笑，可谓收获满满。他笑着给我看新出炉的志愿者名单，下场义诊将在 7 月初的四川甘孜州开展，“可能的话，之后就直接到青海玉树，再开第二场。”

正疑惑为何要如此之赶，韩凯给出的答案却简单直白：“因为放暑假了，很多学龄孩童都会集中到这段时间来做手术，所以要尽可能多做几场。”他笑称，这段时间可是他们团队活动的“高峰期”，有一年的8月甚至还连办了三场，从西藏的昌都到洛隆，再直奔四川大凉山，不辞辛苦辗转上千公里，就为了能让更多孩子完成收拾，重新绽放完美无瑕的笑容。

都说偶一为善不难，难的是数十年如一日的坚持。在传递微笑的道路上，韩凯投入了自己几乎最好的大半人生，且还远没打算停下来。回忆起点，他不胜感慨，那还是遥远的20世纪90年代……

缘起——来自大洋彼岸的“微笑”

20世纪80年代末，彼时才30来岁的韩凯，风华正茂，履历骄人：毕业于浙江医科大学（今浙大医学院），师从中国整复外科事业创始人、中国工程院院士张涤生教授，毕业后出任杭州市整形医院第一任整形外科主任，年纪虽轻却已然成为单位骨干。1989年初，更是经导师推荐，前往美国弗吉尼亚医学院访学，研究方向为创伤修复重建。

就在访学期间，他认识了同院麦基（Magee）医师夫妇，并首次接触到国际微笑行动（Operation Smile），这是由麦基夫妇于1982年创办的公益组织，专门为全球的贫困唇腭裂儿童及患者提供免费矫治手术。

当时，国际微笑行动正在弗吉尼亚医学院征集具有显微外科技能的志愿者医生，韩凯正好符合条件，他就毫不犹豫地报了名。通过志愿活动，他发现，即便是经济发达的美国，也依然存在大量被忽视的唇腭裂患儿，他们无法像正常人一样说话、吃饭、喝水，大多数都显得自卑、沉默，无法展开笑颜。

韩凯的内心被狠狠地触动了。

唇腭裂是种极为常见的先天出生缺陷，受遗传、疾病、药物和孕期营养等种种因素影响，尤其高发于亚裔、拉丁裔人群。1986—1987年，我国首次进行了大规模的出生缺陷监测，全国945所医院的1243284例围产儿中，检出唇腭裂2265例，平均每549个孩子中就有一例，在所有被统计的出生缺陷中排名第二。

触目惊心的数据背后，是无数个由此陷入悲苦绝望无法自拔的家庭。在偏远地区，受教育、文化、习俗等观念影响，唇腭裂常常被认为是不幸的象征，很多地方还流传着是家长造孽被老天爷报复的迷信，所以这种孩子经常会遭到遗弃。而在不少城市家庭，在产检期得知所怀的孩子患有先天唇腭裂缺陷后，会选择让孕妇直接流产，放弃承担这份生命的沉重。

“撇开道德层面的东西不说，之所以会发生这样的事，是因为家长遇到这种情况比较无助，不知道怎么救治。有的父母可能觉得这是天大的事情，可当他们了解到这个病能完全治愈，而且在社会上有帮助的渠道，他们就会不忍心做出这样的事。”韩凯回忆道，当时国内做唇腭裂手术的医疗条件还相对薄弱，手术费用也较为高昂，而且还不像许多人以为的那样，可以简简单单“一步到位”，而是需要贯穿患者不同的生长阶段、需要多学科协同完成的序列治疗。

医学上，理想的治疗时间表是：出生后两周内，正畸医生用术前矫治器恢复患儿牙弓形态；3—6个月，外科医生进行唇裂修复手术；6—12个月，进行腭裂修复手术；三四岁时，语音治疗师对其进行评估和训练；再过几年，随着颅骨发育，部分患儿的鼻子、牙槽等可能还需要进一步整形。一个孩子的治疗，短则三四年，长则十来年，其间需要投入的花费和心血，足以令普通家庭望而却步。

不过，这些都是韩凯彻底投入到这一领域后才有的思考，那时的他，应该还没想到那么多，只是下意识地萌生出一个念头：能不能把“微笑行动”带到中国？首先，这将会是一个非常好的增加与国外同行学习交流的契机，其次，通过这样的一种公益活动形式，又能让许多人实实在在地受惠受益。

临行前，导师的话似乎又回响在耳边。“小韩啊，在美国除了学专业知识外，还有很重要的一点，就是和当地医疗团队建立友好合作关系，把这个平台搭建好，对于我国医疗事业的发展是会有帮助的。”他想，如果能说服麦基医生和美国的专家来华开展活动，岂不正是搭建这个平台的重要一步？

他当即与时任杭州整形外科医院副院长的妻子林静商量，当时国内虽然已有一些国际学术交流，但多以讲课、开会为主，采取这种公益形式的却相当少，但妻子非常认同。随即，他又和导师汇报了自己的想法，得到了张涤生教授的肯定：放手去做，全力支持！

就这样，韩凯鼓足了干劲，为促成这桩好事忙碌起来。

耕耘——让“微笑”在这片土地扎根

1991年5月，首批美国专家终于来到中国，“微笑行动”第一次在杭州整形医院开展了慈善医疗救助活动。

听说是免费做手术，还有一大批国外专家，这消息的爆炸性在当时简直不亚于一场地震，四面八方的人都闻讯赶来。这场活动上，报名治疗的患者足足有300多名，可受到人手、设备、药品、时间等因素限制，最多只能进行160例手术。这就意味着，余下的人，无论有多么失望和不甘，都只能被无情地劝退。

作为中方发起人和主治医师的韩凯，不得不做起了这份委实需要硬下心肠的工作。在手术名单上每划去一个孩子的姓名，他的心就忍不住被刺痛一下。这厢，知道孩子可以做手术后的家长欣喜若狂；那头，落选的家庭却久久不愿离去，他们徘徊着，哭诉着，祈求着，扯住韩凯的衣袖苦苦哀求，就为了把自己的孩子排上手术。

有对老夫妻，带着小孙子过来，每天徘徊在医院，直到最后一天还没放弃：“知道我们今年肯定是排不上了，那明年你们还来不？我们不怕等。”

这可把韩凯给问住了，明年国际微笑组织还能不能来，其实他心里也不清楚。可面对老人家沉甸甸的期盼眼光，韩凯实在不忍心打破，他只能攥紧手里那份被删掉的名单，诚恳地回答：“明年具体什么时候来还不清楚，但我们会尽可能争取。”

也就是从这时起，他决定要把这个事情长期做下去。

从1991年开始，韩凯每年都会带队回国为唇腭裂患者手术。由于没有专门的组织、机构来协调安排，活动的开展主要靠他和他的夫人林静来联系落实，也因此，每年最多只能安排一到两场，并且大多在东部沿海城市举办，以国际志愿者为主力。

韩凯

直到1996年底，韩凯辞掉了在弗吉尼亚医学院的工作回国，自此之后，他就有了更多时间和精力专注于这项事业。

接下来，“中国微笑行动办公室”在杭州正式注册成立。一部电话，二三工作人员，临时租赁的狭小房间，就是办公室的全部。“当时的想法只有一点，就是成本越低越好。”韩凯说。在这个阶段，中国的微笑行动得到了美国微笑行动和中国香港微笑行动医疗活动有限公司的鼎力支持：前者派出部分专业志愿者，提供医疗活动所需的设备、器材，后者则以开展中国内地的微笑行动在中国香港募集资金，对每次活动的相关费用提供财务支持。

而这一时期，韩凯的工作内容也有了不同的侧重点，其中之一就是努力发展国内的医疗志愿者。

所谓“努力发展”，其实说白了也很简单。他们每到一个地方开展活动，当地的医护人员看到后觉得这个事情很有意义，就会来找到负责人韩凯，说自己也想参加，韩凯则会爽快地说行啊，就把人员信息、电话号码记下来，下次我们开展活动的时候直接把你们叫上。就这样，一场场活动做下来，联络本上的国内医疗志愿者名单也越来越长。

“我们招募志愿者，主要靠做，而不是靠说。”韩凯介绍，渐渐地，越来越多的国内医疗志愿者开始加入到每次活动中去，活动开展的频率也逐年增加，救治范围也扩展到甘肃、云南等西部省份，更是在不知不觉间拥有了一支200余人的医疗志愿者团队，实现了团队的“本土化”。

深入——突破限制“微笑”的藩篱

一年一年的积累，“微笑行动”这朵来自大洋彼岸的花，把根深深扎进了中国这片广袤的土地。而在扎根过程中遇到的一些实际问题，也让韩凯和他的核心志愿者团队开始思考起更多：

——微笑行动和其他慈善活动最大的区别，就在于其属于专业的医疗行为，而凡是医疗行为，就需要相应的执业资质，就有可能出现医疗纠纷，这里面的风险谁来承担？

——唇腭裂属于序列治疗，很多患者往往需要进行多次手术，而组织医疗队开展的是流动式救助。当队伍离开后，患者如果出现后续治疗问题，在很难找到曾经主刀医生的情况下，又该怎么办？

种种问题盘旋交织成一张大网，如果不能打破其桎梏，微笑行动这朵好不容易移种过来的花，就不能进一步茁壮成长。为此，韩凯想到要成立一家专门的慈善医院，作为中国微笑行动的基地，更好地为志愿者团队和患者提供服务。通过它，医院就可以为医疗志愿者承担第三方责任险，为医护人员解除后顾之忧；通过它，许多后续治疗问题也可以得到解决，让患者不至于在救助的路上选择中途放弃。

但对于一个草根慈善组织来说，这似乎是个不可能完成的任务。

经费何来？场地何来？人员何来？然而在真正立志成事之人面前，所有问题都阻挡不住他们前行的步伐。

韩凯先是找到了自己的老朋友汤黎敏，告诉她，自己想要筹建一家免费治疗唇腭裂患者的专科医院，邀请她来管理。汤黎敏当时是浙大一院的手术室护士长，还差两个多月就到法定退休年龄，面对邀约，她不是没有过思想斗争。她所在的医院一般都会返聘，待遇跟原来一模一样，而出来搞慈善，收入肯定是没有了。可最后，她还是选择加入韩凯的队伍，同意出任医院的“大总管”。

2007 年 11 月，克服重重阻碍和难关，杭州微笑行动慈善医院成立了。你在全国也找不出第二家这样的医院，专门为贫困的唇腭裂患儿提供矫正手术和治疗，不收取任何费用。起初，医院是在杭州凤起路上租的房子，连个独立门牌都没有，仅设 25 个床位。

不过，一家医院哪怕再小，场地租金、人员聘用、水电费等一系列开支综合起来，每年也是一笔不小的数目，更何况慈善医院不但不产生利润，背后反而有着巨大的资金需求：通常公立医院预计花费 12000—20000 元的唇腭裂手术，在慈善医院这里能把成本压缩到 5000—7000 元，而这些费用主要来自社会募捐。每年，医院依靠社会募捐要为唇腭裂患儿进行数千例手术，成立后的短短 5 年时间内，已经有 10000 余名来自全国各地的贫困唇腭裂患儿和患者在这里接受了手术和相关治疗。其中的不易，可想而知。

紧接着来到了 2012 年，一个值得铭记的年份，也是中国微笑行动走向新的历程的开始。

这一年，为了能筹集更多的资金，微笑行动慈善医院与全国妇联和中国妇女发展基金会合作，共同发起并成立“微笑行动专项基金”。这不仅意味着中国微笑行动从此有了合法的全国公募平台，还为招募患者提供了新的可能——每个社区和村子都有妇女主任，她们是最了解当地出生缺陷的一批人。

这一年，微笑行动慈善医院对社会作出的工作和成绩，得到了社会和政府的认同和支持，成功通过审批，获得中央财政 50 万的支持，并被接纳为中国女性公益慈善组织协作联盟成员，还在当年的 12 月被全国妇联授予“中国妇女慈善贡献奖”，国家领导人为他们颁奖。

也正是从这一年起，微笑行动的活动理念和模式有了全新的开始，由慈善医院成建制、有计划地组织活动，并从以前只有专业志愿者参与的小众形式，变成有社会各界的非医疗志愿者的广泛参与。此时，中国的微笑行动实现了完全本土化的运作，独立运营。杭州微笑行动慈善医院的专职医务人员和中国优秀的志愿者团队一起，努力打造本土化的公益慈善品牌。

从 2016 年 11 月起，中国的微笑行动正式加入“母亲”系列，与“母亲水窖”“母亲邮包”“母亲健康快车”等并列，升格为妇基会一级品牌，设立专门办公室，正式命名为“母亲微笑行动”。

传递——用“微笑”散播爱的力量

如今，我们看到的微笑行动志愿团队，是一支高效运作的队伍。

他们每到一处，就着手紧张有序的筛选工作：先由志愿者登记患儿的基本情况，再对患儿进行体温、脉搏、血压、氧饱和、体重等基础检查，判断是否符合麻醉条件，并通过内科检查测定心肺功能——这对术后监护起着至关重要的作用，然后国内顶尖整形医师再根据患儿唇腭裂情况，最终确认是否符合手术要求。

舒缓的音乐飘扬在手术室上空，抚慰着送进来的患儿。每个医生都很放松，透露着一股因熟练而散发的气定神闲，连冰冷的手术刀似乎也带上了温暖的色彩。它们在医生手下精灵般舞动着，耐心填补着一个个上帝遗忘的缺陷。手术结束后，医生们常常不用医疗推车，直接把小朋友横抱在怀中走到麻醉复苏室，让孩子享受到亲人般的怀抱和温暖。

从早上七点多开始，到晚上七八点，医生们自始至终都严格保持精神高度集中，分分秒秒都在寻找最好的治疗方法，而志愿者们也一直在忙碌：术前术后照片拍摄、患儿背景资料采集，通过和患儿的沟通和玩耍，缓解其术前紧张情绪，术后关怀患者及家属，传达相关护理常识，等等。没人抱怨，没人喊累，没人偷懒休息，每个人都在付出、付出、再付出。

一天工作结束后，队伍里还有人没去休息，他们用镜头和文字整理白天活动的开展，发布报道信息，传播活动详情，而负责后勤工作的志愿者们，已经又开始为任务满满的明天奔忙……

韩凯不太爱听对自己个人的赞美，他总说，更重要的是团队。这些年，他收获了很多荣誉，先后被评为“最美杭州人”、浙江省全面建设小康十大贡献人物、第六届全国道德模范、2016 年度中国公益人物，等等。他说，其实荣誉属于大家，在微笑行动的队伍里，丈夫带着妻子，父母带着子女，一辈辈爱心接力，也正是因为有那么多善良的人，那么多来自社会各方的志愿者，这个活动才能够一直坚持下去。以 1990 年 11 月 28 日的第一例手术为起点，没有一年间断，延续至今，成为中国迄今为止运作时间最长的公益医疗项目之一。2023 年，“母亲微笑行动”获得了国家最高慈善奖项“中华慈善奖”。

提到杭州的“最美”现象，韩凯特别有感触，觉得它很好地概括了这几十年来我们社会全面的进步、社会文明的发展，并且正不断转化为一种推动社会前进的强大精神力量。

前行的道路上，榜样是看得见的力量。但韩凯说，他更愿意成为顿号，因为顿号意味着周围都是同类。而公益活动最迫切需要的，是更多的志愿者并肩前行。“当越来越多的顿号参与进来后，我们可以合力让每一个孩子都有微笑的权利和生命的尊严。”

人都是有爱心的，微笑行动以草根慈善身体力行的方式，让每分钱、每份力都花在需要帮助的人身上。这个活动是会“上瘾”的，那是一种不再觉得自己面对世界残酷无能为力或势单力薄，发现自己原来可以做很多的贡献。人们有时会疑虑生命的意义，但在这里，却会变得越来越清明，得到的远比给出的要多——这种奇妙的满足，只有来了，才能懂得；而一旦来了，也一定会坚信。

改变我们所能改变的，追寻我们所能追寻的。

从一个人的理想，成为一群人的守望。

钱益清

在远方，用心播撒希望

——记杭州市学军中学原校长、贵州省台江县民族中学名誉校长陈立群

放弃百万年薪聘请，离开繁华都市和亲人，远赴贵州东南部苗乡山区无偿支教，成为当地唯一一所民族高中的校长。在那里，他克服重重困难，倾心育人、扶贫扶智、无私奉献，不改一名共产党员的初心，履行一位教育工作者的职责与使命，这便是杭州学军中学原校长陈立群不悔的选择。他以“师者”的爱心和非凡的敬业精神，为民族地区基础教育注入时代精神，温暖了大山里的莘莘学子。“我们的教育，应该是立足于努力寻找孩子胸中的小火星，帮助学生点燃那一簇簇生命的火焰。”陈立群以自己切实的行动履行了这份诺言。

爱与责任，让他义无反顾奔向远方

陈立群 1957 年 11 月出生于杭州市临安县（今临安区），1982 年 1 月毕业于浙江师范大学数学系，后获澳大利亚伊迪斯·科文大学（Edith Cowan University）教育管理硕士学位，成为中学数学高级教师。大学毕业走上工作岗位后，他在桐庐毕浦中学、窄溪中学等基层中学任教，先后在 9 所学校任教。1985 年起，相继担任杭州市桐庐县窄溪中学校长、杭州市朝晖中学校长、杭州市长河高级中学校长，2012 年 8 月起，任浙江省一级重点高中、杭州市名牌高中——杭州市学军中学校长。

在漫长的从教生涯和担任校长的过程中，陈立群全面贯彻党的教育方针，致力于培养德智体美劳全面发展的社会主义建设者和接班人，始终兢兢业业、殚精竭虑、乐教善教、思维创新，培养出无数优秀学生。在学校管理上，尽管面对不同的学校，不同的生源，不同的起点，均能做到从量变到质变，化腐朽为神奇，把原本普通后进的学校带到当地拔尖的水平。他多次被评为县、市教育系统优秀党员和杭州市“百名师德优秀教师”，先后荣获“浙江省第十八届春蚕奖”、“杭州市劳动模范”、“杭州市第二届杰出人才奖”、“首届全国教育改革创新杰出校长奖”、“感动杭州十大教师”、“CCF 纪念 NOI 创建 35 周年表彰”信息学奥林匹克杰出校长等荣誉，并在教育部中国教育报刊社举办的“首届中国当代特色学校推选活动”中获得“全国百强特色学校十佳创新校长奖”。2010 年 10 月，教育部中学校长培训中心和浙江省教育科学研究院还联合举办了“人民教育家论坛——陈立群教育思想研讨会”。他所撰写的论文《论班集体与个性互动原则》曾获香港紫荆花教育科研成果奖，专著《学校

陈立群（左四）与学生们

社会学问题研究》获浙江省教育科学第三届优秀成果一等奖。

早在 2001 年，陈立群就在杭州长河高级中学创办了浙江省首届宏志班，亲自挑选班主任和任课老师，把对贫困学生的关爱无微不至地融入学生心中。他一共带出了 12 届宏志班，招收的 675 名学生全部考上了大学。在开办宏志班的过程中，陈立群还以“回原籍高考”的大胆创举，强调和践行教育公平理念，举起“精神教育”大旗，让学生们养成“宏志精神”。从那时起，他对贫困学生尤加关注，并通过各种方式予以关爱。

黔东南苗族侗族自治州是贵州省当时贫困面最大、贫困程度最深、贫困发生率最高的地区。2020 年 3 月 3 日，退出贫困县序列，实现脱贫“摘帽”以前，这里的很多少数民族群众还处于力求温饱、努力脱贫的阶段。2016年3月，即将退休的陈立群来到这里开展义务支教，当他看到与东南沿海发达地区相比，这里颇为落后的教育现状，十分震惊，由此涌上强烈的责任感，觉得自己应该竭尽所能，为这里的孩子奉献一份力量。同年8月，当杭州市对口帮扶的国家级深度贫困山区县黔东南州台江县向他发出邀请时，他十分积极地接受邀请，担任了台江县民族中学的校长。

也是在这个时候，闻知陈立群即将退休的杭州多家民办学校，纷纷向他伸出橄榄枝，并都许以百万以上的年薪，但全被他婉言谢绝。有人觉得不理解，毕竟前往遥远的台江支教，条件很差、工作辛苦自不待言，而且还没有报酬，这样的选择又是何苦来哉。但陈立群坚信“人类道德的基点是爱心与责任感”这句箴言，认定为少数民族和贫困落后地区贡献自己的光和热，用爱与责任呵护贫困学子的求学梦，这才是自己退休后的人生理想。他不无恳切地说：“民众整体文化素质水平的提升，是国家可持续发展和长治久安的基础。中国那么大，教育欠发达地区那么多，总要有人站出来去做这些事。”他带着一堆教学用书，义无反顾地奔向距杭州1400公里的台江。“名校校长分文不取奔赴少数民族贫困地区担任校长”的抉择震动了很多人，也感动了很多人。

殚精竭虑，让“垫底”者实现“逆袭”

台江县自古就有“天下苗寨第一县”之说，全县近13万人口中，苗族占总人口的97%以上。这里山高路险，土地贫瘠，经济基础较弱，当地老百姓大多居住在大山深处。陈立群来到台江时，整个台江县城竟然没有一盏交通红绿灯，通往各个乡村的道路十分难走。台江县民族中学尽管是县里唯一的一所高中，可3000多名学生中，属于建档立卡的贫困户就达1200多人，贫困家庭、留守儿童、问题学生占全校人数近一半。因为贫困，学校的教学、生活等各方面的条件很差。

至今陈立群还记得，当他刚到台江县民族中学时，竟差点被学校食堂“直接吓倒”：刚刚端出来的菜盆边上，密密麻麻地停满了苍蝇；偌大的一所学校，唯一的食堂居然只有一口锅。所以每到用餐时间，师生们不得不排起长队，但即便排近一小时的队，仍往往打不上饭。学生宿舍也简陋到了极点，几十名学生挤在一个大房间，除了一张张高低铺，再也没有别的什么配套用具，而卫生间臭气扑鼻而来。残破的宿舍，甚至让学生在熟睡时被溜入屋内的蛇咬醒。由于基础设施不尽如人意，学校还经常断水断电。有人告诉他，这已是近年来改善后的状况了……

事实上，初到台江的陈立群，自身也需设法去适应相对艰苦的生活环境，譬如平时一点儿辣椒都不能吃的他，必须去吞咽那些能让他辣得“眼泪直流”的当地菜肴，但他首先想要做的，是花大力气解决师生们的吃住问题。通过细致摸底了解，反复挖潜，在他的主持下，很快，学生食堂从一个增加到了三个，排长队打饭的现象就此消失。学校还单独开设了教工食堂，通过伙食补贴，降低教师餐饮开支，提高伙食质量，严格卫生管理，教师们从过去大都回家吃饭，改变为一日三餐都在学校吃饭。

教师自觉留在学校里吃饭，还产生了“额外”的作用，那就是教师与学生交流有了更多的时间，教师对参与学校管理也更主动积极了。接下来，陈立群又对学生宿舍进行了改造，全校学生都搬进了6至8人一间、配有独立卫生间的宿舍。同时规定，全校统一实行寄宿制管理，免去所有学生上学来回途中的辛苦。如此一来，留在本校，不去外县读书的学生更多了。上述改造、改变所需费用，由他从包括杭州在内的各地筹措。而这一件件事，都是在陈立群上任后的两个多月的时间内完成的。

陈立群有着丰富的学校管理经验。他想到，要使学校得到长久的有序管理，还得依靠制度。为此，他腾出时间，结合台江民中的实际，自己动手拟订了《台江县民族中学教师课堂常规》，包括教职员工考勤办法、教师退出机制等 16 项管理制度，整顿校风教风，形成长效机制。他把所获国务院政府特殊津贴和杭州市杰出人才奖的 20 多万元钱拿出来，不足部分还取自杭州家中存款，设立了“台江县民族中学陈立群奖教金”，奖励有爱心、有责任心、有能力的优秀教师，以激励教师的教学热情。

教学质量是关键，陈立群深知其理。为了提高教师们的教学水平和综合素质，培养一支教学水平高超、富有责任感的教师队伍，他在台江民中启动了师资培养工程，创新教学方法，倡导工匠精神，扫除怠惰慵懒之气，提振教学信心。他不仅自己亲自授课，还把杭州学校的相关教材教法引入台江民中，供教师们分析研究，融会贯通在实际教学之中。全校上下自觉提高教学业务水平的氛围越来越浓了，教学质量稳步提升。在陈立群担任校长的几年里，台江县民族中学形成了一支优秀的教师队伍，学校整体办学质量呈现大幅跃升的态势。

通过这一系列努力，台江民中师生的精神面貌出现了喜人的变化，处处有一种蓬勃自新、向上生长的力量。让人欣慰的是，随着教学质量的不断提高，当地老百姓对台江民中教学的信心又回来了。这所曾经“垫底”的中学也实现了完美“逆袭”，学校辍学人数从每年的 100 多人变成了现在的“净流入”，当地老百姓用自己的选择，表达对陈立群校长的支持和信心：2017 年，台江县中考前 100 名学生，留在本地读书的有 95 人；2018 年，全县中考状元也第一次留在了台江民族中学。

在高考方面，台江民中的“战果”实在辉煌：2018 年，全校 901 名学生参加高考，450 人考取本科，高考增量从全州垫底冲到全州第一，并使台江县打破了高考 11 年无 600 分以上的“纪录”，8 人考过 600 分，有学生还被对外经济贸易大学、武汉大学等重点高校录取；2019 年，全校 885 名学生参加高考，有 561 人考取了本科；2020 年，全校参加高考的 1047 人全部考上了大学，有 829 人在二本线以上，其中 270 人上了一本线。2021 年，杨桃同学被清华大学录取，打破了台江民中无人考上清华北大的历史。学校高考本科上线率从 2016 年的 22.8% 上升到 2022 年的 81.69%。

以情暖心，一个都不能少

“寒门何以能出贵子，很多时候就是靠关键时刻有人拉一把。一个都不能少我做不到，我所能做的就是拉住一个是一个。”陈立群曾多次这样真诚地说。在师生们眼里，他虽为一校之长，却更像一个大家长，他时时惦念着孩子们的安危冷暖、喜怒哀乐，始终把孩子们的事情放在第一位。

其时，台江民中 3000 多名在校学生中，有超过三分之一来自建档立卡的贫困家庭。学生家长有一半以上在外打工，有的家长还一年半载都不会回来，很多学生缺乏必要的关爱。有的学生因父母离异，内心自卑而敏感。有的女生因当地重男轻女的陋俗，从小被遗弃，个性上显得孤僻。陈立群十分关心关注困难、留守家庭学生的身心健康，通过一次次家访，也通过平时与学生的交流，在了解每个学生实情的基础上，通过“一人一策”的办法，解决孩子们的实际困难，不遗余力让每个孩子都能安心学习，确保他们身心的健康成长。

“生活上无路可走的时候，来找我。”这是陈立群对学生们许下的承诺。每逢周末等休息时间，陈立群都会行进在崎岖的山路上，走村串寨，对困难家庭的学生进行家访，弄清这些孩子的迫切需求，送去温暖，鼓励家长让学生完成学业。他逐个上门劝说不愿读书的女生返回学校，还为单亲家庭的学生当“校长爸爸”。他家访的足迹遍布全县所有乡镇和大部分苗寨。而每当来到处在暂时困难中的贫困家庭，目睹该贫困家庭的实际境况，他总是忍不住慷慨解囊。他还每月自掏腰包，向建档立卡的特困家庭资助生活费，累计达 10 多万元。

“教育最为本源的动力还是情感驱动。人生因缘而聚，因情而暖。”“我就是一介书生，我一辈子只做一件事，就是教好书，做好我自己的教育工作，不为功利，不求功德，只为心愿，这个心愿就是有更多的苗族孩子，能够走出大山，去实现他们的人生目标。”对于陈立群来说，这些话语绝非只挂在嘴上，写在本子上，而是化为了实实在在的行动。

那天，已是晚上 10 点多了，忙碌了一天的陈立群没有坐下来休息，因为他还记得今天必须去做的一件重要事情。他快步来到医院，再次看望因发高烧而住院的学生田美，劝说田美必须首先把病养好。田美是个单亲家庭的孩子，妈妈远在广州打工。尽管病得较重，田美却执意要求第二天回校读书，生怕影响学业。陈立群俯下身子问田美：“生命重要，还是学业重要？”田美回答：“一样重要。”陈立群真诚地说：“傻孩子，学业落下了，还可以补，生命可只有一次。”田美吐露心声：“可是我实在不想，让自己以后还是过妈妈现在过的日子！”听着这朴实又迫切的表达，陈立群也被感动了。劝好田美，离开医院后，他立即对田美病愈后的补课做了周密的安排。一段时间后，出院后的田美在老师们的帮助下，很快就把耽搁的课程补了回来。

高一（3）班学生毛进行是2018级高一报到最晚的学生。暑期，他搭乘叔叔的摩托车从老家前往县城时遭遇车祸，腿部骨折住进医院。陈立群听说后，想方设法帮助毛进行筹集手术费用，保证他得到及时有效的医治。出院时，陈立群还自己掏钱，安排校办老师去凯里市买了轮椅送到医院，把毛进行接回学校。毛进行被校长的关爱彻底感动了。那段日子里，虽然还不能正常行走，但毛进行坚持每天坐着轮椅学习，课程一点都没有耽误，学业成绩也没有落下。

不光对贫困学生，凡是有师生生病住院，陈立群再忙也会挤出时间前去探望。在学生们的记忆中，还留着校长多次在晚自习时间，亲自送着学生到医院并陪伴着学生挂点滴的事。支教这几年中，全校200多个教职员工家庭的“红白”之事，即使路途遥远、工作忙碌，陈立群都坚持到场。他认为，在学校这个大家庭里，每一位师生都是重要的。作为一名党员，理应始终发挥先锋模范作用，体现一心向党，坚守初心；作为一校之长，“一家之主”，必须时时处处以身作则，体现大家庭的温暖，最大限度地激发每个人的工作积极性。

点燃热情，引导学生树立高远志向

台江县民族中学的教学楼，有两幅巨大的红色条幅格外醒目，条幅上的文字为陈立群亲自撰写。上联为：一生诚做基，不装不作不混，励志笃行出大山。下联为：万代勤为本，用力用脑用心，真才实学报家国。

刚刚来到台江民中，在听某位教师的课时，陈立群偶然发现某间高二教室内的愿景墙上，一位男生贴在那里的三年高中愿景竟然是“娶一个老婆回家”。陈立群向该班的班主任了解，班主任告诉他，这正是这个学生的真实愿景。陈立群特意找到了这位学生，学生的回答更让他大吃一惊：“我的父母交代我说，寨子里有很多光棍，你书读得好一点差一点都没关系，但一定要娶一个老婆回来。”通过了解，他发现，抱有类似所谓愿景的学生不在个别，有的女生还因当地民族风俗，由家人催着辍学，以便尽早结婚。这样的现象让陈立群深思。扶贫必须扶志，教学扶贫不仅要让孩子们得到良好的教育，还得让他们树立更高远的理想，拥有更大的志向。从此，他格外重视“心灵唤醒”“精神教育”

“时代楷模”陈立群在支教期间与贵州黔东南台江县民族中学学生一起放飞梦想

的力量并身体力行。

不久后，台江县民族中学的师生们就多了一个节日：“12·9”励志节。每年这一天，高三年级的师生就以班为单位，在校园里种一棵“志向树”。树的下面还埋有一个瓶子，里面是全班师生的高考志向和人生理想，一棵棵“志向树”由此组成了一片“志向林”。树是苗族的图腾，苗族同胞向来有“生死一棵树”的习俗：出生时种一棵树，离世时把这棵树砍下，作为自己的棺木。在这里，陈立群充分强化了苗族人与树木的生命关系，充实“志”的新内涵，让每个学生都树立起“高远的志向、高昂的志气、高雅的志趣”。

陈立群还通过班会、成人仪式、升旗演讲、朗诵比赛、社团活动、读书活动等形式，强化并激发师生们对“志”的理解和思考。他还根据这些孩子的特殊心理，采用“反差式”教育法，带这些孩子外出游学、开阔眼界，在找差距中燃斗志。原先的高三年级中，有一半以上学生在考试时用手机作弊，这样的情况如今在台江民中再也见不到了，相反，每个学生越来越明白自己努力学习的目的究竟是什么。“您让我明白当初看不清、过不去的坎，现在都不算什么。那些我认为无法放下的事情，也终将会被温暖填满……”一名考上理想大学的学生给陈立群写来的信，让他颇为欣慰。

来到台江县后，陈立群也越来越痛切地发现，当地群众世代贫困的根源在于缺乏“人穷志不穷”的精神，缺乏改变贫困现状的知识、能力和手段。他主动了解苗族历史文化、风土人情，从而深刻洞见当地的教育问题，认为“贫困地区缺的是对教育的真正重视”。由此，他积极承担起为当地学校教师、家长、学生三类不同群体的“扶志”行动。

在中组部帮扶台江工作组的协调下，陈立群亲自培训驻村第一书记，内容包括教育与脱贫、尊师重教、家庭教育等等。在县委、县政府的大力支持下，每次高考后，陈立群将教师分成几个组，走进寨子给高考中榜家庭送喜报，大力宣传“考出一个孩子、脱贫一个家庭、带动一个寨子”的典型事迹，启发村民重视教育。他还发起修缮当地文化遗存文昌宫和莲花书院，促使当地逐渐形成了尊师重教、耕读传家的良好民风。部分村寨开始自发为考上大学的学生召开庆祝大会。“考上一个学生、脱贫一个家庭、带动一个寨子”的理念，已逐渐被苗族百姓所认同。

为了在当地培养更多的优秀教师，陈立群曾两度受聘，成为教育部中学校长培训中心兼职教授，并受邀为教育部中学校长培训中心的全国优秀校长研修班授课 30 余次。来到黔东南后，他已多次应邀为黔东南州贺代明、汪海清名校长工作室的校长们义务授课，并被聘为“黔东南州校长教师专业发展培训首席专家”和“教育部中学校长培训中心专家贵州省工作站专家”。贵州省教育厅还专门成立了“贵州省陈立群名校长领航工作室”，学员均来自贵州全省各个地区。

担任台江民族中学校长期间，陈立群义务作报告开讲座的足迹遍布黔东南州所有 16 个县市以及州外的其他一些县市，累计义务作报告开讲座 60 余场，接受培训的校长教师超过一万人次。当地的校长、教师们听了他的讲座后收获良多：“陈校长的报告是至今为止所听到的最好的报告，既有理论高度，又非常接地气，收获很大。”为了充分发挥陈立群的名校长引领辐射作用，台江县教科局把全县的 18 位初中小学校长分成 6 批，来到台江民中学习取经。陈立群始终做到以热情相待，对校长们提出的问题予以一一解读。2019 年 2 月，贵州省委组织部、贵州省教育工委、贵州省教育厅联合下文，要求全省各县市区学习推广台江县教育“组团式”帮扶的经验。

2018 年，陈立群荣获“2018 年中国教育十大人物”荣誉称号；2019 年 9 月，荣获第七届全国道德模范提名奖；2019 年 9 月 9 日，中宣部授予陈立群“时代楷模”称号；2021 年 6 月，他被中共中央授予“全国优秀共产党员”称号；2021 年 6 月，又荣获“浙江省优秀共产党员”称号……荣誉纷至沓来，他扶贫的脚步并没有就此停止。

从 2022 年起，中组部、教育部启动教育人才“组团式”帮扶 160 个国家乡村振兴重点帮扶县工作。作为帮扶工作组专家顾问委员会副主任，陈立群不顾自己身上有病，长时间颠簸在山区公路上，顾不上休息，奔波于多个乡村振兴重点帮扶县，帮助当地薄弱学校找到跨越式发展的路径。而在每年高考过后，他又会带着爱心人士重返台江，一个个家庭核实，为最困难的 30 名学生送上大学的第一年学费。

“我时常想，要用什么来打动你，我的学生？我想，唯有表达足够的诚意、关爱，鼓励他们往前看，给他们希望和梦想。”这是陈立群写在工作笔记上的一段话，也是他的座右铭。陈立群把台江的孩子当作自家的孩子来对待，用心哺育台江的未来。在他的影响下，越来越多的少数民族孩子树立高远志向，立志学有所成后回来建设家乡。

2023 年 9 月 8 日，在杭州亚运会火炬传递现场，作为第 105 棒火炬手的陈立群，稳健、坚韧地奔跑着。的确，奔跑是陈立群的常态，他为远方的孩子点燃梦想，在贫瘠的土地播撒希望。陈立群始终认为，自己的成长和坚守，自己所取得的成绩，都离不开党的培养、党组织的激励和引导，早年养成的忠诚于党的教育事业的信念和决心从未改变。今后，他仍将为实现贫困学子的求学梦，投注自己的精力。扶贫助教的道路上，他还会继续奔跑下去。

陈立群呕心沥血、扶贫助教的义举，在浙江、贵州乃至全国各地，都引起了巨大反响，有更多的杭州退休和在职教师跟随他的脚步，来到黔东南地区支教，仅台江县民族中学就有十几位这样的教师。他们像陈立群那样，正在用行动践行“教育扶贫扶志，斩断贫困代际传递”的执着信念，用师者的爱心和责任，为民族地区教育注入时代精神，让远方山区的孩子们成为栋梁之材。

孙 侃

最美村医

——记建德市乾潭镇梅塘村村医吴光潮

一元钱，可以买到什么？除了超市里一只最普通的打火机，连一把青菜、一根棒棒糖，都只能在一元面前却步。而这不起眼的一元小硬币，却能在建德市乾潭镇梅塘村村民们身上派上大用场。“在我们村的卫生室，一元钱，既是诊疗费、药费，也是输液费、针灸费、包扎费……”村民们每每说起，总是显露着自豪，又表达着感激。

坐镇梅塘村卫生室的，是村医吴光潮。一元村医的践行承诺，半个世纪的乡村坚守，吴光潮从青春洋溢到两鬓斑白，从“乾潭十佳”到“最美杭州人”“最美浙江人”“中国好医生”，他还摘下了全国“诚信之星”，荣登了“中国好人榜”，面对诸多荣誉，吴光潮欣慰自己被认可，而日常中，他依旧是那个大家熟悉的医生，忙碌地工作，热心地助人。

套上白大褂，责任肩上扛

梅塘村卫生室坐落在村口的半山坡上，绿漆白墙瓦片顶，周围有几棵高大笔直的水杉树，环境幽静。这里曾经是梅塘村的一所小学，村卫生室被迁移了三次，最后一次才到了这里。不过，无论卫生室的地点在哪，医生却一直未变。

吴光潮出生于 1946 年，是土生土长的梅塘村人。1966 年，因当时提升农村医疗卫生质量的需要，在严州中学上过学的吴光潮被村里选派，在乾潭区半农半医班学习了一年。学医不易，更何况零基础、学期短，可小伙子不畏困难，自我加压，不仅在校努力学，归来后仍抱着书本啃，追着老师问，很快练就了一身的本事。被大家视为毛头小伙的“赤脚医生”，渐渐地在村民口口相传中有了名气。那时，吴光潮看病只收五分钱、一毛钱。

为了不断提升医疗水平，多年来，吴光潮坚持在学习中提高自己的业务能力，在工作中实践自己的所学。他利用业余时间翻看医书，1976 年、1997 年、1998 年三个年头，他分别到建德市第一人民医院、建德市卫生进修学校学习，他的眼界开阔了，看病的本事也更精进了。杭州市乡村医生证书、浙江省乡村医生证书就是对他专业能力的认可。

吴光潮没有辜负村里的期望，自从套上白大褂，他就把村民的健康当成了自己的责任。50 多年来，他利用中草药、拔火罐、电针疗法等方法，为村民解决农村常见病、多发病，治愈的疑难杂症患者达上万人次，基本实现了小伤小病不出村。他指导本村预防、水改、路改、厕改卫生达标，基本上消灭了麻疹、百日咳、破伤风、痢疾等传染病，全村卫生面貌焕然一新。

小小卫生室，一人就是全部

在村卫生室，吴光潮既是医生，也是护士、针灸师，就连采购、清洁工等工作也是吴光潮一人全部包揽。

农村的年轻人求学、就业，都奔着城里去了，村里留下的基本上都是些老年人，老人家的体质总是虚弱些，基础病、老年病更是难免，每每头痛脑热，跑镇上、城里医院麻烦，卫生室的吴光潮便成了他们信赖的医生。有的老人家清晨六七点钟就会到卫生室，于是，梅塘村卫生室的开门时间便成了夏天 5 点、冬天 6 点。

每天早上，吴光潮首先给诊室里早早便来报到的几位慢性病患者量血压、听心肺，再给输液室里的患者挂上点滴，接着去药房拿药，嘱咐病人用药方法……村民有突发情况，无论几点钟打电话给他，他都随叫随到，有的甚至半夜来敲门。遇到危险病情时，他还会连夜出诊，或者陪送患者到大医院就医。

村里大约有 600 口人，他们有病已经习惯性地就找吴医生，因此，吴光潮比谁都了解村里人的身体。午饭时间，吴光潮从卫生室走回家中吃饭，路上但凡碰到人，都会上前询问身体状况：“最近身体怎么样？还头痛不？”“高血压的药不能停的，不然很危险嘞！”吴光潮自信地说：“全村人的病历都在我的心里呢！”

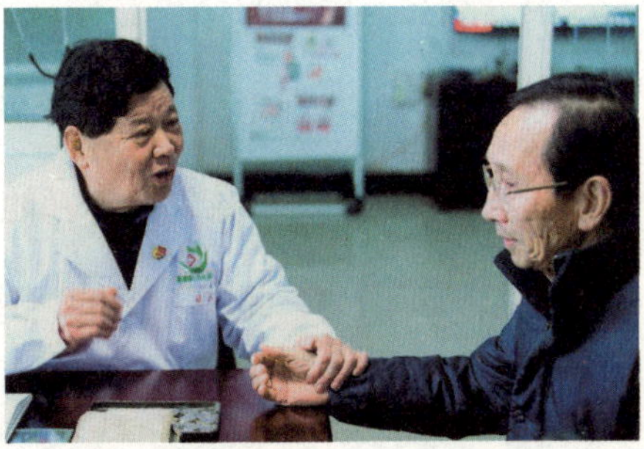

吴光潮（左一）给病人看病

吴光潮擅长利用中草药治疗黄疸肝炎、肾炎、腮腺炎等疾病，效果很是显著，不仅本村村民，周边的好多病患也上门求治。腮腺炎，算不得大病，可折磨起人来一点不含糊，上大医院要花费大把的钞票，效果还不明显，可在吴光潮的医术里，只要用一根火柴燃烧后点其穴位，再配点十几元的中药即可康复。这一医术既为病人减少了病痛，又为他们省下了一大笔钞票。黄疸肝炎、肾炎这些病就比较复杂了，治疗难度也大得多，吴光潮自有一套中草药治疗的看家本领，治愈黄疸肝炎、肾炎多达5000余例，大家纷纷夸赞他技术高超，卫生室因此挂满了锦旗。

为了让村民看病少花钱，吴光潮经常自己上山采草药，把这些草药免费分发给家庭困难的村民。有些草药长在险峻陡峭的地方，雨天路滑时，采药危险重重，有好几次采药都发生了意外。最严重的是1970年，吴光潮和一位医生朋友到乌龙山去采草药，结果他的医生朋友从高山上摔下来当场身亡，他也受了伤。不过，正是朋友的离去，让他更加坚定了不畏艰难、从医救人的信念。而这件事，家人在记者采访时才得知。因为采药危险，吴光潮一直不敢告诉家人，他害怕家人的担心会阻拦他上山采药的路。

看病一元钱，效果不打折

吴光潮在卫生室的桌子上有一个铁盒子，里面全是村民看病后付给他的一元诊疗费，这个老规矩从1983年就开始了，一直到现在也未改变。因此，很多人提及吴光潮时，都亲切地称呼他为“一元村医”。

说起一元治病，是有渊源的。1965年，国家提出要把医疗卫生工作重点放到农村去，各地为落实这一指示，都以农村公社为基础，逐步建立起基层医疗卫生机构，梅塘村农村合作医疗也应运而生。医疗经费由个人、生产队、大队共同负责，个人每年只需缴五毛钱，就可以在村卫生室免费看病，外出治病也能报销 50%。实行家庭联产承包责任制后，原村级经济解体，合作医疗一度陷入困境，但村民呼吁：“其他可以停办，合作医疗决不能散。”在周边各村合作医疗几乎自然解体时，梅塘村却保持了下来。吴光潮的高超医术及长年坚守，成了当时能保留梅塘村合作医疗的一大原因。

1983 年，梅塘村改革了原先的合作医疗报销办法，村民不需缴纳医疗经费，但在村卫生室就诊时支付一元的挂号费后，就可以免去医药费、治疗费等，如因条件限制需外出化验、拍片、手术，可回村配药、注射，费用全免。政策一出台，就受到村民的热烈欢迎。在村卫生室，村民的小病都能得到免费医治，消除了“小病不看成大病”的现象。村民吴金龙曾经患肺炎，当时上大医院住院医治需费用 1000 余元，对于当时的农村人来说，这可不是一笔小数目，于是他拿着药方试着回村找吴医生，果真享受了免费的配药、注射等福利，前后只花了 60 多元就治好了病。他激动地说：“村里政策好，吴医生也是个大功臣啊！”

日复一日，年复一年，如今一元钱的分量早已不比当年，可吴光潮看病，却仍旧只收一元钱，有时遇到一些家境困难的病人，他甚至还自己掏钱给他们看病。卫生室的工资并不高，很多人都说他傻，说这么好的医术，与他一起穿上白大褂的哪个不比他有钱，只有他，埋头在村子里两袖清风。对于这样的说法，吴光潮早已习惯，他说：“老百姓拥护的，便是我要坚持的，几十年来，卫生室的费用能拥有政府的补助、村集体的支持，这很不容易，我只是刚好有能力尽自己的一点绵薄之力罢了。”他说这样的工作和生活，让他很充实也很开心。

乾潭镇卫生院曾给梅塘村卫生室做过统计，近三年来，每年在这里的就诊人次都突破 4000 人，除了政府补助，吴光潮每年还从自己的工资中，拿出几千元补贴卫生室。吴医生清廉的医德医风，为村民的健康尽心尽职、持之以恒的做法，也收获了一众好评。

无悔作奉献，只因是党员

除了做好医生本职，吴光潮还当选过建德市人大代表，当过村里的党支部副书记。他管得宽，也奉献得多，每每得到夸赞，都觉得只是做了他应该做的，因为他是医生，也是党员。

吴光潮有个特殊的女儿，并非亲生，却一直甜甜地叫他“爸爸”。梅塘村的水塘特别多，30 多年前的一个夏天，一名三四岁的小姑娘在池塘边玩耍，不小心掉入池塘里。当时她家大人不在旁边。当听到对面池塘有人落水时，吴光潮如离弦的箭冲出门，脑子里只有一个念头——救人！等他赶到时，小女孩都浮到水面上了。看着奄奄一息的女儿，家人当场晕倒。在这危急时刻，吴医生镇定地发挥着自己的医术，采用人工呼吸法，硬是把小女孩从死亡边缘拉了回来。如今的小女孩已是两个孩子的妈妈，她一直记着吴光潮的救命之恩，便喊吴光潮为“爸爸”，逢年过节，都会到他家里看望。

吴光潮

吴光潮有个特殊的邻居，破旧的老房子里，一位 80 多岁的老母亲带着两个智力残疾的儿子，是远近有名的困难户。特殊的邻居，有幸得到了吴光潮的特殊关照，平日里，他总是主动上门去转转，除了看病送药，还送吃穿用品。有一次老人病重，半夜开始便血、吐血，吴光潮知道后，二话不说，连夜雇车把她送到乾潭镇中心卫生院，硬是救回了一条命。治疗期间，他嘱咐在医院工作的大儿子为老妈妈准备吃的，抽空照顾她。为了长期解决邻居的困难，吴光潮还帮他们申请了低保补贴。

陵上新村一名病人家属至今还记得，那是一个下雪的日子，他拜托吴光潮前去就诊。吴光潮接到电话后，立即收拾医药箱，步行约莫三公里的崎岖山路，来到病人家里。经过一番仔细检查，为病人挂了四瓶点滴。病人家属问起路费和医药费，吴光潮说："我当了这么多年医生，从来没有收过一次出诊费和路费。况且你这种特殊情况，我今天连医药费都不要。"病人家属连声感谢。

还有一次，村前的仲源路口发生了一起车祸，吴光潮在村卫生室听到这一消息，立马赶往事故现场。现场有近百人围观，却都手足无措。吴光潮来了，大家就如见到了主心骨。经检查，吴光潮发现一名伤者的胫骨、腓骨严重骨折，脚底板朝上，近 180 度的骨折，鲜血直流，难怪伤者疼得哭爹喊娘。吴光潮二话不说，立即找车小心地将伤者送往医院，他说给别人治病是他的职责，经了自己的手就要负责好，只有亲自把他送到医院，才能放心。

除了卫生、教育方面，吴光潮还关注村民的生产生活，就连村里有矛盾，村民都会找他。他在担任村党支部副书记时，走访村民了解到下舍至站边沿线一带村民出行难，乾一村芝峰自然村到沛市村站边自然村 7.5 公里的联村公路未修好，他就积极向市镇两级有关部门反映，并撰写议案，希望公路早日通车完工，现都已解决。在任市人大代表的几年中，他先后撰写了《关于要求给予任职多年的退职村干部更多关怀的建议》《关于要求将卫生系统回归公益性质单位的职工身份纳入事业编制的建议》等议案，均得到答复和解决。

吴光潮做的好事很多，多得他自己都记不清，得到过他帮助的乡里乡亲都记在了心里头。邻居大妈说：“没有他，我活不到现在，早就躺到山上去了。”在这位老母亲眼里，吴光潮不仅是医生，更是救命恩人。一位双目失明的老人任爱姣说：“我14岁开始就找吴医生给我看病了，他不是就对我一个人这么好，对全村、隔壁村的人都很好。”有一次，吴光潮骑着自行车赶去救治车祸受伤人员，在路上不慎摔成了脑震荡。数百位村民得知后，前来医院探望，连医院的护士都禁不住夸赞：“您这个医生当得值了，老百姓都这么敬重您！”吴光潮也很感动：“我只是一名普通的村医，能得到这么多村民朋友的关爱，真是太不容易了，我要铭记于心。共产党培养了我，我就要为我的乡亲们着想，为乡亲服务是我毕生的心愿。”

家风和家教，衣钵得传承

吴光潮医术好，乡镇卫生院多次给他抛来了橄榄枝，也曾被邀请担任“事少钱多”的私人医生，但他选择留在乡村。他说外面不缺医生，可这里的村民需要他。于是，这份扎根农村的信念，让他一坚持就是50多年，哪怕退休了，也放不下。

吴光潮的言传身教也影响着他的子女。儿子吴国祥也走上了从医的道路，现在是乾潭镇中心卫生院的牙科医生，早在几年前就有调出乡镇的机会，县城医院和私人诊所想“挖”他，都被他一一婉拒。儿媳看到别人的诊所开得那么红火，也曾劝说过丈夫，吴国祥却始终不允。贤惠的儿媳从此默默地做好贤内助。

吴国祥常把父亲的教导放在耳边：“父亲跟我讲， 医生的职责是治病救人，现在基层缺少医生，卫生院的领导器重你，多次送你出去进修培训，你要留下来更好地为基层的老百姓服务。”如今吴国祥已在乡镇卫生院服务了近30年，也被评为“建德市十佳感动人物”。

吴光潮是一名老党员，在他的带领下，他的三个儿子以及大儿媳、孙子都相继加入中国共产党。他常常教育孩子们，老人、小孩走不动了，要拉一把、抱一下，自家的车子进进出出，看到村民要停一停、带一带，困难户、残疾人，能帮助的一定要尽力，就算自己吃亏，也不占人家便宜，吃亏是福。全家大小十几口人，都很尊敬他，孝顺他，家庭也非常和睦。俗话说得好，家和万事兴，街坊邻居都以吴光潮的家庭为榜样，把生活过得幸福又美满！

吴光潮红了，电视、报纸、杂志、网络，长枪短炮镁光灯，采访者络绎不绝，吴光潮从来没有想到过，自己会这么红，还红得这么彻底。2019年1月3日，新华社客户端推出《寒冬里的“一元村医”》报道，一天的阅读量就突破100多万。紧接着，《人民日报》、《光明日报》、央视新闻、浙江卫视等多家媒体也都报道了他的感人事迹。2019年1月26日，中央电视台新闻频道节目《24小时》用了10分23秒时间，再次讲述了这位“一元村医”的动人故事。世界卫生组织官员及卫生部领导来建德市调研世界卫生组织相关卫生课题，也实地探访了乾潭镇梅塘村的卫生室，纷纷给予了高度评价。

各种荣誉也接踵而至：“十佳最美乾潭人”“乾潭镇优秀党员”“建德市第六届道德模范”“最美杭州人”“浙江好人”“浙江省万名好党员”“全国优秀乡村医生”“中国好人”“中国好医生”“中国诚信之星”“全国五好家庭”……

很多人看到的是吴光潮一个比一个有分量的荣誉，但他的病人知道，他的家人更知道，这一个个荣誉背后，是多么不易。

吴光潮 77 周岁了，为人民服务的脚步仍未停歇。他每天依然坚持五六点出门就诊，风雨无阻。他说：“既然选择当医生，就选择了奉献。只要村民需要我，我就要一直在卫生室干下去，直到干不动为止。”

宋 艳

寻人总司令

——记杭州市公安局西湖区分局警务督察大队民警隋永辉

2023 年 9 月 20 日，成为杭州第 19 届亚运会杭州站第 34 棒火炬手的隋永辉，写下了这样一段感言：荣誉永远都不是属于哪个人，而是属于公安，属于集体，属于组织。只要人人都献出一点爱，这个世界就会变得越来越美好。

如今的隋永辉荣誉等身，但仍一如既往地有着山东人的谦逊、朴实。不在寻人，就在寻人路上忙碌。在标为“公益寻人隋永辉”的今日头条个人主页上，以实名身份每天更新发布寻亲信息。挂在杭州市公安局西湖分局“隋永辉工作室”内进度牌上的“9936”，数字的背后曾是全国近万个家庭的眼泪与迷茫，也见证了他们的重逢与欣喜。

52 岁的隋永辉，山东省海阳市人，1990 年 12 月入伍，2006 年 11 月转业至杭州市公安局西湖区分局。他曾荣立个人二等功 1 次，曾被评为 2019 中华慈孝人物、全国最美志愿者、全国最美基层民警、全省最美公务员、杭州市最美退役军人、第七届最美杭州人等，2021 年被公安部授予“全国公安系统二级英雄模范”。

隋永辉在寻人的公益路上挥洒着热血和担当，激扬着信息和梦想，矢志不移，不停地奔跑着。

寻亲者的眼泪唤起他的公益心

寻人，意味着常常会受到挫折困难，没有强大的内心和执着的信念、百折不挠的精神，是坚持不住的。

从部队转业到杭州市公安局西湖区分局后，一向好学习、爱思考的隋永辉，迅速转换角色。进入刑侦领域后，他向创新要成绩，创新技战法，如打“双抢”会战中，独创“虚拟身份侦查及抓捕法”享誉全市、全省乃至全国，成果显著。

2011 年，隋永辉侦办一起拐卖案，失散家庭的痛苦促使他萌发公益寻人的念头。也是在那年，江苏省启东市公安局民警侦破拐卖儿童案后，为方便警务协作，在公安网上建立起一个为全国各地公安部门提供信息互通、资源共享的服务和交流平台——启东警务协作平台。

2011 年 8 月，隋永辉经同行介绍推荐，在网站上成功注册为会员。从此，他开始利用业余时间寻找走失人员。不久，因能力出众，进步神速，被众人推为平台常务副站长，还拥有了一个外号“寻人总司令”。

2014 年下半年，央视《等着我》栏目组联系启东警务协作平台开展寻人合作。公安部、中央电视台和启东警务协作平台三方经座谈、研讨和交流，制订出一套便于操作的协作、流转机制，选定协调能力强、有志于寻人公益事业的隋永辉作为牵头总联络员。

隋永辉牵头成立了由全国各地民警组成的 9 个协作群共 4000 余人，对接中央电视台、民政部、退役军人事务部、宝贝回家寻子网、头条寻人、抖音寻人等机构和公益组织。隋永辉除接收、收集、反馈寻人信息，还持续跟进寻人进度，业余时间全花在寻人上。

2015 年，央视《等着我》栏目组接到江苏一位母亲的求助。她儿子曾是家人骄傲，村里首位大学生。为支持他，全家人辛勤劳作，弟弟放弃学业打工赚钱，为他提供学费。但这个大学生毕业后突然失踪，10 年没音信。父母以泪洗面，身心受到严重打击，母亲常做同一个梦，是儿子遭到意外而去世的凶恶场景。

隋永辉

隋永辉接手了这个寻人案子。经过仔细查找，隋永辉发现，这小伙子的身份证近年来在西安一家网吧登录过，且只在这家网吧有过记录。通常一般人的上网习惯，不可能只在一个网吧。会不会在此工作？隋永辉请当地民警走访核实。

不出意外，西安警方在一家昏暗的网吧找到他时，他已当了10年网管。没和父母产生矛盾，为什么与父母避而不见？理由有点苦涩：家人对他毕业后期望太高，他一直没找到像样的工作，无颜回家见江东父老。

在央视《等着我》栏目认亲现场，母亲获得了儿子出现的喜讯，儿子意识到自己错误的思想和做法，向父母道歉，一家人和解团圆。

以热心和恒心苦苦寻人

寻亲成功主要靠什么？隋永辉回答：靠科技，人口信息库和比对技术的日益完善；靠团队，3.2万余各警种精英和覆盖全国的3200余个县级公安机关；靠“火眼金睛”，长年累月刑侦工作赋予的敏锐观察力，往往是不经意的线索，在他眼里变成了搜寻的关键信息。最重要的是一份热心和恒心。“人再多，地再广，时间再久，有了这份心，大海捞针不再是神话。”他说。

2020年10月的一天，隋永辉接到杭州拱墅区一群众求助，称姐姐周某兰1999年在老家吉林省临江县被人拐走，后被人带至山西，至今音信全无。

隋永辉做了大量的前期研判工作：一是听取陈述，与求助人面对面沟通10多次，专程至其家中与其父母交流，听取失踪人员当年的情况；二是轨迹查询，周某兰没办过身份证，通过身份查询无任何轨迹；三是人像比对，周某兰失踪的21年期间，应以某种身份应付多种场合，收集她的多张照片后，多次全国人像比对，没发现新身份，通过山西动态人像系统比对，亦未发现；四是警务协作，求助人称其姐姐 2002 年前偶尔与家人有通信，经查询，山西长治收信人为当地退休民警，通过电话联系，对方称周某兰在其家里租过 2 年，与当地一男子结婚并育有女儿。

隋永辉请长治警方调取周某兰生育信息和病历，得知周某兰 2007 年 7 月生下一女儿并得到其丈夫信息。丈夫称其妻子 2009 年 7 月，女儿 2 周岁时无故离家出走，至今无音信。

隋永辉电话访问关系人，几经周折联系到当初将周某兰拐到山西长治的男子黄某会，其称二人到长治后一起生活，2004 年他回到吉林老家，不知周某兰情况。后联系到黄某会外甥张某光，其称当初在山西，与她住得比较近，常一起玩，2004 年离开山西后无联系。还联系当年与周某兰较为亲密的几个人，均表示自从周某兰结婚生孩子之后再无联系。

隋永辉采集周某兰父母 DNA，由杭州市公安局西湖分局 DNA 实验室入库比对，没比对出相关人员。

隋永辉思考的重点是：周某兰离家之后，没一个人事先知道，她离家后，也没人与其再有过联系，这极其不正常。

围绕周某兰关系人均可查到且都能够联系上，这 10 多个人对当年情况陈述内容高度吻合。周某兰究竟去哪里？是否遇害？

所有工作无果后，隋永辉把此事件当作疑似命案，最坏结果：活着见人，死要见尸。

2021 年 3 月 12 日，周末，隋永辉自费与求助人赶到山西长治，与当年相关人员面对面交流。有人说三四年之前与周某兰在路上遇到过一次，又有人说，半月前听说周某兰在某个饭店出现过。隋永辉迅速走访该饭店，获悉其 2 年前

隋永辉

在此工作过，后自称回老家，再没出现。

虽没直接找到周某兰，但得到了她的手机号码、微信、抖音和近期照片。在当地警方配合下，查明了她的大概位置。

隋永辉同当地警方在该区域内走访，当地漳沂村一村民反映，周某兰住在村民张某东家，张某东在村里开个超市。找到了张某东，在他的带领下，找到与亲人失散了22年的周某兰，次日将其带回杭州。

2021年3月14日，1314(一生一世的谐音)是值得纪念的日子，也是隋永辉殚精竭虑工作5个月的结果。

茫茫人海中寻亲人的港湾

如今的隋永辉依然忙碌，他正承担着民政部社会事务司交付的一个任务——为全国救助站内的3万余名流浪人员找到回家的路，现已成功确定了1800余名流浪人员的真实身份、户籍地址和家人的联系方式。

2015年，隋永辉成为转塘派出所刑侦民警。每天下班后，他都不回家，而是走进最沉的“黑夜”，忙起“寻人副业”，这是个细致的技术活，需要潜心静气。

2017年12月，央视《等着我》栏目组为隋永辉成立全国第一个打拐寻人个人工作室“隋永辉工作室”；2019年7月，“今日头条”和“宝贝回家”

网络平台上也建立了“隋永辉工作室”。

为积极践行全心全意为人民服务的理念，发挥隋永辉在寻人工作方面的能力优势，拓展服务范围，规范服务流程，提升服务能力，全力打造杭州公安为民服务特色品牌，杭州市公安局西湖分局于2021年1月，将隋永辉调到局警务督察大队，专职负责信访求助寻人工作。

2021年6月1日，西湖分局“隋永辉工作室”揭牌成立。隋永辉领衔工作室团队，把寻人这项公益事业做实、做细、做深，进一步走向规范化、专业化、系统化、精细化，通过寻人行动配合公安部部署的“团圆行动”。对外公开“隋永辉工作室”的线上线下联系方式，全域、全网、全媒体、全时空接收寻人求助并将寻人工作流程建章立制，加强与浙江卫视、浙江之声、中国蓝新闻等当地媒体的合作，在市区两级情指、网安、刑侦等部门的支持下，立足杭州，辐射全国，将寻人工作做得更广、更深。

“隋永辉工作室”受理范围无限。单位地址、办公电话全网公开，全国、全网、全时空、全媒体受理求助。平时办公室的电话此起彼伏，来访群众有时候一天达六批次，通过媒体线上求助也不计其数。对每一起求助，“隋永辉工作室”都给予热心接待、耐心询问、细心登记、潜心寻找。

在杭州市、区两级公安机关情指中心的有力支撑和各分县（市）局的配合下，“隋永辉工作室”对杭州全市近三年（2018—2020）来报失踪的285名人员开展多渠道查找，成功找回165人。对全市历年1007起失

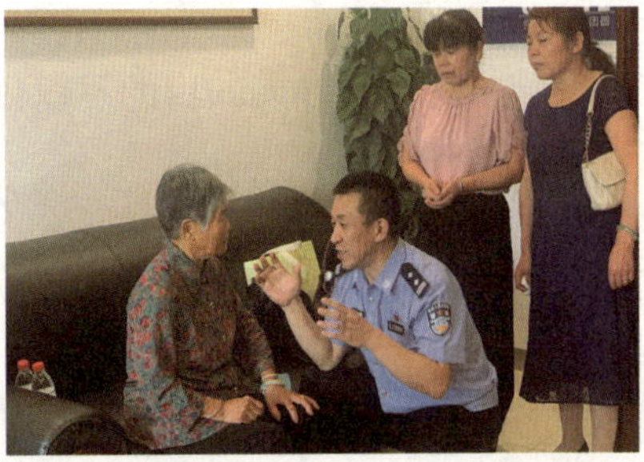

隋永辉（左二）工作照

踪警情进行梳理，成功找回 484 人，在全国率先完成区县级、地市级历年失踪警情梳理。

一次次出发，一次次帮助，收获丰硕回报。迄今为止，共受理寻人信息 12459 起，共找回 3721 人，找回率达 29.87%。

“我们的目标是将历年失踪警情清零，由于年代久远、报警人联系不上、失踪人员身份不明确等多种原因，即使是不能够做到清零，也要把数字清理到最低。”隋永辉信心满满。

“隋永辉工作室”最不缺的是催人泪下的寻人故事。一次次的寻找，一次次的团圆，带来的是一次次的感动，一次次的正能量弘扬。

因婚恋受挫，当年 28 岁的儿子人间蒸发 10 年。在隋永辉努力下，母子终于相见，跪在地上痛哭的一幕，感动全国无数网友。

安徽的刘某被确诊为口腔癌晚期后，唯一心愿是在自己临别之际，再看一眼失踪 8 年、思念 8 年的小儿子。在他生命进入倒计时之际，家人最后找到隋永辉工作室。隋永辉连夜工作，次日将其儿子找回到父亲的病床前。儿子跪倒在父亲病床前的那一刻，父亲的最后一个心愿实现了。躺在病床上的他给隋永辉打来电话：“隋警官，可能打完电话我就走了，我希望在生命的最后一刻，能够对你说两个字，谢谢！”

隋永辉说，寻人的目的不仅仅是找到人，而是团圆。

有时找到人容易，但让一个失散家庭团圆则很苦涩。广西柳州的何基利在外漂泊 11 年，当隋永辉带着他的家人出现在他面前时，他基本无感，说已习惯一个人在外生活。努力劝说两天无果，何基利家人失望返回广西。但隋永辉并没放弃，三番五次上门做心理疏导，有时一个月去一次，有时候一周去一次。

8 个月不间断地持续沟通，何基利由一开始不说话或只言片语，到愿意连续交谈，再到当面给父母和哥哥打电话，最后回到柳州与家人团聚。收到他们一家人吃饭照片，隋永辉说："找到人只需 8 个小时，而团圆则需 8 个月，这就是最典型的实例！其中的酸甜苦辣，只有自己才能品到甜味。"

不辜负人民群众期望，努力成为寻亲人寻亲路上的最后一站，是隋永辉对"隋永辉工作室"团队的要求。

隋永辉给自己加油，将尽全力让 10000 个家庭早日团圆。

艾　璞

承 + 诺

——记萧山区瓜沥镇解放村村民宣丙水、李彩英夫妇

不知不觉中，42 个年头流逝了。

居住在杭州萧山区瓜沥镇解放村的宣丙水、李彩英夫妇，如今一个 84 岁，一个 81 岁，已进入了老年，很需要子女的照顾了，但他们心里始终存有一份牵挂，那就是眼前的这个年近六旬、名叫宣世才（小名"阿才"）的中年男人，一名先天性的智力障碍者。

42 年前，阿才父亲临终"托孤"，恳请邻居宣丙水、李彩英夫妇照顾阿才。阿才父亲深知自己家里的情况，病弱的妻子和儿女们都有智力障碍,他更担心的是这个儿子。宣丙水夫妇俩应承了下来，这一应承，竟长达 42 年。换句话说，这接近 15000 个日夜，宣丙水、李彩英夫妇始终惦记着那么一个人,经常要朝对门张望,要为他提供一日三餐,要嘘寒问暖……正是这无微不至的照料和关爱，撑起了一个只有四五岁智力的邻居的万里晴空。

不幸之家

20 世纪 60 年代，萧山沙地农民的生活十分艰苦。在萧山瓜沥镇解放村，宣姓是大姓，宣丙水家和阿才家比邻而居，但无血缘关系。两家共用一个道地，从宣丙水家望出去，可以看到阿才家破败的矮屋。宣丙水、李彩英夫妇看着阿才出生，又慢慢长大。

阿才家是村里的贫困户。他家里人口多，阿才出生前，宣家已经有了 4 个女儿，更糟糕的是，这些孩子都不同程度地遗传了母亲的精神疾病。阿才的降生同样没给这个家庭增添多少欢喜，因为他也很快被发现有智力障碍。因病致贫，是阿才家成为贫困户的一大原因。

阿才的父亲老实本分，每天早出晚归地劳动，全家的生活重担都压在他一个人身上。由于长年操劳，他的身体一直不好，常年饱受心脏病的折磨。阿才 12 岁那年，也就是 1981 年，父亲一病不起。弥留之际，父亲提出了自己最后的心愿：想吃鸭肉。这真是一个令人无比心酸的心愿。

阿才母亲哭哭啼啼上门来找李彩英。李彩英是个热心人，善良、实在，平日里快人快语。她听了，热泪盈眶，马上找到自己认识的一名厨师，几经周折，买到了 1 块鸭肉，又买了 2 个苹果、2 个橘子，心急火燎地赶到阿才家中。在当时，买这些东西的钱，李彩英要挑好几个晚上的花边才能赚到。

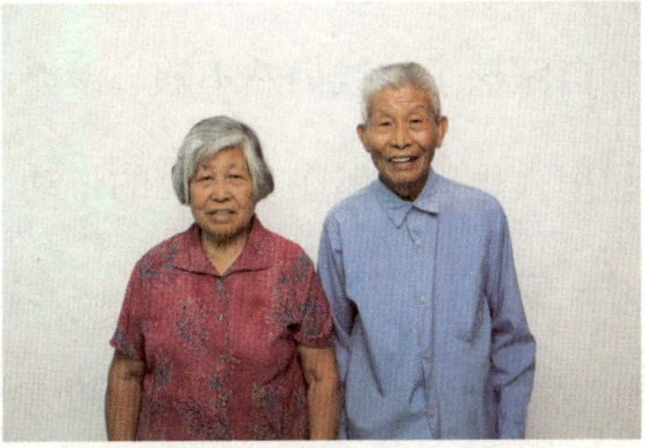

宣丙水（右一）、李彩英（左一）夫妇

其实，这时的阿才父亲已经吃不了肉了，吞咽十分困难。李彩英把鸭肉炖烂，撕成极细的一条条，喂进了阿才父亲的嘴里。他抿着嘴巴细细品尝，平日里吞咽困难的喉部，此时仿佛打开了另一条小小的通道。终于吃到鸭肉的阿才父亲，眼神里闪烁的是幸福的光。

或许，阿才的父亲正是通过吃鸭肉这一细节，最终认定了宣丙水、李彩英夫妇是可靠的，是值得信赖的。于是，在生命的最后一刻，他让妻子把宣丙水、李彩英夫妇叫到床前，恳求夫妇两人在自己走后，帮忙照顾病弱的妻子和年幼的阿才（阿才的 4 个姐姐已经外嫁）。

宣丙水、李彩英夫妇听了阿才父亲的托付，心头一震。自己家的日子也过得十分艰难，三个孩子都年幼，还有宣丙水的老父亲需要照顾，哪里还有能力照顾阿才和他母亲呢？可看着这个破败的家和泪水涟涟的阿才母亲，还有年幼无知的阿才，心软的李彩英最终还是答应了。

厚道、朴实、善良的宣丙水、李彩英夫妇由此做出了人生中重要的决定，那更是一个沉甸甸的承诺。

阿才父亲去世后，宣丙水、李彩英夫妇便经常去阿才家帮忙，平时也会从牙缝里挤出一些吃穿用度送去。但这并不是长久的办法，因为自己家里也有三个孩子，且正是嗷嗷待哺的年纪。宣丙水时常外出打工赚钱，给人管厂、烧饭、做散工，赚的钱不多。没钱的时候，李彩英也只能挑花边到深夜。哪怕这样，养自家孩子的钱仍然不够。没办法，她就和阿才的表哥一起去村里讨米。当时村里人也穷，但在李彩英的带动下，也力所能及地拿出粮食来，大家都同情阿才一家。

后来，阿才母亲熬不住，也病倒了，还是与阿才父亲差不多的病症。宣丙水、李彩英夫妇看在眼里，急在心里，时常带她去看病。阿才母亲去世后，宣丙水、李彩英夫妇知道，从此以后，他们的心和阿才的命牢牢地绑在了一起。

不是亲人胜似亲人

13 岁失父、16 岁失母成为孤儿的阿才，大概只有四五岁的智力。平日里他不说话，显得很迟钝，仿佛被什么东西拉住了似的。幸好没有暴力倾向，邻居说他是个文傻，只会避着人走，总是一副小心翼翼的样子。阿才还有着小孩子脾气，只知道饿了端着空碗找李彩英吃饭，只知道索取，不肯给予，到了他手里的东西想再讨出来，那是绝不可能的。

但李彩英知道，阿才这个孩子，有他自己的世界，别人看不懂他，也永远不会理解他，只有他们夫妻能懂他。他有异于常人的一举一动，他们心领神会。阿才也只跟他们亲，仿佛血溶于水，眼里和心里只有他们，他永远不会拿着空饭碗走向其他村里人或陌生人。这份亲情弥足珍贵。

有邻居在背后甚至当面说宣丙水、李彩英夫妇傻。他们说，你们真是傻透了，如果捡个正常的孩子，养大了至少还能派上用场，阿才一个傻子，养他还有什么反哺的可能呢？如果去做善事，一个月一次也好，一年几次也好，总有个限数。阿才一天三顿，日积月累可是个未知数。而且阿才从来不说声谢谢，觉得一切都是天经地义的。世上怎么会有这么傻的夫妻呢？你们到底图什么呀？

宣丙水、李彩英夫妇总是淡然一笑。他们既然应承了，这个承诺重于泰山，一切就按承诺的来。在他们的心里，阿才就是他们的另一个“儿子”。他们根本就没有想从阿才身上得到什么，他们就是阿才的爹，阿才的娘。心软似水的李彩英说：“我只管阿才这个人，我只管他的饥饱和冷暖，我只想让他健健康

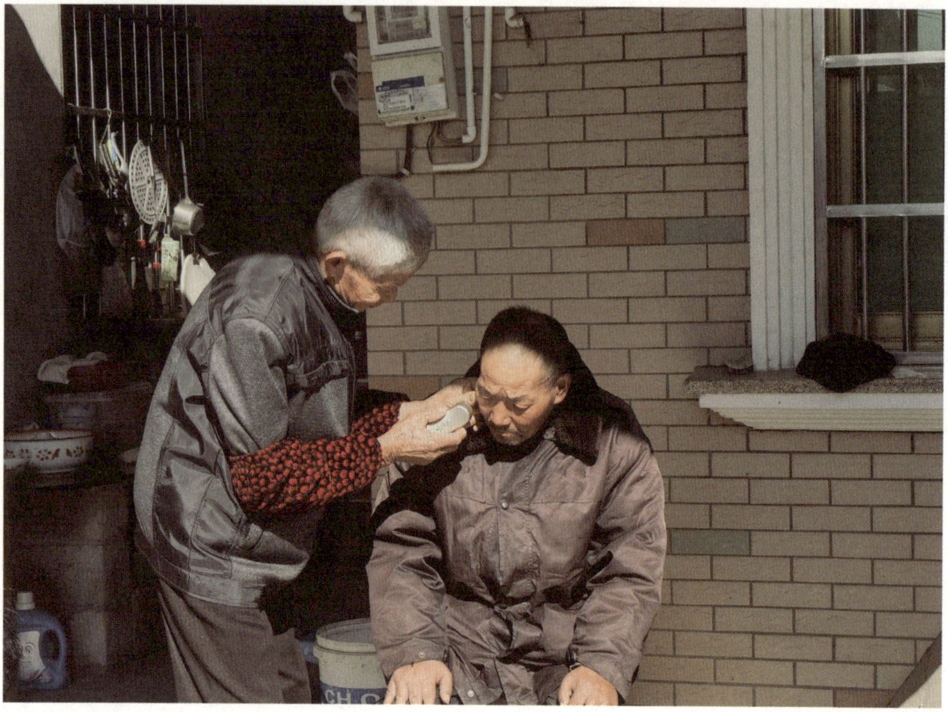
阿才（右一）生活照

康地活着。”

一户人家，多一个人，就多一份负担。李彩英挑花边的钱、地里粮食换回来的钱、宣丙水打工带回来的钱、绞尽脑汁拼了命赚的钱，还是不够，远远不够。夫妻俩、宣丙水夫妇年迈的老父、自家三个孩子加上饭量巨大的阿才，这个人口众多的家像个轰隆隆开启的机器，需要不断上料和上油才能运行下去。有时候，孩子们入睡后，阿才的呼噜声也传来了，夫妇俩却还在愁眉苦脸地商量，但又没有什么办法。

曾有一件事，令李彩英记忆犹新。大儿子七八岁时的一天，她做了饭，习惯性地把自己那一份省下来给阿才，因为阿才要吃满满一大碗才满足，否则就会拿着空碗不断地向她讨。所以，她一直靠吃番薯填肚子。那天，大儿子发现他娘又在吃番薯了，忽然很懂事地说："姆妈你再吃番薯会吃死的，我来帮你吃掉一块吧。"说完，他真的把他娘眼前唯一的一块番薯吃掉了。李彩英每次说起此事就忍不住苦笑，大儿子以为吃多了番薯要死人，却不知没有吃的更要人命。因为被大儿子吃掉了那块番薯，李彩英那晚上饿了肚子。

阿才有一只大海碗，每到饭点，就会主动拿着大海碗找过来，也不说话，装满大海碗就走。有时饭点还没到，他就过来等着李彩英烧饭，眼睛盯着铁锅。随着年龄和体重的增长，阿才对米饭的需求逐渐增加，非要满满的一碗不可。一日三餐，宣丙水、李彩英夫妇一餐不落地给他准备，有稍好点的菜，自己舍不得，先省着给他吃，宁可苦自己的孩子，也不亏待阿才。

阿才在人世间最大的两个喜好，一个就是饭菜装满大海碗，另一个就是去外面海阔天空地游荡，就像村里人说的"吃饱了，游手好闲"。

阿才的游荡没有时间限制，宣丙水、李彩英夫妇也没办法天天跟着，只能一次次嘱咐他，不许去外面很远的地方，只许在村里游荡。村里人有时候会来"通风报信"，阿才在哪儿玩着呢。有时候饭做好了，阿才的"旅行"还没有结束，也不知道去了哪里"探险"。李彩英就站在门口眺望。有时过了饭点很久，阿才才晃荡着回来。李彩英知道他肯定饿了，赶紧把锅里焖着的那只装满米饭的大海碗递给他，看着他狼吞虎咽的样子，李彩英既心疼又着急，只好说："阿才，慢点吃，慢点吃，别噎着。"多年的相处，只有宣丙水、李彩英夫妇懂得不说话的阿才想要什么。这是他们之间的默契。

早年所有人的外衣都打着补丁，李彩英算得上是真正的缝补高手了，她充分运用“穷出来”“省出来”的智慧，努力让爱游荡的阿才尽可能穿得整洁光鲜些。趁瑕疵布便宜，她扯来，自己动手给孩子们做衣服，但阿才的内衣裤都是买新的。因为李彩英认为，家里再穷，外衣的补丁再多，内衣裤却一点都不能将就。别看阿才不说话，可他心里懂，维护一个孩子内在的尊严和体面很重要。

再后来，“潇洒青年”阿才游荡的时间越来越长，有时候晚饭后出去，大半夜都没回来。李彩英夫妇就会担心，担心他迷路，担心他被人欺负。夫妇俩辗转反侧，不时起来看看那间小屋。深更半夜，阿才总算回来了，气得李彩英很想骂他，但又舍不得骂。直到阿才躺下了，睡着了，夫妇俩的一颗心才算放下了，才可以睡了。他们知道，阿才长大了，不能把他整天关在家里，要给他一定的活动自由，这样更有利于他的健康。

有一次，夫妇俩一直等不来阿才，宣丙水就摸着黑打算把饭送过去，再顺便看看他的状况。雨天路滑，宣丙水在路上摔了一跤，额头右边整整缝了6针。

疫情期间，宣丙水、李彩英夫妇对阿才的游荡更加担忧。他仿佛从笼中放出的小兽，也不知道口罩是个什么东西，只从村东游到村西，又从村西游回村东，逛饿了就回来找李彩英吃饭。与四处游荡的阿才接触，夫妇俩必须戴上口罩，不然夫妇俩病倒了谁来照顾阿才？那个时候，夫妇俩就一个劲地劝阿才，尽量待在家里。怕他寂寞，夫妇俩就轮流陪着他。

最可怕的是那个不爱洗澡、理发、剃胡子的阿才。42年来，宣丙水、李彩英夫妇像哄孩子一样引导他配合，给他硬币或糖，给他买烟，只是为了让他乖乖地洗澡、理发、剃胡子。孩子的性格和中年人的体型的双重矛盾在阿才身上鲜明地体现着，没有长期陪伴在他身边，不了解阿才从小到大情况的人，没法驯服这只性情乖僻的“小怪兽”，但阿才就听他们的。看到一个清清爽爽的阿才站在面前，夫妇俩便开心地笑了。

永远的牵挂

一年又一年。

冬去春来。当年的孩子阿才，现在已迈入中年，宣丙水、李彩英夫妇也已满头白发，成了耄耋老人。他们一路相伴走来，虽然每个日子都很平常与平淡，但正是这种平常和平淡最为珍贵。这不仅仅是一生的照顾，更像是一场生命的马拉松。

渐渐地，宣丙水、李彩英夫妇无怨无悔照顾阿才的故事被外界所知晓，很多人跑到解放村来探望他们，想看看这对善良的老人与普通人到底有什么不同。慈悲真的会上相，看着八旬老人红润的面色和开朗的眉眼，听着他们清澈的话音和爽朗的笑声，拜访者的内心涌起一股暖流，人间天堂确有人间真情。

他们夫妇俩一直有一个心愿：他们希望在自己年老，没有能力照顾阿才之前，能为阿才找到一个幸福安顿余生的地方。

在党和政府的关怀和帮助下，眼下的阿才住进了瓜沥航坞公园边的养老院，宣丙水、李彩英夫妇心里的巨石终于落了地。阿才去养老院之前，宣丙水、李彩英夫妇专门跟他进行了沟通。李彩英对他说："阿才，小姆妈已经很老了，等我们再老下去，就真的管不了你了。所以政府安排你去一个很好的地方，我会陪你一起去，你一定要去噢。"阿才开心地同意了。

但是，真的到了要去养老院的那天，阿才又不配合了，好像终于知道自己要离开老屋，离开宣丙水、李彩英这对老人了。阿才在那一天表达出的所有依

宣丙水（左二）、李彩英（左一）夫妇和阿才（右一）

依不舍，是他多年来从未有过的，就像一个铁石心肠的人忽然变得温柔起来。宣丙水就跟他说：“阿才，养老院那儿我去看过了，条件很好，这是党和政府对你的关怀，你去了之后，要安心，要听话……”他们牵着阿才的手，去了养老院。

现在，宣丙水、李彩英夫妇会定期过去看望阿才。阿才有两个陪护人员，他在他们的引导帮助下开始学习说话。他已能叫得出那两个陪护者的名字。阿才喜欢看电视，喜欢吃，喜欢“做客人”。李彩英说：“感谢党和政府，以后我再也不用担心阿才了。”但没过一会，她就用手背抹眼泪，反复叮嘱陪护人员千万要看牢阿才，别让他再溜出去游荡了。

哪怕就算不在身边亲自守护，阿才依旧是宣丙水、李彩英夫妇的牵挂。他们现在把当年承诺的接力棒交给了政府，交给了养老院，但在他们心里，这个承诺将践行一生。

俞梁波

第二章

十礼

“最美十礼”：

“不学礼，无以立。”

“杭州有礼”，是杭州人传递出的文明，让身处杭州的人深感温暖。近十年来，杭州通过积极开展丰富多样的活动，积极倡导践行“浙风十礼”，丰富“文明有礼”基本单元细胞，让每一位杭州人都成为文明有礼的传承者、践行者、传播者和受益者，持续推进“浙江有礼 · 最美杭州”市域文明新实践，依托新时代文明实践中心等阵地，大力倡导践行“浙风十礼”，弘扬“爱国爱乡、科学理性、书香礼仪、唯实惟先、开放大气、重诺守信”的时代新风。在护航亚运的攻坚时刻，杭州围绕文明观赛、文明交通、文明好习惯、城市环境卫生、窗口行业文明服务等，使礼迎亚运成为杭州这座亚运之城的文明新风尚。

敬有礼

——守好“红色根脉”　凝铸奋进力量

“烟雨楼台，革命萌生，此间曾着星星火；风云世界，逢春蛰起，到处皆闻殷殷雷。”

杭州引领改革开放风气之先，在人烟浩穰、创新活力的繁华里，积淀了深厚的红色气质。红色遗迹之璀璨，宛若繁星。这里的抗争史、改革史、开放史，浓缩在这座城的街道、湖边、江畔……江山作纸、热血研墨，一代代人的传承，将红色故事赓续出新的脚本，书写“敬有礼”——拥党护根脉、爱国爱家乡的新篇章。

“敬有礼”的家国情怀融入杭州人不懈的奋斗，汇聚成新时代杭州坚定前行的铿锵脚步；千家万户点亮的灯火，也照亮着中华民族伟大复兴的光辉前程。

赓续红色精神

党的二十大举旗定向，擘画强国蓝图、引领复兴航程。

理论是行动的先导，杭州坚持把研究阐释习近平新时代中国特色社会主义思想与学习宣传贯彻党的二十大精神有机结合起来，将党的创新理论送到“指尖”、传到“耳边”、沁润心田。

由党的二十大代表、淳安县下姜村党总支书记姜丽娟撰写的理论宣讲报告《心无百姓莫为官 一枝一叶总关情》，从一张照片、两场考试、三封书信说起，精彩再现了习近平同志与下姜村村民的感人故事，讲述了下姜村牢记习近平总书记嘱托感恩奋进的历程。全国基层理论宣讲先进集体建德市“堂前燕”理论宣讲团，采用带头讲、深度讲、入户讲、巡回讲、融合讲等多种形式，将党的二十大精神宣讲得既有深度又接地气，在广大听众中引发了热烈反响。

思想的光辉，在丰富多彩的理论学习、宣传宣讲和研究阐释中闪耀。“百支宣讲团千名宣讲员”进基层，以上率下推动理论学习蔚然成风。“‘20+’讲二十大”网络传播活动在青年群体中引发共情共鸣。杭州市微型党课大赛暨“共同富裕·青年说”大赛决赛，线上线下引流“10万+”。“三分钟理论快讲”“好声音”“新村夜话”等活动掀起一波波热潮，8090新时代青年理论宣讲团，用青春力量书写时代担当。

丹心从来系家国。爱国，是人世间最深层、最持久的情感。杭州环西湖的道路上，市民时常可以见到一辆鲜艳的红色爱国主义主题公交车穿梭在成荫绿树中。这是2019年3月30日，杭州市委宣传部（杭州市文明办）与杭州公交集团携手推出的杭州首条“爱国主义教育公交专线”，以“最美浙江人”展示馆（浙江展览馆）为起始点，专线串联起环湖 10 个红色景点和展馆，方便民众前往沿线红色教育基地学习参观。“这条线串联着城市的红色文化基因，乘坐专线的游客参观完景点后常常深受触动”，从乘客的言谈中，专线驾驶员安巧云体会到了强烈的爱国情怀。

耄耋白发和垂髫少儿在淞沪战役阵亡将士纪念碑前轻声交流着，外国友人在岳王庙前感受中国传统文化的壮怀激烈，一群少先队员从杭州西湖博物馆雀跃而出，红色火种生生不息……在串起来的红色景点中，前来瞻仰的人们带着这样的问题：中国共产党为什么能？马克思主义为什么行？一份份史料、一件件文物，也是一把把钥匙，开启了去解读、去探寻、去追问历史逻辑和精神密码的大门。

2023 年 6 月 29 日，杭州市“我们的新时代·红旗飘飘”群众性文艺汇演活动

“五四宪法”历史资料陈列馆是这条“红色专线”上，最令人心潮澎湃的红色故事之一。西子湖畔，北山街 84 号大院 30 号楼，坐落着一幢青砖叠砌的历史建筑。1953 年 12 月 28 日至 1954 年 3 月 14 日，毛泽东率领宪法起草小组成员在这里度过了 77 个日夜，起草了宪法草案初稿，这部初稿有个浪漫的名字——“西湖稿”，为中华人民共和国第一部宪法“五四宪法”的正式诞生奠定了重要基础。西子湖畔，宪法生辉。中国宪法史中已留存下几分西湖的茶烟日色，也让这片江南山水多了一段关于起草中华人民共和国首部宪法的渔樵夜话。

掩映在西湖青山绿水中的“五四宪法”历史资料陈列馆北山街馆门前，三五成群的人们不断进进出出。

陈列馆的墙壁上，镌刻着毛泽东主席当年说过的话——“治国，须有一部大法。”

制定和实施宪法，是人类文明进步的标志，是人类社会走向现代化的重要支撑。起草一部有中国特色的、前无古人的社会主义宪法绝非易事。制定宪法过程中，毛泽东主席提出“搞宪法就是搞科学”。

“这是杭州宝贵的‘红色根脉’。”“五四宪法”历史资料陈列馆党支部书记魏凌俊说，“文物最大的价值就是还原历史，让后人传承铭记。陈列馆迭代升级文物保护体系、陈列展览体系、宣传教育体系，深掘‘五四宪法’所蕴含的法治精神和历史价值，努力把党领导人民制定宪法、实施宪法的历程和光辉业绩讲清楚、说明白。”

自陈列馆建成开放以来，中国宪法故事就有了固定的讲述场所。国徽高悬、熠熠生辉，铮铮誓言、字字千钧。如今，新任命的国家工作人员左手抚按宪法，右手举拳郑重宣誓，已成为常见的一幕。

明法于心，守法于行。“五四宪法”历史资料陈列馆副馆长王永翔说，陈列馆还定期举办“法治大讲堂”“宪法微课堂”，注重互动讲学，弘扬宪法精神。同时，积极拓展线上阵地，探索“智慧陈列馆”建设，打造24小时不闭馆的线上宪法宣传教育阵地。

暑假期间，陈列馆迎来一批又一批的“假日小分队”前来“打卡”。杭州市景成实验学校学生徐昱宬就是其中一员，他还有一个身份是“红领巾小导游”。“我已经来陈列馆十几次了，学习了宪法怎么诞生，我希望把宪法知识宣传给更多的同学，让大家了解宪法，让我们更好成长。”他自豪地说。

“生长于20世纪90年代的我们可能无法想象，60多年前，在新中国第一部宪法公布的时候，是怎样一种欢庆的场景。”“90后”的陈列馆讲解员沈双汇说，“西子湖畔、北山街旁，有越来越多的年轻人走进陈列馆，传承红色基因、弘扬宪法精神，用踏实的行动，推动着我们伟大的祖国不断前行。”

岁月长河奔涌民族精神，百年沧桑砥砺家国情怀。红色基因绘就城市精神图谱化为精神之源，成为永立潮头的不竭动力。

厚植家国情怀

每一个城市，每一段历史时空，都有自己的精神指引。历史的江河奔腾不息，在冲波逆折处更显壮丽。历经百转千回，那些无法被时光冲淡的，是精神的凝聚、价值的沉淀；那些始终激励人们前行的，是家国的书写、大我的境界。

这是一条不平凡的小巷——1958年1月5日，毛泽东主席曾来到杭州上城区小营巷视察卫生情况，给予了高度评价。从此，小营巷成了全国爱国卫生的典范和楷模，这也是新中国成立后杭州精神文明建设的序曲。

如今，长约300米的小营巷里，无论是路面、两边的老式民居，还是新楼房，都透露出洁净与清爽。铺了草坪、缀以树木与花卉的小营公园，打理得清新怡人。“90后”小伙朱凌翔是小营巷第八代卫生委员，他说：“小营巷是全国的‘卫生红旗’，我们不能丢了传统，还要继续发扬光大。让‘敢为天下先，甘为孺子牛’的小营巷精神代代相传。”

从百米红巷开始，小营巷爱国卫生工作的外延和内涵一直在不断拓展，它像一面旗帜，激励着全市人民不断创新精神文明建设工作思路，新时代文明实践新载体开新芽、有生气、繁花满树、硕果累累。

在良渚博物院，前来打卡的年轻人络绎不绝，他们徜徉于“实证中华五千年文明史”的良渚文化中，寻求智慧、汲取营养，争做新时代的追梦人。入选全国爱国主义教育示范基地的良渚博物院，只是杭州众多的网红打卡地之一。近年来，杭州秉承“群众在哪里，文明实践就延伸到哪里”的理念，全域覆盖建设新时代文明实践中心，让更多文明场景为城市“金字招牌”落下浓墨重彩的一笔。

淳安县中洲镇厦山村，以其红色元素而远近闻名，中国工农红军北上抗日先遣队纪念馆即坐落于此。该村的文化礼堂充分挖掘本地革命历史文化资源，讲述红军故事，追寻红色记忆，成为村民开展文化活动、传承革命传统、接受文明洗礼、丰富心灵世界的“红色文化阵地”。

文化如水，润物无声；文化如光，启人心智。感悟文化韵味，厚植家国情怀。

市民黄鸥　是图书馆的常客。“2003年我在杭州上大学，就开始泡图书馆。

现在我的两个孩子也在图书馆借书读书。杭州阅读非常方便，不仅能互通还书，而且很多社区小区门口就有 24 小时智慧图书馆，在家门口就可以满足基本的借阅需求。”黄鸥　家里四张市民卡都被“活用”起来，一年要借几百本书。

开放的图书馆，为城市树起文明的地标。褚树青是杭州图书馆原馆长。杭州图书馆曾以“欢迎拾荒者入内读书”的感人故事，成为一个时代公共图书馆发展的标志，获得“最温暖的图书馆”之名，至今仍被人津津乐道。

“城市图书馆是一个公共文化空间。每一个人都有平等享受公共图书馆服务的权利。在杭州，扎根于基层的阅读文化机构特别多，有各级各类图书馆、杭州书房、城市书房、地铁站信用借阅服务点、漂流书亭、社区文化家园、农家书屋等，只要走出家门，15 分钟内就可找到一处能读书的地方。此外，依托数字技术，杭州在管理、运营等方面锐意改革，打通了全市范围内的公共图书

城市书房

馆的线上线下服务资源，实现了城乡一体化、区域全覆盖、智能更便捷，打破了阅读的时空界限，让‘随处可读’成为寻常事。”褚树青说。一个城市的图书馆就是一个城市的精神客厅，它会让这个城市更有品位，更有气质，更风雅。

杭州对知识的尊重、对文化的崇尚，充分体现在市民的阅读活动和文化自觉中。截至 2023 年，杭州连续举办 12 届“杭州学习节”、16 届“西湖读书节”、18 届“全民终身学习活动周”。2020 年起，杭州对这三大学习读书活动作了整合，持续举办“书香杭州”系列活动。2023 年，第二届全民阅读大会在杭州举办，这不仅是一件文化盛事，也是向世界展示文化强国之路杭州探索的一个窗口。

书香溢处，人间天堂。一组数据可见，2022 年，浙江省居民综合阅读率

国家版本馆杭州分馆

为 91.9%，比全国平均高出约 10%。杭州作为省会城市，居民综合阅读率为 93.6%，全省排名第一。2022 年全市开展各类阅读活动 36000 余场（次），参与活动人数 1200 余万人次。8 月 22 日，杭州市十四届人大常委会第十三次会议表决通过了《关于促进全民阅读建设书香杭州的决定》，为市民阅读权利的实现提供保障。

如今，杭州形成了以公共文化设施为主力、民间阅读空间为补充、线上线下有机融合的一体化阅读空间体系。杭州有阅读标杆——国家版本馆杭州分馆，在这里可以饱览中华典籍；杭州也有小而美的特色阅读空间，晓风书屋、纯真年代、南宋书房等特色书店、书房，读书会、书友会等遍布大街小巷。

“书香杭州”成为“人间天堂”最美风景、“幸福杭州”最靓底色，让我们在感悟文化韵味中厚植家国情怀，为更美好的明天而不懈奋斗。

共建幸福“天堂”

杭州已连续 17 年蝉联中国最具幸福感城市，是全国唯一的“幸福示范标杆城市”。

幸福感，源自更深厚的文化底蕴、更先进的社会文明。改革开放以来，杭州 GDP 增速一直位居全国同类城市前列。城市发展，积累物质财富固然重要，但精神财富的积累更不可少——它是一座城市的灵魂。

2012 年以来，杭州先后出台了《杭州市公民道德建设纲要》等 40 多个规范性文件；2015 年，杭州市制定下发了《杭州市道德模范关心关爱制度若干规定（暂行）》，各区、县（市）制定相应政策文件，建立健全了关爱“好人”

的相关保障激励措施，为更多的人做好事、献爱心、行义举创造良好的制度条件；2016年杭州市开始施行《杭州市文明行为促进条例》，成为杭州市社会主义核心价值观和精神文明建设法治化进程中一个新的里程碑。2021年4月，市十三届人大常委会第三十五次会议表决通过了《关于修改〈杭州市文明行为促进条例〉的决定》，将报省人大常委会批准后公布施行。德润天下，法安人心。杭州依法鼓励善行，树立人们对道德文明的信心与信仰，引导社会形成良好道德风尚，让道德建设更加深入人心。

悠悠万事，民生为大。杭州将幸福深深写在杭州人民的平常日子里——这是为了人民的期待而脚踏实地的情怀。杭州心怀“国之大者”，以“一老一幼”为重点推进公共服务优质共享，扎实推进老年友好型社会和普惠托育服务体系集成改革，实施鼓励生育配套支持政策，在解决群众急难愁盼问题上久久为功。

这是为了人民的幸福而始终坚守的使命。杭州持续迭代升级“民呼我为”数智平台，探索建设“1+X”民意互动平台，构建共建共治共享机制，老百姓成为城市建设的参与者、评判者、获益者。

这是为了人民的梦想而勇往直前的担当。杭州以协调均衡为要求推动城乡一体化发展，采取超常规举措推动西部山区跨越式发展，深化“千万工程”，建设新时代美丽乡村，大力推进农文旅、一二三产业融合发展，打造全域美丽“大花园”，展开城市恢宏画卷。

“绿色、智能、节俭、文明”是杭州亚运会的办赛理念。以举办高水平赛事为契机，杭州将“迎亚运盛会”和城市文明创建相结合，持续推进“浙江有礼·最美杭州”市域文明新实践。

杭州的幸福也源自人民的共建共享。人人都是东道主，为亚运盛会增光添彩。

坚持文明出行好习惯，连续打卡100天，挑战百日零违法，还能赢1吨汽油大奖？没错，这是2023年年初杭州举行的百万百日文明出行零违法挑战赛。所有交通参与者，都是这场赛事的主角。100天里，共计109.2万人次参与活动。

秉持“人人都是窗口”的理念，在护航亚运的攻坚时刻，杭州推出文明提升“十大专项行动”，围绕文明观赛、文明交通、文明好习惯、城市环境卫生、窗口行业文明服务等，号召更多人践行各类文明之举，用实际行动共同描绘文明风景线。

全民参与，服务亚运，共享亚运。杭州还全面启动“全民学英语　一起迎亚运”活动，结合不同人群的特点，突出文明礼仪、亚运特色、杭州特点，通过组织培训沉浸学、全媒联动线上学、实践活动引导学、融入生活随时学、家校贯通共同学、创设载体延伸学，广泛动员干部群众参与，营造了浓厚的全民迎亚运氛围。

今天，评价杭州幸福，可以从“心随明月到杭州”里寻见历史文脉；体验杭州幸福，更可以从城市大脑、“双西”合璧、数字经济等当代风景中找到证据。城市发展中她留存古韵也彰显现代魅力，精神培育里她鼓励创新也重塑文明新风。典籍中的杭州、文物中的杭州、遗迹中的杭州、创意中的杭州，正全方位展现历史与现实交汇、现实为未来注解的东方文化魅力。

“人民对美好生活的向往就是我们的奋斗目标。”杭州以“八八战略”为指引，奋进新时代、建设新天堂，持续推动共同富裕图景转化为可感可及的美好生活，不断擦亮“最具幸福感城市”闪亮金名片。

郑莉娜

学有礼

——书卷长留　守礼天堂

“不学礼，无以立。”杭州拥有无与伦比的山水之美，也拥有底蕴深厚的人文之美，还拥有深植于民间、外化于行动的“礼仪之美”。杭州处处呈现礼仪之美，方法在于始终如一地在读书学习、培育选树、锤炼提高、文明实践等方面下真功夫、细功夫，得益于全民学礼、全民讲礼、全民守礼习惯的逐渐养成。

全民学礼：持续拥有“心力量”

2023年4月，浙江省委宣传部发布浙江省全民阅读报告显示：杭州在成年居民综合阅读率、公共图书馆数量、城市书房藏书量、全民阅读推广度、财政资金投入比等多项指标排名中位列全省第一梯队，这是杭州着力提升全体市民知书达理素质能力取得的成效。

近十年来，杭州坚持构建“全民阅读”政策体系，出台推进“全民阅读”建设相关实施意见，配套制定中远期全民阅读政策机制，全面扶持实体书店、出版发行业、数字阅读行业的发展；按照“15 分钟公共阅读服务圈”的标准，将图书馆、城市书房、实体书店等纳入城市发展规划，有序推进市、区（县）公共图书馆建设，扎实推进与基层综合文化服务中心、农家书屋资源的融合和互联互通；大力推进数字图书馆建设，打造更多的数字阅读共享平台，满足全体市民碎片化、快速化的阅读需求。

杭州通过政策配套保障，在全体市民中，营造了一个“人人皆学、处处能学、时时可学”的阅读场景，传承杭州传统书香礼仪文化，持续推动历史文化美学体验，发掘和传递杭州厚重人文底蕴所独具的诗意礼仪之美；在全体市民中，推动城市文化人格和精神气质的转变，塑造更具人格化的城市魅力，激发城市发展生生不息的新动能。

15 分钟公共阅读服务圈　智慧借阅点

在学礼的路径上，杭州有科学的方法，近年来已走出了一条百花齐放、优质高效的学礼之路。

“学礼仪、重言行”，杭州是这样做的：2016 年，杭州市采荷第二小学编辑出版了《好习惯造就好人生——文明礼仪“三字经”》教材，通过汲取中华传统文化蒙学经典智慧，将当代青少年应当学会的文明礼仪规范，以“三字经”的形式呈现出来，读起来朗朗上口，具有“乐学易懂好记”的鲜明特点，为广大中小学生所喜闻乐见，成为青少年礼仪教育的一个典范。

“你知道怎么鼓掌吗？鼓掌时应该拍多响？拍多久？向嘉宾递一支笔时该怎么递？说话、微笑怎样才最有感染力？是不是牙齿露得越多越好？……”看起来，这些问题问的只是细枝末节，在生活中却不容小觑，因为其中蕴含着丰富的礼仪文化。在G20杭州峰会时，杭州推出了“建文明城市，做文明市民”专项行动，从涉外礼仪、社交礼仪、服务礼仪、商务礼仪、政务礼仪等方面，形成了杭州市民文明礼仪的一套规范。

“学礼仪、促治理。”杭州已建立起一套科学理念、方法和路径，坚持以人的现代化为核心，学习共建共治共享、群众可感可触的理念和方法，坚持不建机构建机制、不建场馆重融通、不自成一体重衔接联动的原则，建设学礼实践的最后一公里，发挥“礼治”在强化认同感、增强凝聚力、提升治理效能中的作用。

上城区四季青街道针对未成年人心理健康问题，成立了致力于“青少年心理健康护航”的民办非企业组织“精聆心理健康服务中心”。成立4年来，精聆心理健康服务中心的5位“护航心灵的最美天使”，通过公益项目和无偿服务，为校园和社会开展心理健康讲座300余场，惠及学生和群众10万余人。她们以当代青少年学生为主体，开展一对一心理辅导1800余人次，家庭教育指导服务550余次，儿童行为干预300余位，针对四季青街道重点人群的心理健康服务1700余人次，开展校园学生的心理健康筛查3800余人，线上心理服务350余人次。

为一位青少年的心理健康护航，就是为一个家庭的幸福生活护航。精聆心理健康服务中心心理咨询师鞠丽娜表示：“‘全民学礼仪，知书又达理’，要实现这一学礼目标，心理健康应该是保证其实现的前提，如果一个人没有一个健康的心理，知书达礼可能就会是一种假象，就会经不起检验。”

“学礼仪、全覆盖。”杭州已经实现了“学礼仪”层面全覆盖，聚焦个人、家庭、社会和国家，用“全民讲礼”来规范每一个人的言行、传扬家庭美德、引领社会风尚、厚植家国情怀；实现“学礼仪”内容全覆盖，以“浙风十礼”为主要内容，通过广泛开展理论宣传和宣讲，选树一系列杭州“最美”典型，擦亮“好家风”建设品牌，实施“全民学礼、人人代言”行动，深化少年思政工程等举措，把“六种时代新风”和“十种礼节礼行”具体化、形象化；实现“学礼仪”路径全覆盖，突出“知礼、行礼、传礼、尚礼”四大环节，坚持四位一体同步推进，既强化学礼的浓厚氛围，又确保落地践行、养成好习惯，形成凝聚有礼之魂、营造有礼生态、推进有礼实践；实现“学礼仪”时空全覆盖，坚持历史与现代的深度交融，挖掘“礼文化”的杭州资源，梳理提炼“礼”的内涵外延，使学礼成为全社会的约定。

全民讲礼：多重培育“名品牌”

“全民学礼仪，知书又达理。”学礼是基础、是开始，而知礼、讲礼是提升、是结果。在杭州，知礼、讲礼早已成为全社会的共识，经过多年的多重培育，全民讲礼已经成为杭州的一个品牌。

近几年来，杭州依托新时代文明实践中心（所、站）、文化家园、农村文

“做文明使者 迎亚运盛会”公关礼仪讲座 周朝霞教授辅导

化礼堂、乡村学校少年宫等阵地，组织开展各类有礼讲堂、有礼知识竞赛等学礼活动。特别是杭州市委宣传部重点打造的“杭州市民大学堂”火力全开，积极为学礼行动助力。

2023 年 6 月 6 日下午，应杭州市西湖区委宣传部（文明办）的邀请，由杭州市文明办与杭州市公共关系协会联合主办的公关礼仪讲座，在西湖区文体中心正式开讲。这是为深入推进“迎亚运、讲文明”杭州市城市文明大提升行动，提升窗口单位工作人员和市民的文明素质，展示良好的精神风貌，掌握涉外礼仪知识，提高亚运会的服务水平，树立杭州城市的良好形象，而专门开设的“杭州市民大学堂”之亚运文明礼仪系列讲座，邀请专家学者普及现代文明礼仪规范和优秀传统礼仪礼俗的一个缩影。

为开展好亚运文明礼仪系列讲座，在亚运会召开之前，杭州市文明办与杭州市公共关系协会组织力量及时编写了《做文明使者　迎亚运盛会》的公关礼仪宣讲手册，对市民个人形象礼仪、会面礼仪、接待礼仪等内容进行统一规范。他们还从酒店、景区、银行、交通等单位入手，对机关、学校、社区、窗口行业，开展线下公关礼仪讲座，共举办礼仪文化、餐饮礼仪等知识培训 84 场，总时长达 143 个小时，帮助掌握涉外礼仪知识，提高服务水平，提升窗口单位工作人员的文明素质，展示良好的精神风貌，树立良好的城市文明形象。

不断拓展“礼让斑马线”的内涵和外延。众所周知，“礼让斑马线”是杭州全体市民讲礼的一个品牌。这个品牌不是无中生有的，而是各级党委、政府和广大市民倡导出来、规范出来的。

烈日炎炎下，骑网约电动车的小伙子马春海，正在钱塘区海达南路上向南疾驰而行，眼见绿灯变黄，黄灯在快速闪烁，他正在犹豫要不要冲过去，右手却不听使唤地将动力一下子拧到了底，嗖的一声，电瓶车闯过红灯来到马路对面，被执勤的交警逮了个正着。

然而，这一次交警没有罚他款，而是对他进行了交通法规教育、安全教育，并把他送到街边电动自行车违法人现场教育岗亭内罚抄交规。“我们的礼让斑马线是我们严肃执纪才形成习惯的，我们如今建立的《城市文明程度指数测评体系》，是学礼要实现的标准，执法也必须严起来。”执勤的陈警官说。

在杭州，可以被称为全民讲礼的品牌还有很多。比如，余杭区注重讲好“礼”

在古今语境下的精髓要义，既重视同本土厚重“文化基因”的一脉相承，又努力内化当代精神文明建设的具体任务，以社会主义核心价值观引领，紧密对照核心价值观所凝聚的国家、社会、公民三个层面的要求，形成和展示适应新时代，体现浙江气质、杭州气韵和余杭气度的思想观念、精神风貌、文明风尚、行为规范和社会形态，积极发挥“礼治”在强化认同感、增强凝聚力、提升治理效能中的作用，通过潜移默化的方式优化基层自治生态。

良渚文化村社区党委副书记俞铭华每次与村民座谈，都会站在那块巨大的《村民公约》雕刻前，一句一句深情地诵读：

在小镇公共场所，我们放低谈话音量。

我们拾获楼上邻居晾晒时飘落的衣物，妥善保管及时送还。

我们呵护孩子的自尊，在公共场合避免责罚。

……

在艺术村落转塘街道外桐坞村里，村民们坚持“白天采龙井，晚上勤作画”，他们在生活中把采茶的礼仪、喝茶的礼仪、售茶的礼仪展示出来，供来村参观考察的人学习，传递一种文明的素养。

良渚文化村《村民公约》

在千年古村临平区塘栖镇塘栖村，他们连年举办了“千家宴”“千福宴”“千寿宴”“千禧宴”……2020 年国庆前夕，他们组织全村千余户村民照了张“千家福”，把家庭家教家风当作传承文明的微观载体，以潜移默化的礼仪教育，润物无声地影响村民的心灵，启迪村民的言行。他们让塘栖村1021户家庭拧成一股绳，打造出向上向善、节节攀高的文明纯朴乡风，成为国家发展、民族进步、社会和谐的基点。

精聆心理健康服务中心青春健康宣讲活动

各区（县、市）也积极引导基层组织从传统乡约、家训、祖训等自发性道德约束中汲取基层治理的智慧，实现基层自治生态的优化和改善。像余杭区仓前街道，传承发扬章太炎老先生所倡导的“立身第一、立德为先”的章氏家风，将“一家之言”转化为符合当代精神文明建设要求的“醒世恒言”，充分激发民间文化在乡土社会、熟人社会的约束力和感召力；径山镇则依托“禅茶”所蕴含的文化共识，发掘其中“正清和雅”的精神禀赋，推动形成文明新风。

全民守礼：亚运绽放“笑容颜”

“办好一个会，提升一座城。”书卷长留在天堂，全民守礼绽笑容。杭州成功召开了亚运会、亚残运会，既是硬件的提升、环境的改善，同时又是软件的提升、文化的弘扬。

2023年9月23日晚8时，第19届杭州亚运会开幕式在位于滨江的奥体中心体育场内如期举行。两个小时的开幕式，现场起伏的人潮、热情的掌声、持续的喝彩，表达了对中外嘉宾和全体演员的尊重和欢迎；开幕式结束，科学高效的组织运营，使现场约 7.1 万人仅在 40 分钟内全部“丝滑”离场；再看场内，整洁如新。

亚奥理事会代理主席辛格高度赞扬说：“杭州向世界献上了一场现象级的开幕式。感谢主办方的努力付出，现场组织非常有序，7 万人全部离场仅用时 40 分钟。可以说，这是我见过最好的开幕式。”

西湖边、亚运村、商场内，亚洲各国的运动员、技术官员和观看亚运会的观众也都真切感受着杭州的礼仪文明和礼节礼貌，比如，排队乘坐公交车、文明穿过斑马线、垃圾不随意扔地上……

杭州亚运会的筹办也让全体市民在参与过程中收获了满满的幸福感、安全感。他们展现出新时代“全民守礼”的新认识，这个新认识最直观、最有感染力，也最能让人产生共鸣的就是“微笑”。每一个人的脸上都洋溢着微笑。正是他们用无限的热情点燃了杭州的璀璨夜空，向全世界展示着新时代杭州市民所拥有的活泼、欢快、朝气蓬勃的精神面貌和昂扬气质。

微笑是一种守礼文明，更是一种知识素养，展示着杭州含蓄的自信。无论是全体市民还是志愿者们都始终保持良好的精神状态、礼仪素质，微笑服务无处不在，如沐春风，既周到又细致，彰显文明古国的深厚文化底蕴。

2023 年 6 月 15 日，杭州亚运会圣火采集仪式在良渚古城遗址公园举行。身着白色长裙的 19 位采火使者十分从容，她们缓步登上良渚古城遗址的大莫角山台阶，使者们精致非凡的气质和微微上扬的嘴角，圣洁高贵的礼仪给人们留下了难以磨灭的印象。

微笑是和平友谊的种子，虽然不具钢铁般的坚硬，有时却能显示出比钢铁更具冲击性的力量。从机场到赛场，从亚运村到市场上，这种微笑中的“温暖”

使杭州的天空出现灿若云锦的霞光。

在萧山国际机场，朝鲜运动员一下飞机，现场安检员便微笑着用朝鲜方言表示出来自杭州的欢迎并引导他们通行。浓浓的“乡音”，让朝鲜运动员感到既亲切又惊喜。万里长途跨国飞，异地他乡遇朋友。哈萨克斯坦亚运体育代表团在机场则“遇”到了来自家乡的“甲克司（哈萨克语，意为‘你好’）”问候。一位哈萨克斯坦运动员激动地说：“看到杭州人真诚的笑脸，听着哈萨克语，我真有一种回家的亲切呢。”临走时还不忘说声：“热合买提，热合买提（哈萨克语，意为‘谢谢’）！”

因为尊重他人而被他人尊重，因为对他的微笑而被回报笑容。整个杭州亚运会期间，微笑成为一个人与人之间最常见的表情。一位来自斯里兰卡的运动员深深被凤起路丝绸城的店主及普通市民的微笑服务所感动，她在店主的留言簿上写道：“一个亲切、温和的笑意，远比她穿一套华丽的衣服更引人注意。因为微笑是一种宽容、一种礼仪，它缩短了我们彼此之间的距离。”

从上游的新安江两岸到下游的钱塘江两岸，从淳安县的公路自行车赛到钱塘区的自由式轮滑赛，无论何时何地、何场竞赛，杭州人微笑的面容和忙碌的身影总会出现在每一个地方。

微笑杭州传递杭州力量，杭州有礼获得别人尊重。无论是对于开闭幕式还是对于比赛，微笑的神奇魔力在于，运动员和观众彼此都能通过微笑传递自信和互信，不仅让运动员和观众都能得到最大限度的放松，而且感知到守礼天堂杭州厚重的文化底色。

孔　一

信有礼

——重诺守约城市兴

人无信不立，城无信不兴。诚信是一座城市的文明标志，是照耀一座城市精神家园永不磨灭的光芒。

信，其传统内涵是重信守承诺，立身又立业，是说人要对自己说过的话负责任。这是做人的根本，是兴业之道、治世之道。守信用、讲信义是中华民族公认的价值标准和基本美德。“信”既是儒家实现“仁”这个道德原则的重要条件之一，又是其道德修养的内容之一。

进入“亚运时间”，向世界展现中国特色、浙江风采与杭州韵味，留下亚运经典记忆是我们的使命与愿望。而其中，“信有礼”更是能彰显出杭州“首善之城”作为诚信文化高地的自信与从容。

以信立市，体系建设开先行

国之信，重九鼎；人之信，诺千金。一座城市的信用建设水平体现着城市的文明程度。

2022年，中办、国办印发《关于推进社会信用体系建设高质量发展促进形成新发展格局的意见》，强调信用体系对推进高质量发展的支撑作用。

而杭州早在“十一五”期间就提出以“信用平台建设”为核心开始，到“十二五”期间提出以“信用应用”为核心，再到“十三五”期间，提出以“守信联合激励和失信联合惩戒”为核心，杭州的信用建设工作，早已成为城市顶层设计的重要组成部分。

根据最新的“十四五”规划，今后5年，杭州将聚焦数字改革深化应用、营商环境全面优化、共同富裕先行示范，信用建设高水平引领，提出“三化”“四高地”“六个信用+”的建设目标，推动信用杭州迈入法治化轨道，促进信用产业化创新发展。“杭州将全力打造信用改革高地、信用治理高地和信用文化高地，力争到2025年建成与新发展格局相适应的社会信用体系。”

置身中国数字经济潮头地带，坚持数字化方向是杭州信用建设的一大亮点，数字化改革结出累累硕果。

杭州在全省率先、全国领先成立社会信用大数据实验室，着力解决数据使用与安全“两难”的问题，为杭州信用服务业发展、公共信用数据开放共享探索开路；杭州又在全省率先开通线上信用修复，企业可通过线上提交材料、线上审核、线上修复，实现“跑零次”，信用修复和异议处理水平再上新台阶。

历经八期建设和优化，杭州市公共信用信息平台已日臻完善。该平台依托政务云服务围绕城市治理、城市服务、信息惠民三个维度，将信用核查、信用承诺、分类分级、信用评价等信用监管手段嵌入部门业务系统和业务流程，“意味着杭州已全面构建起正面引导与负面惩戒相结合的联合惩戒机制”。

如今的杭州，信用已成为社会秩序和城市治理的催化剂。走进杭州市富阳区东洲街道黄公望村时，家家户户门前都贴着一个二维码，只要拿出手机扫一扫，加分扣分一目了然。

东洲街道“信用+社会治理”引入数字化治理模式，开展公望美好家庭指数评比活动。五星家庭可在富阳农商银行享受信贷优惠政策；村内开设“爱心超市”，享受信用积分兑换；村内“公望书屋”提供信用借书服务等等。

拱墅区在武林商圈引导5000余家沿街店铺通过信用建设，主动融入基层治理，创新开发了以“信用赋能”为核心驱动力的线上管理平台“开门大吉”，推出信用商誉积分，为沿街商铺量身定制“一主体一清单”。

近年来，杭州深入推动“信用+社区治理”“信用+园区”“信用+乡村治理”等专项试点工作，目前已经形成26个“信用+社会治理”案例矩阵，形成一批全省推广经验做法。

萧山区“信用+园区”拓展“三大领域”协同联动信用应用体系，开展全流程园区信用服务；钱塘区“信用+楼宇经济”创新“一脑两端三主体”架构，建成“楼宇经济”数智化管理平台；临安区“天目有信—临里好家政”，在运营中心建设“评信用、亮信用、用信用”功能，构建“一刻钟”家政服务生态圈等。

在杭州，信用是可感的。以信用文化交流为核心，杭州积极建设“信用文化教育交流基地”，依托基地的信用监管与服务，启动信用数智体验中心、信用服务产业园、信用交流融平台和信用教育机构四大支柱性项目。杭州，正从产业发展、研究交流、宣传推广、人才培养等方面持续发力，不断丰富信用文化载体。一个立足杭州、辐射长三角、全国首创的“全国信用文化高地”正喷薄而出。

优政惠企，营商环境再升级

社会信用体系是优化营商环境的重要内容。改善营商环境和创新环境，降低市场运行成本，提高运行效率，提升国际竞争力，是建设更高水平开放型经济新体制的重要目的。

在杭州，政务诚信建设全面覆盖重点领域。杭州构建了招标投标全生命周期的新型监管机制，为企业提供预警服务、信用修复提示，为专家提供标前评价参考，实现黑名单信息互联互通、全量公示、自主可查。

基于杭州市公共信用信息平台，构建覆盖合同全生命周期的管理系统。目前平台已归集了行政领域、市场领域、商务领域等 24 类合同近 340 万条合同信息。

此外，杭州聚焦企业急难愁盼问题，充分发挥信用“一根针”作用，穿引各条线工作“千条线”，还开展了企业信用报告代替无违法违规证明、企业信用修复一件事、涉企补偿救济机制等系列改革，信用在城市治理和营商环境优化提升中实现双向赋能。

高质量发展建设共同富裕示范区，构建亲清政商关系，持续营造风清气正的营商环境是必不可少的一环。杭州通过数字技术和信用管理双重赋能，探索亲清新型政商关系建设，不断提升惠民便企能力，助推营商环境升级。

2020 年 3 月 2 日，杭州市新型政商关系数字平台——“亲清在线”系统正式上线运行。端到端一键点击，“直通车式”的在线服务直达所有企业和员工。

杭州“亲清在线”正式上线，实现了“申报零材料、审批零人工、兑现秒到账”的政策信用兑付模式，上线至今，上百万次的信用承诺在“亲清在线”上不断地发生、见效、累积。整个过程中，信用发挥了重要作用，“亲清式的直达，其意义已不仅仅是‘数字 + 信用’赋能政务服务便捷化的简单升级，更在于政企之间首次构建起了以信用为联结的直达关系，这样的关系和谐而牢固，是打造亲清政商关系的前提与基础”。

原来政府了解企业困难、问题和需求大多采用实地收集，现在企业借助该系统可在线即时将诉求一键直达政府，变上门收集为在线呼应。在政府政策在线兑付方面，原来大多数惠企政策都是采用企业申报、政府审批、层层拨付的传统流程，而在新平台上企业可享受便捷在线兑付。

“亲清在线”平台也让公权力行使过程变得更为透明、更加便于监督，压缩了权力寻租的空间。“通过区块链技术，实现政企在线活动全留痕、可追溯；通过引入互联网星级评价机制，可以实现企业对政府行为的在线监督。”

杭州通过大力推广信用监管，进一步规范市场秩序，构建完备的社会信用体系。全市已有 68 个事项实行了告知承诺，1313 个事项实行了容缺受理，累计信用承诺数量超过 756 万，目前承诺占比全国第一。杭州还将信用管理融入行政审批全过程，形成面向政务领域的大数据信用监管服务，并通过在纳税、社会组织、农业农资、交通运输和食品餐饮等 38 个领域实行分类分级管理制度，将行业信用评价作为行业表彰、“双随机、一公开”检查频率的重要依据。

小微活，就业旺，经济兴。作为全国民营经济最为活跃和发达的地区之一，近 140 万家小微企业是杭州经济链条上最活跃的群体，是这座创新活力之城的潜力和重要内驱力所在。

为破解中小微企业融资难题，杭州增挂全国中小企业融资综合信用服务平台（杭州站），并在亲清平台探索推出“信易保”产品，企业凭借良好的信用记录，可享受相对优质的保险和担保服务。与此同时，杭州与国家“信易贷”平台联通建立“杭州 e 融”平台，创新开发“信易贷”产品，助力企业融资。截至 2022 年底，入驻企业超过 11 万家，平台累计发放贷款超 1267 亿元。

便民暖心，增强群众幸福感

以国务院办公厅印发《关于加快推进社会信用体系建设构建以信用为基础的新型监管机制的指导意见》（以下简称《意见》）为标志，作为我国信用建设新的顶层设计，其首次对构建以信用为基础的新型监管机制进行系统、全面的规划，并提出了一系列创新性、具体化措施。

信用社会时代，如何将庞大且宝贵的个人信用资源与城市公共服务有机融合，提升城市公共服务水平，从而增进公众的信用获得感？杭州做出了积极的探索。

为了让看不见摸不着的信用更加“有用”，鼓励社会形成诚信风尚，早在 2018 年 11 月，杭州便上线了“钱江分”，探索将信用分与公共服务、社会生活相结合。

如今，在杭州工作或生活且年满 18 周岁的市民，无论户籍归属，都可以拥有自己的城市个人信用分——“钱江分”。只要个人信用足够好，“钱江分”就会足够高，它可以助你在杭州享受到更加便利的生活，体验到更加优质的服务。

“钱江分”已推出舒心就医、信用租房、信用借阅、信用出行、诚信交友、信用健身、城市信用共享、信用出游、共富钱江贷等50多个信用应用场景，共计150余项守信激励措施。

安居方可乐业，为了让“新杭州人”在杭州获得满满的归属感，钱江分在房屋租赁领域推出一系列优惠措施。想要申请公租房，家庭任一成员钱江分达到要求，即可享受押金减免；想要通过商业租房平台租住，钱江分也与自如、朗诗寓等租房平台合作为钱江分用户提供一系列信用租房权益。

“钱江分”的创新推出和有效应用，给群众生活带来了极大的便利，这在公共医疗服务领域体现得淋漓尽致。

2019年4月，杭州正式启动“舒心就医·最多付一次”信用就医服务，市民可依托钱江分，在信用额度内享受“先看病后付费”的信用惠民政策，门诊信用额度最高可达5000元、住院15000元。其中，住院的15000元授信额度，意味着市民无需缴纳预交金即可快速办理住院手续，减少了医院缴费排队、充值排队的烦恼，有效提高看病就医效率，充分体现医患之间相互信任。舒心就医累计服务超6443万人次。

全市已实现343家公立医疗机构全覆盖，多家民营医院、药店也主动提出申请，希望加入服务联盟。相信在不久的将来，杭城百姓能在所有的医疗机构，享受“最多付一次”的便捷。

如今，只要凭借良好的钱江分，用户可直接取药、化验、治疗，离院后再一次性完成支付。先诊疗后付费场景累计授信金额超过21亿元，信用付金额超过 14 亿元，平均节省就医时间 1 小时。

为鼓励全民健身、营造迎亚运浓厚氛围，杭州还推出信用健身权益，钱江分用户预约游泳馆、乒乓球馆、羽毛球馆、篮球馆时，可享受 8—9 折的优惠。

与此同时，杭州推出全国首个城市信用分互认平台，目前，已有海南、厦门、宁波、郑州等 30 余个省市就信用惠民守信激励达成合作意向。

如今，“钱江分”累计开通人数突破 509 万，累计服务超过 1.3 亿人次。在城市个人城市信用分的开通人数和使用频率方面，杭州走在全国前列。

杭州这座首善之城，在“信用立市”之路上持续领跑，凭借一系列走在前列的创新实践，为信用浙江锻造出最熠熠生辉的杭州板块。

沈　荣　区晓颖

亲有礼

——好家风与大坐标

“天下之本在家。”中国人自古有重视家庭、家教、家风的传统。从广为流传的“孟母三迁”“岳母刺字”“画荻教子”故事，到备受推崇的《颜氏家训》《朱子家训》《温公家训》，从“修身齐家治国平天下”的理想，到“慈母手中线，游子身上衣”的吟咏，从“忠厚传家久，诗书继世长”的家训，到“家和万事兴”的向往，启迪、规范、教化着一代又一代人。

好的家风，既会影响一个家庭、一个个体，更能涤风励德、淳风化俗。如果说“文明城市”是杭州的一张闪亮名片，那么“亲有礼”的家庭文明就是其厚重底色。

“亲有礼”发轫于传统，又倡导时代新风。党的十八大以来，杭州高度重视家庭文明建设，注重家庭、家教、家风，涌现出一大批“最美家庭”“文明家庭”，为城市文明向上生长不断注入强大能量，成为社会文明高塔的“累土”。

“最美家庭”榜样的力量

2023年“5·15国际家庭日”前夕，全国妇联揭晓1000户全国最美家庭，其中，杭州5户家庭上榜。杭州西湖区的杨东霞家庭就是其中之一。

杨东霞家庭

杨东霞是一名普通公司职员，丈夫朱伯成是一名救死扶伤的军医。他们爱岗敬业，热心公益。丈夫接到援赞比亚医疗队为期一年的援赞任务时义无反顾，一家人默默支持，公公婆婆心疼他们没时间照顾孩子，本没有出过远门的老人家，来到陌生的城市帮忙照顾小孩。丈夫在援助赞比亚期间，每天面临着巨大风险，当地艾滋病、疟疾、霍乱等传染病高发，但他高标准严要求完成援赞任务，受到赞方、中国驻赞比亚大使馆、国内相关部门的充分肯定。疫情期间，杨东霞积极投身社区志愿服务，参与岗亭执勤，为居家隔离的邻居购买生活物资，哪里有需要，哪里就有她的身影。

同时入选的还有杭州钱塘区陆建芳家庭。陆建芳家庭是杭州市钱塘区首届“书香家庭” 和“百姓学习之星”。他们多次参与公益事业，捐款捐物，资助贫困小学生直至大学，经常为身边困难的党员和群众送去慰问品和慰问金。陆建芳还多次组织全园师生和家长一起义卖、募捐、去贫困山区慰问等等。在大儿子18周岁的成人礼上，夫妻俩为其在就读学校举办了一场“公益书法作品展”拍卖会，现场拍卖所筹得的善款全部定向捐赠给贵州省台江县民族中学。6岁

陆建芳热心公益事业

的小儿子，也经常跟着妈妈一起参加公益捐书、捐款和结对活动。

不仅仅是杨东霞家庭、陆建芳家庭，许多“最美家庭”的故事在杭州大地生动书写。“最美家庭”评选表彰活动，就是对时代美德的汇聚和提炼，也是在全社会范围内的一次正能量传播。以他们为榜样和标杆，激励广大家庭崇德向善、见贤思齐，鼓励全社会积善成德、明德惟馨，能唤醒文明建设的家庭力量，以丰厚的道义力量推动社会文明进步。

近年来，杭州各部门积极组织开展家庭文明建设活动，推动爱国爱家、相亲相爱、向上向善、共建共享的社会主义家庭文明新风尚在家庭落地生根——制定下发《杭州市关于加强新时代家庭家教家风建设的工作方案》，在全市推出“寻访好家庭　说说好家风”活动，宣传展示文明家庭，进一步弘扬家庭美德；出台《杭州市文明家庭创建管理办法》，将文明家庭创建工作纳入重要议事日程，纳入精神文明建设总体规划，与文明城市、文明村镇、文明单位、文明校园创建一起部署推进，加强统筹协调和督促落实；加强新型婚育观的教育引导，制定出台《杭州市加快构建新型婚育文化工作方案》，推出“美好婚育　幸福杭城”主题宣传，倡导适龄婚育、优生优育等。

相关政策密集出台，不仅推动杭州家庭家教家风建设工作制度化、规范化、常态化开展，也为形成社会主义家庭文明新风尚奠定了坚实的基础，也让家风可触可感可知，能让更多的心灵收获良好家风的滋养，让更多的人立好自己的人生坐标。

在杭州亚残运会上，杭州市“最美家庭”李荣军家庭备受大家关注。李荣军的儿子李樟煜患有先天性脑瘫，父母俩含辛茹苦养育李樟煜成长，以永不放弃、永不言败的家风浸润着李樟煜，李樟煜最终成为残奥冠军。在 10 月 23 日进行的混合团体 C1-5 750M 竞速赛中，三届残奥会冠军、被称为“神骑小子”的杭州名将李樟煜又一次证明了自己的实力，和他的队友取得冠军并打破亚残运会纪录，再获一枚金牌。10 月 24 日，李樟煜在场地自行车 C1—C3 男子 1000 米计时赛中，获得了他的第 28 块金牌。

“家庭家教家风建设既是家事，也是国事，关系个人健康成长、社会和谐稳定、城市的繁荣发展。”杭州市文明办相关负责人介绍。一滴水，也可以折射太阳的光辉，“最美家庭”既普通又伟大，既淳朴又“卓越”，是万家灯火的缩影，也散发出“真善美”的时代光芒。

“好家风”培厚家庭文明“累土”

无论时代如何变化，经济社会如何发展，家庭的生活依托、社会功能以及文明作用都不可替代；无论时代如何变化，无论经济社会如何发展，家庭对于文明养成的重要作用都不可忽视。重视家庭文明建设，就是使千千万万个家庭成为国家发展、民族进步、社会和谐的重要基点，成为人们梦想启航的地方。

走进拱墅区家风馆，这个建在杭州市拱墅区长庆街道浙大御跸社区的展馆，有不少省外单位慕名而来。展馆里，中华先贤家风家训弘扬、新时代拱墅家风建设展示、亲子家庭互动教育实践依次呈现，还收藏、陈列了社区居民捐赠的自家家规家训、年代照片、手工艺品、老旧物件。家风馆内，一个个家训故事、一句句家风箴言，是情感的涵养、文化的传承和价值的赓续。

“我捐赠的物品是，1969 年我以杭州市女工代表身份到北京参加国庆 20 周年观礼时获赠的织锦画纪念品。回来后，我写下一篇感言文章发表在《杭州日报》，这张报纸也成了我们家的传家宝。”浙大御跸社区居民周鸿英有 40 多年党龄，2002 年退休后，她就到长庆街道注册登记为志愿者，许下了“退而不休、奉献余热、立足社区、投身公益”的诺言。

“2015 年，我们一群退休的老党员就发挥余热，主动响应‘民呼我为’，自发地探索起在楼道开展家风文化建设。”写公开信、倡议书，挨家挨户征集家规家训和典型事迹，周鸿英和热心志愿者一起，在浙大御跸苑小区的 8 个楼道内倾力打造家风文化展陈，赢得了邻里们的交口称赞，这也是现在拱墅区楼道家风建设最成熟的模板。如今，三和家风馆、清廉家风园、名人家风角、尚善家风墙、御跸家风弄、睦邻家风苑，长庆街道一个个家风阵地汇聚成一条长达 1000 米的“七彩家风路”。

家风的“家”，是家庭的“家”，也是国家的“家”。广大家庭弘扬优良家风，正以千千万万家庭的好家风，支撑起全社会的好风气。杭州市纪委、市直机关工委连续多年联合主办的“廉洁好家风”主题教育活动暨“我的家书”征集活动，该活动面向领导干部，特别是“一把手”，以及年轻干部征集家书，通过家书话勤廉，教育引导党员干部端正行为规范、筑牢纪法防线。

铺一张白纸、修一方尺牍、写一封信札，自古以来，家书便是联系沟通、思亲寄情的纽带。家书中可叙述家庭琐事、抒发内心情感，也能展现家庭文化、传承优良家风，亦能记录历史事件、书写社会变迁。如今，家书征集活动在全市多个地区、单位探索开展。2022年，杭州银行在全系统开展“信我·信未来”主题家书征集活动，并结合诵读会、家属开放日等方式，教育引导青年员工扣紧“第一粒扣子”。

“95后”的费钰辰从小在浙江大学校园长大，在浙大读完硕士后去哥伦比亚大学深造。学业完成后，她立刻回到了心心念念的家乡杭州。“我从来没有想过在国外工作。从小我的家人就教育我，一个人的成就在于能够为祖国为社会贡献力量、创造价值。”费钰辰说。入职杭州银行后，其母给她写了一封长达7页的家书。

“你所从事的是一个高危职业，每天要和上亿资金打交道，一定要对这份职业有敬畏之心，严格遵循职业操守，守住廉洁底线。你的爷爷、外公都是老党员，勤勉尽职，两袖清风，从小你耳濡目染的都是清朗之风，希望你能永远传承我们的好家风，莫以廉小而不为，莫以贪小而为之。”片纸千钧重，一字一句读着妈妈的家书，费钰辰说，上次收到家书是18岁成人礼，再次收到家书是新入职场，背后是父母的其情切切、其意拳拳。“写家书与读家书，是心灵沟通、共同成长。不论我在什么岗位，都要有责任担当，要兢兢业业、努力工作。”

见信如晤，见字如面，片纸千钧重，家书寄托胸臆，这些家书里既有身教，又有言传，字里行间是朴素的美德、平凡的操守、生活的经验、生命的价值，文字中有爱、有家、有国，家风家教不是束之高阁的冰冷道理，而是潜移默化的精神力量。“一万次灌输，远不如一次真正的唤醒！青年员工一旦内心被唤醒，将会变得更可爱、更担当、更有责任感。”驻杭州银行纪检监察组副组长周勇军说，杭州银行正在考虑给员工家书设立一个家书博物馆。“只有薄薄的几页纸，收藏与保护家书，真的有那么重要吗？还真的很重要。家风是无形的，家书是有形的，看得见的，可实践的。家书是精神坐标，凝聚着家国情怀。”

近年来，杭州市以家风建设来纵深推进全面从严治党。全市党员干部特别是领导干部带头正品行、立家规、严家教、树家风，促进和带动全市党风政风、社风民风持续好转，营造全社会崇廉尚洁的浓厚氛围。截至 2023 年 7 月底，累计征集晾晒家规、家训 8 万余条，挖掘家风、家教故事 2 万余个，开展家风宣讲 1000 余场次。市纪委监委相关负责人表示：“注重家风建设，是我们党的优良传统，也是纵深推进清廉杭州建设的题中应有之义。下一步，要不断挖掘展示优秀家风典型，传播家风正能量，探索将家庭家教家风建设融入全面从严治党的新路径、新方法，让好家风成为不敢腐、不能腐、不想腐的家庭防线，让崇德尚廉、崇廉拒腐在杭州蔚然成风。”

一心装满国　一手撑起家

汪国云组织读书活动

一个文明的家庭，除了对小家的关爱，还有对社会、对国家的大爱。

“全国最美家庭”汪国云家庭，开办了纯公益的大同书院。十多年间，汪国云和妻子郑丽菊开车从城区到乡下，来回奔波近十万公里，近500个星期天，坚持到书院组织各类读书活动，免费为当地读者特别是留守儿童提供传统文化讲座和阅读服务。书院内，他们开展古诗词朗诵会、传统文化系列讲座、作文点评会等；书院外，流动课堂也成效显著，深受欢迎。这户家庭先后被评为全国“书香之家”、浙江省文明家庭、浙江省首届“书香之家”等。

在富阳，有一间10多平方米的图书室，取名为“江南爱心书屋”，专门为本地中小学生开辟。每年的暑期爱心班如期开班，都有孩子们学习的身影。爱心书屋的负责人名叫张善国，是一名伤残退役军人。而他的妻子吴立琴双耳失聪，是一名残疾人运动员，曾在杭州市青年聋人冰壶球比赛中荣获团体第一名。提起张善国一家，街坊邻里都会竖起大拇指，因为他们自立自强的精神，更因为他们选择把大爱传递给更多需要帮助的人。现在他们把公益当成人生最大的“事业”——2014年7月，张善国和身边好友一起组建了江南爱心公益组织，主要为老年人和残疾人服务。目前，江南爱心公益组织已拥有500多名成员，全年无休地开展志愿服务。

天下之本在国，国之本在家，每个人的成长和生活都与家国紧密相连。爱国爱家的那份心灵原色，一直深深植根于中华文明的深厚土壤。“欲治其国者，先齐其家”的价值追求，“先天下之忧而忧，后天下之乐而乐”的使命担当，“苟利国家生死以，岂因祸福避趋之”的忧国忧民，展现的都是个人命运与国家命运的同频共振。正是这种家国休戚与共的使命感、责任心，支撑中华民族自强不息，助力中华文脉薪火相传。

弘扬幸福小家的文明之风，才能涵养一座城市的大爱之魂。近十多年来，我市连续开展文明家庭选树活动，推动家庭文明建设，涌现出一大批爱国守法、遵德守礼、孝老爱亲、敬业诚信、家教良好、家风淳朴、绿色节俭、热心公益

张善国与爱心书屋

的爱心家庭。与此同时，家庭志愿者队伍日渐庞大，全市已有 8 万余位家庭志愿者、1519 个家庭志愿者组织纳入“志愿汇”一体化平台家庭志愿者专版，以志愿文明推动城市文明。这些文明家庭的故事，传递着家的温暖，彰显着文明的力量。

“我们的家训是日行一善，积善成德。”杭州西湖风景名胜区西湖街道三台山社区党委兼职委员竹书鸿一家三口，从 2016 年以来，坚持工作之余做公益，服务社会，服务百姓，成为名副其实的公益志愿之家。2016 年竹书鸿创建了“竹书鸿工匠志愿服务队”，从助老助残起步，创立“水韵西湖 365”“竹服到家”“工匠讲堂”“杭州韵味 DNA”“护宝金叶子”五大公益志愿项目。如今，“竹书鸿工匠志愿服务队”的志愿者人数从刚开始的 1 个人发展成为 525 人。这支志愿服务队从孝亲敬老、兴家乐业走向爱国爱民，心往一处想，劲往一处使，感动了一批人、凝聚了一批人、帮助了一批人、影响了一批人、培养了一批人，走出了一条新时代文明实践的志愿服务之路。

“合抱之木，生于毫末；九层之台，起于累土。”家庭建设满怀“国富民强”之心，国家建设托举“家国天下”之志，家国情怀所通达的，正是万家灯火、国泰民安。广大家庭把爱家和爱国统一起来，把实现家庭梦融入民族梦之中，

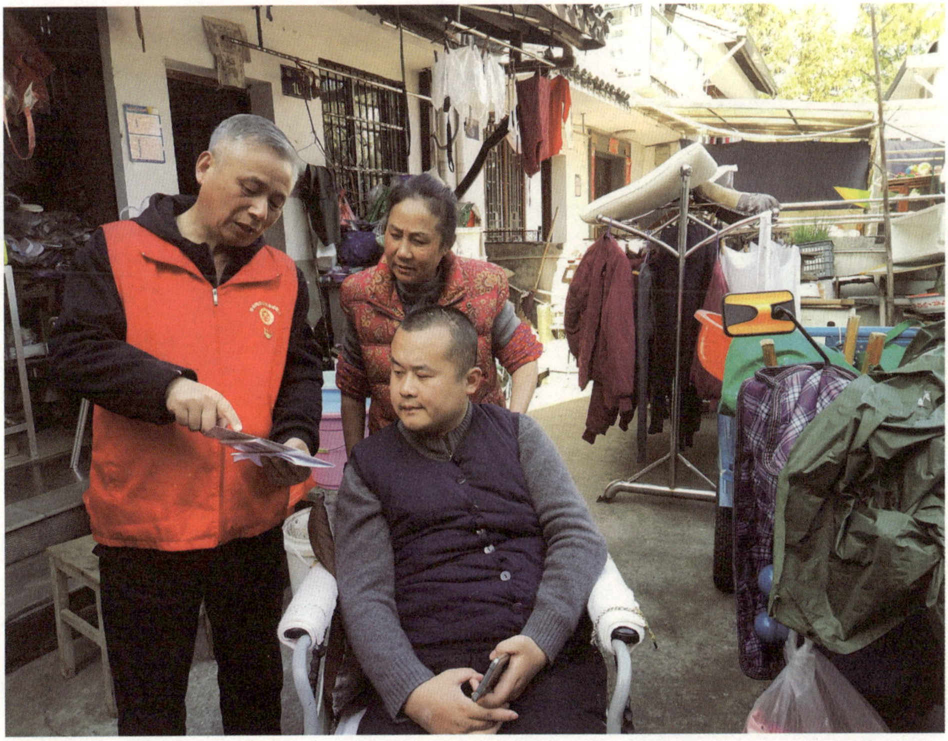

竹书鸿（左一）

心往一处想，劲往一处使，汇聚起实现中华民族伟大复兴的中国梦的磅礴力量。

奋进新征程，秉持家国情怀的赤子之心，踔厉奋发、笃行不怠，厚植家庭文明的沃土，提升城市文明的高度，需要每一个人的点滴力量。一个个文明家庭携手共进，以家庭“小气候”温润社会“大气候”，定能雨润世人、泽被万家。每个家庭前进的脚步，也终将汇聚成国家的进步。

郑莉娜

行有礼

——文明从脚下起步

世间寻常事，不外乎衣食住行。此处的行，从狭义上说，是出行，是行走；而从广义上说，又是人的言行举止，即出行讲秩序，言谈有礼貌，行为有规范。因此本文所说的行有礼，便有了双重的指向，一是指交通出行，二是指行为规范。

那么我们便要问：行有礼，杭州到底行不行？

“礼让斑马线”，从“盆景”到“风景”

2009 年年底，杭州经过调研论证，形成了一个《杭州市打造交通文明示范城市三年规划》的草案，2010 年 3 月，杭州市文明委召开全体会议，审议并通过了《杭州市打造交通文明示范城市三年规划》，并明确提出了“打造交通文明示范城市”的三年奋斗目标。自此，打造杭州交通文明示范城市的三年规划行动正式拉开序幕。在杭州市委、市政府领导的高度重视和全力支持下，在杭州市文明委的牵头协调下，在社会各部门的协同努力下，在广大市民的积极配合下，杭州市轰轰烈烈地迈入了全面打造城市交通文明的新时代。

而其中的主体内容，就是行有礼。

杭州公交集团率先推出了“公交礼让斑马线”的有力举措，在社会上产生了很好的示范效应；出租车行业紧跟而上，由市运管部门组织的“文明出行，的士争先”活动深入开展，出租车形象得到迅速改观；各机关事业单位迅速跟进，并随即扩展至其他单位车辆和私家车，形成了辐射效应，并最终铸就杭州机动车“礼让斑马线”的品牌；教育系统推出形式多样的文明交通宣传载体，交通文明纳入基础教育，“小手拉大手”交通安全宣教活动、“交通文明小使者”评选活动等等都取得了明显成效；各区（县市）也都开展了特色鲜明的活动，拱墅区开展了温馨的“文明车辆添彩虹”活动，原下城区10万市民家庭签订了《家庭文明出行公约》……各种先进的经验、有益的做法都在全市各界的共同实践中不断被创造出来，形成了行有礼的大气场大氛围。

当初试行“公交礼让斑马线，文明从脚下起”的活动，最先是在公交一公司的11路车上做试点的。对此，杭州市交一公司的李国滨、沈洁、金珍芬、王忠伟、殷霞红等几位同志都记忆犹新。如今，这几位同志有的已是车队领导，有的是全国劳动模范，有的是工人先锋号公交车司机，也有的是模范车队带头人。而在当年的那次行动规划中，他们都还是一线驾驶员，要谈到“公交礼让斑马线”这个话题，他们每个人都有说不尽、道不完的甜酸苦辣。

11路公交是横贯杭州主城区繁华街道的一条干线，“11”由二个“1”字组成，象征着人类的双腿。选择这条公交线路先行实施“礼让斑马线”，正是看中了其中蕴含着“文明从脚下做起”的意义。

在公交车的影响下，2009 年，杭州出租车接过了第二棒，市内出租车加入到了“礼让斑马线”的行动中。

要出租车也“礼让斑马线”，这个难度远高于公交车。因为出租车这些运输企业的管理形式与公交公司有所不同。许多出租车运输企业的车辆不是个人承包的，就是挂靠在某一个单位的。这些企业本身没有公交公司那样的实力，也缺少公交公司那样完备而强大的管控能力，所以操作起来就会有一定的难度。

针对这样的状况，为切实提高出租车驾驶人文明行车意识，根据“三年行动规划”的总体要求，市交警局和道路运输管理局联合行动，从 2010 年下半年起，共同在全市出租汽车行业开展了“文明出行，的士争先”主题活动。活动一开始，就得到了全市各大出租车企业，以及出租车司机朋友的积极响应和广泛参与，经过两年多时间的实践，也取得了可喜的成效。

而法制条款的正式出台，为礼让斑马线又找到了法律依据，2015 年，杭州市人大常委会通过《杭州市文明行为促进条例》，“礼让斑马线”首次被写入地方性法规。2016 年 3 月起，杭州正式施行《杭州市文明行为促进条例》，斑马线“礼让行人”被写入地方性法规，这在全国是头一份。如今经过多年的浸润，“礼让斑马线”已经像刀刻斧凿一样刻入了杭州交通参与者的心里。

2017 年底，交通运输部在杭州召开公交都市专题会议，向全国倡导实行“礼让斑马线”。2018 年，杭州市公交集团倡议打造“1·11 斑马线互敬日”主题公益活动，“1·11 斑马线互敬日”全面升级，覆盖范围从杭州市升级为浙江省，从单一事件升级为多事件联动。

路口劝导

礼让斑马线，成为杭州城市文明的一道亮丽风景线，更成为杭州作为文明城市的一个缩影。从“盆景”变为“风景”，礼让斑马线已成为浙江省文明城市建设的一张“金名片”，斑马线前的礼让互敬也传递出更多的“微温暖”“正能量”。

文明交通，为“流动”的杭州添彩

行有礼，还要落实到每个交通出行者。每一个市民，都代表着杭州形象，文明出行为“流动”的杭州添彩。12 年前，杭州 10 万家庭签订《文明出行公约》的大行动。

为深入推进《杭州市打造交通文明示范城市三年规划》，深化“文明出行”宣传教育活动，提升市民交通文明素质和城区文明程度，为创建全国文明城市加分添彩，根据全国“文明交通行动计划”的总体要求，2011年4月24日上午，“携手1+6，文明出行公约进万家”启动仪式隆重举行，有10万家庭参与这项活动。

开展“携手1+6，文明出行公约进万家”活动，目的是通过辖区广大中小学生、幼儿园小朋友发动众多家长，通过辖区广大教职员工发动其他家庭成员，力争让辖区10万个家庭签订《家庭文明出行公约》，努力让每个家庭成员都能践行“文明出行、从我做起”的倡导，自觉遵守交通法规，规范交通行为。

根据《家庭文明出行公约》的约定，参与签字的家庭成员都要争当文明交通的“6种人”，即文明交通驾驶员、文明交通行路人、文明交通乘车人、文明交通骑车人、文明交通宣传员和文明交通监督员。

争当“文明交通驾驶员”，就是要开好“文明车”，斑马线前礼让行人，红绿灯前不抢行，酒后不驾车，开车不违章。

争当“文明交通行路人”，就是要从自己做起，全家人一起自觉遵守交规，不闯红灯，不乱穿马路，不在机动车、非机动车道内行走，不在车行道上候车，不在十字路口打的，不翻越交通隔离设施。

争当“文明交通乘车人”，就是要乘车讲礼让，自觉排队候车，主动让座，帮助有困难的人，车内不吸烟，不随意丢果皮纸屑，注意言行举止，传播友爱文明。

争当“文明交通骑车人”，就是要严格遵守红灯停、绿灯行、不越线、不抢行的规则，礼让行人，骑车讲车德，不逆向行驶，注意行车安全，不乱停乱放车辆，维护城市形象。

争当“文明交通宣传员”，就是要积极宣传交通安全知识，宣传“文明出行、礼让为先”的道理，倡导文明交通，共同为文明出行献计献策，贡献力量。

争当“文明交通监督员”，就是要积极参加市区组织的文明出行劝导活动，主动提醒行人让道于人，安全于己，及时劝阻不文明的交通行为，为创建全国文明城市增光添彩。

在签名活动的启动仪式上，孩子们自己动手设计制作了“文明出行动漫贴”，他们要把可爱的动漫贴贴到父母的车上进行温馨提醒，贴到家庭社区进行督促宣传。

中国自古便是礼仪之邦，出行的一言一行看似小事，却能体现出个人的素质和品德，涓涓细流汇聚，射出整个城市形象。行有礼，从小抓起，从学校抓起，这是交通参与的主体，这便形成了“小手拉大手，平安路上走”的一道风景。

每年的 3 月 28 日，是全国中、小学生安全教育日。

为进一步增强杭州市中小学生的交通安全意识和法制观念，推进全市打造交通文明示范城市进程，每年的这一天，杭州公安交警局都要会同市教育局开展“小手拉大手，平安路上走”中小学生交通安全主题宣传活动，积极开展全市中小学生的安全教育活动。

为了进一步推动“三年行动规划”活动的深入开展，有效确保幼儿园小朋友的交通安全意识，杭州交警部门按照“安全交通从娃娃抓起”的工作思路，还把“小手拉大手，平安路上走”宣传教育活动推向全市幼儿园，通过组织全市幼儿园开展交通安全宣传活动，切实增强小朋友们的交通安全意识，提高他们的安全出行自我防护能力。

路口劝导

诸如此类的活动，还包括了交通文明志愿者的服务活动。

交通文明志愿者服务活动既增加了城市交通管理的力量，监督市民遵守交通法律法规，也是普通市民体验城市交通、参与城市交通管理、提升自身文明涵养的重要渠道之一。为了把志愿者服务活动组织得更好，志愿者协会采取了三方面措施：一是进一步扩大交通文明志愿服务宣传，加大发动招募力度，吸引更多的普通市民参与到活动中来；二是加强志愿者的基本理念和服务技能培训，提高志愿者综合素质；三是注重关爱志愿者，以组织慰问、心得分享和活动联谊等形式，提高志愿者的凝聚力和战斗力。

杭州市文明办、共青团杭州市委、市公安交警和志愿者协会还联合推出每日“文明行路指数”，这个形式既新颖又实用，有了“文明行路指数”，市民就能像看天气预报一样，直观地了解前一天杭州市民文明行路的情况，以便给开车人提供小心警惕指数。

为了及时准确地发布好这一指数,杭州市志愿者协会每天派出80名志愿者，在杭州上城区的解放路建国路口、西湖大道延安路口、延安路解放路口，拱墅区的延安路体育场路口、庆春路建国路口、文晖路上塘路口、环城北路莫干山路口、环城北路湖墅路口，西湖区的体育场路宝石路口、文二路宝石路口这 10 个路口，统计文明行路和不文明行路的情况。为了让指数准确可靠，杭州市志愿者协会还向市民招募文明行路监督志愿者。文明行路监督志愿者就在这 10 个路口的其中一个方向上记录统计有多少闯红灯的人，摄像志愿者则拍下“不会走路”的市民。

由于出现在杭州一些主要街道路口的文明行路指数统计志愿者都有统一的着装，那就是“红帽子、红马甲”，因此这身“行头”便成了杭州城市交通文明的又一道特殊“风景”。

出行有礼，礼让意识化为自觉行动

“办好一个会，提升一座城。”近几年来，结合 G20 杭州峰会、杭州亚运会等重要活动的举办，通过社会各界的共同努力，杭州的“行有礼”得到了升华，最明显的就是，践行“行有礼”的范围日益扩大，方式多种多样，广大市民的“行有礼”愈显自觉。

2023年6月15日，杭州市文明办等单位推出了第三届“迎亚运、讲文明、树新风”百万百日文明出行零违法活动，交警部门倡议市民亚运期间采取公交、地铁、骑车、步行等绿色出行方式“让路于客”。100天以来，共计约180万人次参与活动。此前的2023年5月，市委宣传部（市文明办）联合杭州市公安局，已制定了《杭州市“迎亚运　促和谐”交通文明提升行动实施方案》，方案中的不少文明提升行动已陆续着手实施。

的确，杭州不只要“让路于人”“让路于客”，还要在更多方面彰显“有礼”的姿态与风采。这种“有礼”的姿态与风采，不仅体现在车辆“人行横道礼让”等方面，还体现在人与人之间、车与车之间的文明礼让；不仅体现在城市道路上，还体现在包括地铁在内的各种车辆上下客、电梯进出、无障碍设施使用、消防通道畅通、急救车辆让行等各个方面的礼让。

2021年3月，杭州通过设置“Z字形”斑马线，施划“黄色网格线”等具体措施完成“礼让斑马线2.0”行动，使电动自行车和行人、车辆安全交替过街。数据统计，实施“礼让斑马线2.0”行动以来，至2022年9月30日，无信号灯斑马线交通事故死亡人数同比下降26.21%，电动自行车“鬼探头”交通事故死亡人数同比下降48%。

2021年7月28日，杭州交警官方微博发布消息，从8月1日起，杭州将全面推行车辆“交替通行”。杭州交警通过视频准确地解释了什么是车辆“交替通行”：车道减少车辆合流时，出现停车排队等候或者缓慢行驶时，右边过一辆车，左边过一辆车，然后右边再过一辆车，反反复复，有序行进，就像拉链一样。所以，在深圳等地，这一车辆礼让通行的方式，被称之为“拉链式”交替通行。

交警部门表示，推行交替通行的目的是为了让无序变有序。相互抢道、自行合流的车辆在交替通行后，可以提升通行效率，也能避免交通事故的发生。从车让人，到车让车，司机遵守交通法规，互相礼让。

事实上，杭州市民表现出来的“行有礼”之举还远不止于此。

2023 年 1 月 5 日 10 时 47 分许，一辆闪灯鸣笛的救护车由东向西驶至临安区武肃街与临水路口时遇红灯，通行受阻。救护车行驶在最右侧直行车道上，左侧直行车道也有车辆排队等候红灯，救护车无法借道通行。就在此时，左侧直行车道的一辆轿车率先将车向左前侧 45 度方向开出一段距离。随后，另两辆车也纷纷 45 度方向让行，还有一辆轿车向右打方向靠边，生命通道由此被打开，让争分夺秒的救护车顺利通过了十字路口，整个过程仅用时 19 秒。

这样感人的礼让在杭州屡屡上演。杭州人深知，对特种车辆进行礼让，就是为别人打开生命通道。2023 年 3 月 10 日下午 2 点 48 分，西湖区留和路出现火情，灵隐消防站出警赶赴支援，但灵溪隧道附近路段出现拥堵，由于火情紧急，消防车辆鸣笛示意。令人欣慰的是，停在消防车前面的私家车和公交车见状，纷纷靠边让行，让消防车迅速驶离拥挤路段。“平时开到留和路，估计也要 20 分钟，这次在灵溪隧道遇到拥堵，幸好私家车和公交车都让行，最后我们花了半小时赶到，及时开展了救援工作。”

而从 2022 年 8 月起，杭州开展了“礼让盲道”“礼让无障碍卫生间”试点，试点首先从武林广场周边及武林小广场的设施开始，逐步向全市推广。这项礼让活动的目的，是确保公共无障碍设施能够物尽其用、随时可用、安全使用，同时让出行有礼再升级，展现杭州新风尚。

种种“行有礼”习惯，如今已深深扎根于杭州市民的文明意识里，遍及城市的各个角落。在地铁、电梯等公共场所，先下后上、先出后进的习惯已经深入人心；能不开车就尽量不开车，优先选择公共交通出行或者拼车出行；自觉避让保证道路畅通，尽量减少扎堆拥堵；亚运会期间，像礼让公交专用道一样，礼让亚运数字专用车道……都已成为杭州市民的自觉行动。

杭州市文明办相关人士表示，礼让体现的是一种人文关怀，提升的是城市的温度。“当车辆为你而慢下来的那一刻，心里肯定会感觉到温暖，这种温暖，慢慢地会积累成为这座城市的温度。”此言生动而准确地道出了践行“行有礼”的巨大作用和非凡魅力。

孙昌建

帮有礼

——文明杭州　志愿善城

一座城，该有怎样的底色，才能映衬出五彩斑斓的图景？一座城，该有怎样的品格，才能让千万市民齐心协力、众志成城？杭州给出的答案——“帮有礼”。

微光成炬，志愿暖心。“帮有礼”即随手做志愿、邻里相守望。而志愿服务也被誉为“温暖人间的最美风景”，是城市的文明底色。

近年来，杭州坚持以培育践行社会主义核心价值观为根本，以新时代文明实践志愿服务为抓手，夯实新时代文明实践阵地，打造志愿服务品牌，提质新时代文明实践志愿服务数字平台，全力打造“15分钟文明实践服务圈”，不断提升市民文明素质和城市文明程度，努力让每一位杭州人都成为崇德向善的践行者、文明有礼的代言人、互帮互助的受益者，让“最美杭州·志愿善城”成为共同富裕示范区城市范例建设的标志性成果，为争创全国文明城市，打造“礼让名城”“志愿善城”金名片凝聚强大的精神力量。

微光成炬：全民志愿温暖善城

生命的脆弱也许就在瞬间，生命的希望也在瞬间。

2023年6月13日，杭州西兴大桥上发生惊险一幕，一名年轻女子跳桥轻生，正在送件的外卖小哥彭清林紧跟着从桥上一跃而下，把女子从死亡边缘拉了回来，却造成自己胸椎压缩性骨折。

彭清林，31岁，湖南人，在杭州打拼一年多了。救人时，面对十几米的落差，彭清林心里也有点害怕。但他清楚，如果女子沉下去了，就真的没机会了。他深呼吸之后眼睛一闭纵身跳了下去。

这“惊人一跳”是发自本能、出于本心的选择，没有“值不值”的追问，只有“该不该”的回答。这样挺身而出的壮举往往看起来那么“简单”，体现的勇敢伟大又那么“不简单”。

这“惊人一跳”既传递个人美德，更映照城市美好。彭清林说，2016年他曾经来过杭州。“我当时很震惊，杭州真好啊，过马路时车都会让你。我觉得这里的人特别好，这也是后来选择来杭州的原因。”在彭清林心里杭州是座美好的城市，杭州也因为彭清林变得更加美好，这是一段美好的“双向奔赴”。

这“惊人一跳”温暖了城市，城市也让他感受到了温暖。因为彭清林的义举，杭州给予他奖励，可以在三年内向评选推荐地申报户口迁入登记，并给他颁发了“见义勇为二等功”，市文明办授予彭清林“杭州好人”荣誉称号，市公安局授予他一等治安荣誉奖章……最让彭清林想不到的是，一所高校向他发出了学习深造的邀请。“真是没有想到，这辈子我还能上大学。”彭清林感到特别开心。

如今，杭州亚运火炬手彭清林有了一个新身份——志愿者。“过去我也接受了社会的很多帮助，如今我会跟着很多前辈一起做公益，尝试从小事做起，帮助他人。尽管事情也许微不足道，但能给一些人带来一点点的实质性帮助，我觉得就是有意义的。我也希望能有更多人参与到公益活动中来，将这份‘最美’品质传递下去。”彭清林说。

一个人有了向善之心，便有了丰盈的人生；一个城市有了向善的内核，便会充满暖意和生机。不论是“最美妈妈”吴菊萍的“惊人一举”、“最美司机”吴斌的“忍痛一刹”、“最美爸爸”黄小荣的“勇敢一跃”，还是如今“最美小哥”彭清林的“惊人一跳”，这些你我身边最平凡的普通人，用大爱创造了一个个生命的奇迹，点亮了这座城市的最美之光，构筑起这座温暖善城最厚重的道德底蕴。

彭清林

“爱杭城”亚运城市志愿者

好人与榜样，总是给人们带来许多感动，给社会带来无穷力量。近十多年来，杭州以文明互助为画笔，以全民共建为底色，以完善全民参与的志愿服务体系为核心，精心打造“志愿善城”品牌，建设全民志愿之城。在杭州市政协智库专家、杭州市文史研究馆特约研究员司马一民看来，杭州要不断推进“最美”现象落小、落细、落实，这是一项细水长流的工作。他认为，社会要善于发现和推广身边平凡人的真善美，引导社会大众学习，此外杭州应建立基层单位发现、关注、宣传、推广“小而美”的机制，让“最美”现象的群众基础更加牢固。

这样的“小而美”在服务保障杭州亚运会上熠熠生辉。在杭州亚运会开幕倒计时 30 天之际，杭州亚运会、亚残运会赛会志愿者举行出征仪式，3.76 万名赛会志愿者用饱满的热情、专业的服务，迎接盛会的到来。其实在 3.76 万名赛会志愿者之外，还有一支更加强大、壮观的志愿者队伍：“爱杭城”亚运城市志愿者。杭州市文明办相关负责人介绍，有149.5万余名市民和社会爱心人士报名成为“爱杭城”亚运城市志愿者，活跃在3900多个志愿服务站点，包括220个市级和314个区级“亚运文明驿站”以及3000多个新时代文明实践阵地上。

在杭州亚运会上，杭州志愿者以及杭州人民再次展现主人翁意识、爱国主义精神、无私奉献精神，向世界奉献一届“中国特色、亚洲风采、精彩纷呈”的亚运盛会，再创城市文明新高度，收获来自全亚洲的点赞与掌声。

毛董莱是西湖区古荡街道的居民，是一名听力障碍人士，她目前在杭州市残疾人综合服务中心工作，创办了杭州手语姐姐无障碍交流服务中心，同时在杭州电视台担任手语主播。在杭州第4届亚残运会火炬传递中，她担任淳安第9棒火炬手。“杭州亚残运会是在家门口举办的一次体育盛会，我和杭州市的24万名残障朋友一样，对这场盛会期盼已久。成为一名亚残运会火炬手，既是至上的荣耀，也是一份沉甸甸的责任。”在亚残运会期间，她在全国首创手语110服务平台，提供24小时免费服务，实时在线为听障者提供紧急援助和安全保障。

如今，在杭州这座人口突破“千万级”的城市，像毛董莱这样的注册志愿者总数已达390万余人。一个个身穿“红马甲”的志愿者活跃在城市乡村、社区楼栋，穿梭于大街小巷，开展“平安巡防”“文明劝导”“垃圾分类”“救护培训”“文化文艺”“便民服务”等一系列志愿服务活动，成为杭城一道亮丽的风景线，向全社会昭示一种“奉献、友爱、互助、进步”的志愿精神，“志愿理念”也变成广大民众认可并追求的生活时尚。

志愿服务是现代化社会文明进步的重要标志，也是加强精神文明建设、培育和践行社会主义核心价值观的重要内容。一座城市的文明不仅在其颜值，更在其精神，而志愿服务正是城市的文明底色。近年来，杭州始终坚持“凝聚群众、引导群众、以文化人、成风化俗、宣传新思想、引领新风尚”的工作目标，成立杭州市志愿服务工作委员会、杭州市志愿服务联合会，通过加强组织领导、完善制度设计、规范操作流程、落实闭环管理等手段，提升志愿服务整体效能，推动志愿服务队伍社会全员参与。

志愿服务活动有序规范开展，涌现了一大批志愿服务先进榜样，比如，全国道德模范孔胜东、全国学雷锋活动示范点杭州微笑行动慈善医院、中央文明委重点项目“杭州新时代文明实践红十字救在身边”、城市志愿服务品牌“爱杭城”、青年志愿服务品牌“小青荷”、致力于全球应急救援的专业志愿服务组织公羊会……他们用一份份实际行动，擦亮“杭州志愿者”金字招牌。

如今，一个更具时代特征的学雷锋活动空间被众人熟知——新时代文明实践中心。目前，杭州共建成文明实践中心13个、实践所192个、实践站2932个，常态化开展各类新时代文明实践志愿服务活动，并按照“一中心一品牌”要求，推进文明实践地域化、特色化、品牌化发展，涌现了“上城尚礼”“拱墅优礼”“滨滨有礼”等一批优秀的区域文明实践新品牌。

为民、惠民、利民——杭州以此作为新时代志愿服务的出发点和落脚点，不断传承、宣传和根植志愿服务精神，必将再次构筑高尚志愿服务精神的道德新高地。在我们的城市、在人心深处，暖流从未断流、热情从未熄灭；在我们的城市，有寒暑轮替、草木枯荣，“最美”精神生生不息。

群星荟萃：志愿品牌“响当当”

身着青绿、服务热情、笑容灿烂——这是杭州亚运会的志愿者们展示给世界的形象。在赛场、在亚运村、在街头巷尾，他们在亚运的舞台上绽放光芒，也汇聚青春的力量，引领城市文明的风尚。

从诗句中走来的杭州亚运会“小青荷”志愿者，似杨柳拂面，清新怡人。他们的名字沿用了2016年G20杭州峰会志愿者的昵称，取自宋代诗人杨万里描写杭州西湖美景的诗句：“接天莲叶无穷碧，映日荷花别样红。”

莲叶是青色，因此取了“青”字，从“映日荷花别样红”中取了“荷”字，组成了“小青荷”；“青荷”谐音“亲和”，彰显着志愿者的热情和友好。杭州亚运会人力资源指挥中心执行指挥长、亚组委志愿者部部长汪杰介绍，在赛事筹备前期，从报名的31.7万人中层层筛选，最终选拔出3.76万名赛会志愿者“小青荷”，为赛会运行提供服务和保障。

亚奥理事会代理主席辛格多次点赞“小青荷”，并在开幕式致辞中提到“我们需要‘小青荷’，亚运会的顺利举办离不开你们的奉献”。

国际奥委会主席巴赫在亚运村专门看望了志愿者并给他们点赞：“感谢所有出色的志愿者，谢谢你们的好客热情和灿烂笑容。”

近年来，杭州坚定走具有中国特色的新时代文明实践志愿服务道路，着力完善全民参与的志愿服务体系建设，通过亚运志愿服务这个实践育人的平台，激发杭州青年主人翁精神和奉献热情，在青年群体和社会专业力量中培育、积累、沉淀有丰富技能经验、有组织能力和协调能力的志愿者骨干，在“后亚运”时代为大型赛会举办和社会文明发展提供志愿服务支撑。

微光成炬，向光而行。从一个人到一群人，从一支队伍到一群力量，越来越多的市民参与志愿服务，传递出向上向善的正能量。亚运汇聚起来的“爱杭城”志愿力量，将成为城市的最美风景。

在杭州西子湖畔，一边是“淡妆浓抹总相宜”的自然美景，一边是游人如织中一抹鲜亮的“志愿红”——2023年“五一”假期，西湖边的“最美人墙”全新上线2.0版，由原先的“二字形”转变成“X形”，继续为市民游客的出行保驾护航。

这也是为迎合延安路平海路口X形斑马线作出的位置调整——“最美人墙”2.0版，沿延安路两侧各配置40名志愿者，当红灯转绿灯时，队伍中的12人迅速站在X形外侧，8人站到X形内侧，四个角同步变形，形成X形人墙。当绿灯转红灯时，外侧24人手拉手从三角形顶角处快速形成一条直线，沿斑马线中间向两边汇聚。内侧四个顶角各留2名志愿者收尾，其余人员随外侧队伍同步撤离。

在志愿者的引导下，现场井然有序。与此同时，“最美人墙”还配置了20名红十字“急救侠”志愿者进行秩序疏导，保障现场急救。“最美人墙”是新时代文明实践志愿服务的一个缩影。一到节假日，在杭州的大街小巷，我们总能看到志愿者们奔走在城市社区、交通路口、景区景点、地铁车站、文博场馆等地，为市民游客提供便民服务、文明劝导、交通疏导等服务。忙碌的“志愿红”成为杭州一道亮丽的风景线。

事实上，杭州的志愿服务底蕴深厚、由来已久，在志愿者人数、志愿服务成果等方面长期走在全国前列。很多市民也从最初的“旁观者”，最终成为“参与者”。办一场全民亚运，让“人人参与亚运会、人人都是志愿者、人人奉献

最美人墙

为杭州”成为现实。

比如，“武林大妈”是杭州志愿服务响当当的“金名片”。如今，这是一支由5.3万余名志愿者组成的志愿服务团队。“武林大妈”印咏梅翻说平时志愿服务内容包括：平安宣传、矛盾调解、安全巡查、民情收集、邻里互助、文明劝导等。令人欣喜的是，现在的“武林大妈”已不再局限于“大妈”，而是文明志愿者的称号，无论男女老少、各行各业，只要热心公益都可以加入这个行列。

“‘武林大妈’中有在职的教师、律师等行业精英或在校的学生。”“武林大妈”公益社会服务中心秘书长杨映霞说，通过建立“武林大妈”党支部、成立“武林大妈”亚运志愿服务联盟，队伍凝聚、吸纳了文旅单位、医院等党建联建单位的专业力量，还引入了 80 多位国际志愿者深入基层，提供翻译、文明劝导等服务，一同宣传亚运文化。现在，“武林大妈”的年龄跨度已经从 8 岁到 80 岁，极大地拓展了“朋友圈”。

在杭州，志愿服务百花齐放。在章家桥公交站旁，“最美凉茶摊”每年入伏开张，出伏结束，迄今已坚持出摊四十多年。公益茶摊的核心志愿者扩充到 28 人，也涌现出了家住半山每天坐早班公交车 1 小时过来做志愿服务的老党员李金山、40 天每天都参与赠饮路人热茶的邻里茶坊的肖锥源、每天积攒一元

拱墅区武林路武林大妈亚运志愿服务亭

钱全年 365 元用于购买茶叶和纸杯为茶摊出钱也出力的社区小居民周正豪，看到新闻报道毫不犹豫选择捐献 200 斤茶叶用于凉茶摊的茶社经营者邵建红……四十多年的传承，不仅仅是路人路过解渴的茶水，还是城市变迁中城市记忆中的真实回忆，更是折射社会文明和谐的美好细节。

“杭州把学雷锋志愿服务活动作为积极培育和践行社会主义核心价值观的重要载体，广泛开展主题活动，实现了志愿服务制度化、项目化、常态化、数字化，在实践中培育广大市民的道德自觉，塑造整个城市的文明品格。”杭州市文明办相关负责人说，当文明成为城市生活者的自觉意识，城市发展才有可能做到内外兼修，“里”“面”并重。

行动，是践行志愿精神最好的语言。足迹遍布全球、用凡人善举传递温暖力量的公羊会，主打“老兵服务老兵”的“看笕蓝天”笕桥退役军人社区关爱服务项目，成为全国学雷锋志愿服务“四个 100”先进典型。“无声翻译”“手语姐姐”听障者帮扶平台志愿服务项目，获得全省志愿服务大赛金奖。还有深耕“银亮钱塘”品牌、凝聚老干部老党员力量的“银耀之江”志愿服务队，以及沈廷冲、史文斌、戚雯雯等一批优秀志愿服务者如雨后春笋般涌现。他们表率文明、引领风尚，带动广大市民积极参与志愿活动，让志愿精神根植于城市生活的每一方土地，构筑起精神文明的实践高地。

数字赋能：文明帮帮码“码”上互助

文明实践“服务群众”、精彩阵地活动“智能推送”、随手志愿“热图呈现”、志愿数据“一舱可览”、指挥协同“一键触达”……数字时代志愿服务的方式也在不断跃迁。目前，杭州市“文明帮帮码”平台按照“1+2+6”的整体构架，通过“实践（有礼）讲堂、实践活动、实践联盟、帮帮‘益’站、助力亚运”等10大功能模块，构建完善数字化的志愿服务体系、便捷化的志愿者赋分体系、兼容性强的接入体系，让社会资源合理调配，基层治理提能增效。

2022年3月，“杭州市文明帮帮码——亚运志愿服务在线专区”正式上线，其中“亚运城市志愿服务站点地图”是该在线专区的重要应用场景。市民和游客可以通过这份“站点地图”，精准查找220个市级亚运文明驿站的具体位置，个性化筛选需要预约的志愿服务场次，通过积累的志愿服务时长进行积分兑换，获得亚运城市志愿专属礼遇。截至2023年10月，累计共有273.7万人次参加城市志愿服务活动。

数字赋能，“码”上互助，志愿服务添彩“浙江有礼·最美杭州”，让“文明之花”开遍大街小巷。“文明帮帮码”24小时在线的服务平台，实时呈现全市新时代文明实践阵地每日、周、月活动开展情况，并通过智能筛选为百姓推送家门口的文明实践活动，文明实践阵地实现从“最后一公里”向送到群众“掌心指尖”“最后一平米”的服务目标迈进；同时，通过文明帮帮码精准对接群众需求，完善“供单、点单、派单、接单、评单”服务闭环，共同实现新时代文明实践志愿服务精准触达。一串串灵动的数字，链接起人与人、城与乡之间文明的纽带，也让志愿精神在新时代新征程上积聚起更澎湃的正能量。

新时代文明实践，也在为幸福生活不断“加码”。“文明帮帮码”打造了向上贯通省级和向下贯通市、县、乡镇、村社等五级的新时代文明实践在线数字综合服务平台。着力构建特色化的理论宣讲线上传播体系、高效化的实践阵地管理体系、精准化的志愿服务触达体系、共享化的资源对接体系、兼容性强的多跨接入体系和“民呼我为”个性化便民志愿服务体系。比如2022年底，为适应疫情防控新情况、新问题、新挑战，“文明帮帮码”上线“余药互助·共享药箱”功能，缓解群众“购药难”压力，登录使用累计40余万人次，发布互助信息1万余条，互助成功率超过90%，受到社会各界的广泛关注与认可。《浙江日报》头版、浙江新闻、浙江卫视等媒体均进行了报道。“‘文明帮帮码’提升市民幸福感”还荣获了2022杭州生活品质总点评年度事件。

杭州处于改革开放的前沿，四十多年来经济发展突飞猛进，数字经济先声夺人，然而杭州在着力于物质文明建设的同时，从来没有停下精神文明建设的脚步。杭州深知，人民群众真正的幸福生活一定是物质生活与精神生活同步提升、相得益彰；杭州深知，美好的人民才有美好的创造，才能最大限度推进人类文明的进步；杭州深知，人民热情友好、文明有礼，是最重要的城市形象、最强大的城市亲和力。杭州将继续用心用情讲好“志愿善城”故事，而“有礼”“最美”的城市文明就是其中最动人的篇章。

郑莉娜

仪有礼

——简约文明之美

“文明、和谐”是社会主义核心价值观的重要组成部分，又是对中华优秀传统文化“仪有礼”的传承。《荀子·乐论》说：“故乐行而志清，礼修而行成，耳目聪明，血气和平，移风易俗，天下皆宁。”这里所讲到的礼修而行成、移风易俗，都是“仪有礼”的内容。移风易俗还被提升到与天下太平同等重要的高度，可见，古人对礼是何等尊崇与敬畏。

“东南形胜，三吴都会，钱塘自古繁华。”自古以来，杭州就以旖旎的湖光山色、活跃的市场交易、深厚的人文积淀名闻天下。如果说，悠久而文明的历史是一条珍珠项链，那么，礼则是贯穿其中的一根链子，它穿起的，是一座城市，乃至一个国家的礼仪之邦，文明典范。

从传承中创新：推进移风易俗

“喜今日嘉礼初成，良缘遂缔。诗咏关雎，雅歌麟趾。瑞叶五世其昌，祥开二南之化。同心同德，宜室宜家。相敬如宾，永偕鱼水之欢。互助精诚，共盟鸳鸯之誓。”这是一场有着浓郁宋韵文化气息的婚礼，传统简约，庄重典雅。在婚礼上，我们可以看到宋代婚俗的纳采、纳币、亲迎被转换成绘制家谱、签订承诺、签写婚书三个环节。以绘制家谱图为例，其目的是借此梳理双方家庭的结构和关系，让双方意识到彼此有不同的生活方式，经过磨合找到适合两人交流沟通的特有模式，既可以把各自家庭的优良家风传承下去，又能建立和谐的家庭关系。很显然，主办方是想用现代的方式，让人们感受宋代的浪漫。

策划这场婚礼的上城区婚姻登记服务中心，还复刻南宋婚礼仪式，打造“宋韵婚典”集体婚礼品牌，已成功举办了 2 届：新郎身着南宋时期的喜服，从鼓楼城墙门外敲锣打鼓来到位于南宋记忆城市书房前的“娘家”迎接新娘，携手一同前往广场，参加婚礼仪式。

而在桃花湖公园，上城区婚姻登记服务中心利用公园环境优势，打造了一个集婚姻登记、婚姻教育、婚俗文化展示和公益服务等功能于一体的“公园式”5A 级婚姻服务综合体。它由服务中心、综合服务中心、调解中心和文化展馆四栋中式园林建筑组成，以宋韵文化为主题，还配有一栋南宋婚俗文化展览馆，全方位还原了南宋时期的结婚礼仪与风貌。

看似一场传统的宋韵婚礼，折射的却是杭州对婚俗改革创新的高度重视。2022 年，市民政局印发《杭州市持续深化婚俗改革工作实施方案》，明确构建婚姻登记、婚姻家庭辅导教育、婚俗改革一体化服务机制，全面推进婚姻领

水乡婚礼

域移风易俗。

杭州支持全市各婚姻登记机关创新服务形式和内容，通过举办丰富多彩的主题活动，倡导文明礼仪。上述“宋韵婚礼”只是其中的一个场景，类似主题活动在杭州各区遍地开花：萧山区打造“湘”约一生和“世纪之恋”集体婚礼基地；建德市融合“九姓渔民水上婚礼”省级非遗项目，打造吉祥喜庆又具建德特色的民俗婚礼；富阳区举办“三生有杏”集体婚礼；临安区开展婚姻家庭契约文化活动……“参加过集体婚礼的新人，过半人数都表示不准备大搞婚宴，只邀请亲朋好友聚会即可。”一位参与宋韵婚典集体婚礼的新人说。

在婚俗改革的推动下，不文明的“婚闹”逐渐消失，天价彩礼、滥发请柬、大摆宴席等铺张行为得到遏制，简约适度、绿色低碳的婚礼方式被越来越多的年轻人接受。

杭州还积极推动和谐婚姻家庭建设，全市 13 个婚姻登记处全部设有婚姻家庭辅导室，组建由心理咨询师、律师、社会工作师、婚姻家庭咨询师、社工等专业人员组成的婚姻家庭辅导服务团队，每间婚姻家庭辅导室至少配备 1 名具有婚姻家庭辅导相关资质或经验的辅导员，为有需求的当事人提供免费服务。依托“婚姻家庭辅导服务平台”，线上开通预约、咨询、调解等一对一专家服务，婚前有辅导、婚中有咨询、婚后有调解，文明礼仪、移风易俗实现了构筑幸福婚姻家庭的路径上的全过程参与。

殡葬改革：弘扬文明新风

《礼纪》中有“众生必死，死必归土”的说法，其实这就是中国人常讲的“入土为安”，即土葬。随着殡葬的不断改革，土葬习俗在绝大部分地区已不再延续。但旧式葬礼仪式在许多地方依旧存在。

“凌晨两三点开始搭灵棚，哀乐佛经、鼓声炮声不断，一排排昏暗的小蜡烛点在楼道里，单元门口还要放两个劈成两半的汽油桶，来烧银锭元宝，4 点多队伍开始敲木鱼、哼唱念经；这样的葬礼每年都要来那么几次，小区交通因此而拥堵，喧嚣不堪。”类似场景，在杭州并不鲜见。要改革这个延续几百年，甚至上千年的传统习俗，谈何容易。特别是随着人们生活水平的提高，厚葬逝者更是作为孝敬老人的具体体现。一时要改，难度不小。

如何“破”这一民生难题？滨江区有着自己的“妙招”。他们将“文明殡葬 移风易俗”专项工作列入文明创建重要内容，在尊重民生需求的基础上，围绕建设惠民、绿色、文明殡葬，整合资源、规范管理、优化服务，革除丧葬陋习，宣传引导转变居民观念，创新模式树立祭扫新风，多举措的背后，其目的就是为了“让殡葬改革工作更好地服务于保障改善民生”。以民为本保百姓“身后事”，以暖心民政之路，绘就百姓幸福底色。

浦沿街道虞先生的父亲与世长辞，主动通过电话联系到区殡仪服务中标单位，滨江“白事管家”团队30分钟就到达现场，将丧礼事项安排妥当。根据《滨江区文明治丧奖励办法》规定，虞先生家可以申领到2000元的文明治丧奖励资金，还可以享受惠民殡葬基本服务全流程免费。虞先生表示：“生前对老人好点是最大的孝道，丧事简办也是父亲的生前意愿，既能减轻负担，也能少给子女、亲朋好友添麻烦。”

虞先生家丧事简办的行为是滨江区群众观念转变的一个实例，2020年，《滨江区进一步加强“移风易俗　文明殡葬”的通告》发布，如何更好地普及文明之风成为摆在滨江区民政局工作人员面前的首要问题，党员首先走在了前面，滨江区通过先发挥党员积极性，再向群众推广，使文明治丧要求逐渐为群众所熟悉。

在滨江区民政局工作人员看来，殡葬改革是一个复杂的系统工程，既需要“德治”的潜移默化，也需要“法治”的警醒约束。除了通过奖励引导文明治丧，滨江区在全区范围内明确“五禁止”，包括禁止在公共场所临时占道搭设灵棚、灵堂，禁止在治丧、祭祀期间，燃放烟花爆竹、进行无证乐队表演、使用高音喇叭等，对城市治丧提出明确规定，让移风易俗的“软要求”转化为“硬约束”。

如果说，滨江作为主城区，主要是改革殡葬仪式，而在大杭州周边地区，则更重要的是改革散埋乱葬的不良习俗。

谈起推进绿色生态文明殡葬的探索与初衷，建德市民政局社会事务科科长唐晓林心里有一本账：2018年5月，通过实地调查走访发现，全市共有寿坟（“活人墓”）754座，覆盖在13个乡镇（街道）的96个村。“数量多、超标准、影响恶劣”，其中，一地单座寿坟（“活人墓”）占地近 20 平方米，是节地生态墓地双穴占地标准（0.45 平方米）的 40 多倍！显然，这个现象已到了非解决不可的地步。

但是，一个现实问题摆在大家的面前——拆了寿坟（“活人墓”），死后去哪儿安葬？且还得考虑群众的丧葬习俗和政府的财政承受能力。经过建德市委、市政府数次部署调度，全市各级党组织和党员干部迅速统一了思想、凝聚了共识，确定疏堵结合方式，同步推进散埋乱葬治理和开展“无坟村”创建工程。市财政拨出 3 年专项保障资金 1000 万元用于殡葬基础建设补助，打消了群众生态墓地不想建、建了墓地不想进、进了墓地不规范的顾虑。

如今，经过整治，全市集中整治违建坟墓 2000 余座，生态化改造 1 万余座，而且采取不留坟头、覆土植树绿化、搬迁至公墓集中安葬等方式进行，平稳、有序、规范。同时，全市建成 183 处生态墓地和 3 处树葬示范点，骨灰堂实现乡镇（街道）全覆盖。

在充分尊重民意的基础上，建德市还制定了节地生态殡葬设施（骨灰堂）五年建设计划和实施意见。2020 年 7 月，总投资 420 万元、占地 1200 平方米的凤凰山人文纪念馆建成投用，兼具骨灰存放、祭祀悼念、网络祭祀等功能，满足了周边 8600 人口 50 年的安葬需求，节约土地 40 亩。本着尊重生命、尊重自然、尊重逝者的人文精神，在桃坞公墓建成首个占地 500 平方米、绿化率超 90% 的树葬区，也得到市民欢迎。在这里，倡导可降解骨灰盒安葬，弘扬厚养礼葬、天人合一、绿色生态的新风尚，且每例生态奖补 5000 元。如今，建德市群众办丧时长由 7—9 天缩短至 2—3 天，丧葬支出平均每例节省 4 万元。

让生命回归自然，以制度筑牢根基。杭州市及区、县（市）出台节地生态安葬奖补政策，对实施不占地或少占地的对象给予 2000 元至 2 万元不等的奖补，鼓励引导广大群众接受并参与节地生态安葬，2021 年和 2022 年，杭州高质量完成 24 个省级节地生态安葬设施示范点建设，进一步提升公益性公墓、骨灰堂等殡葬公共服务供给能力，节地生态安葬设施镇街覆盖率达 100%，随着杭州节地生态安葬设施建设加强，花坛葬、树葬、草坪葬、壁葬、骨灰堂等环境优美的节地生态墓园已从政策引导转变为群众的自主选择。

绿色亚运：展示杭州文明礼仪风采

杭州亚运会结束了，但亚运会期间，有很多感人的细节，情动各国运动员和嘉宾。比如盛大的开幕式结束后，可以容纳 8 万人的“大莲花”，只用了 40 分钟就离场完毕，没有发生任何意外。更让人惊讶的是，全场没有留下一点垃圾。

2023 年 9 月 24 日，在亚奥理事会与杭州亚组委官方新闻发布会上，亚奥理事会代理主席辛格，高度赞扬了开幕式。

7 万多人仅用 40 分钟，就全部离场，更值得一提的是座位上没有留下一片垃圾，这是怎么做到的?

杭州亚组委执行秘书长、杭州亚运会主新闻发言人陈卫强说：“参加开幕式的总人数大约 7 万人，其中 5 万人是观众。散场时，40 分钟完成 7 万人的疏散工作，得益于杭州亚运会数字化指挥体系。如开幕式现场，观众席侧的绿灯亮起，意味着这一批观众可以离场，这是非常有序的安排。在此基础上，我们合理调度了‘大莲花’附近两条免费地铁线路专列，赛事总指挥部大屏掌握了各个入口和地铁口的情况，有效地保障开幕式观众顺利离场。”

显而易见，出色的管理是准确的答案。但这只是答案之一，参加开幕式的观众素质是答案之二，甚至是更重要的答案。如果没有在场人员的配合，要做到如此令人惊叹的离场，也是不可能的。

不仅是观众有序离场。杭州市民“仪有礼”的良好素质表现，还体现在亚运筹办和观赛的每一个细节中。在“大莲花”的一位保洁阿姨对记者说，此生能参加杭州亚运的保洁，是她的光荣，也是她一生最难忘的记忆。

还有无数青年志愿者，在整个亚运期间，所展现出来的高素质水平，令人印象深刻。他们同样是杭州亚运最耀眼的星。

绿色亚运，是杭州亚运会的最大特色，是更高级别的文明和礼仪。

围绕打造“首届碳中和亚运会”“首个大型‘无废’赛事”目标，为了交出令人满意的“杭州答卷”，杭州出台《杭州亚运会绿色行动方案》，明确在亚运会筹办过程中，从绿色场馆建设、绿色环境提升、绿色能源供应、绿色交通升级、绿色运营管理、绿色开发与采购、绿色生活推广和绿色办公倡导八个方面，最大限度地实现减少碳排放量。如为首次实现亚运史上场馆 100% 使用绿色电能，通过制定亚运会绿电交易工作方案，明确规定在安全稳定供电基础上，开展绿色电力交易、推动新能源汽车应用、提高全民节能意识和绿色用能意识；同时，制定《“无废亚运”行动方案 》，推进 16 个“无废亚运细胞”示范点建设，全力打造全球首个大型“无废”赛事。杭州市还专门制定了《“无废亚运”提升行动方案》，构建了赛时可回收物分类体系，赛会期间实现物资回收利用率不低于 50%，亚运村人均餐厨垃圾产生量较同规模赛会减少 20% 以上的目标。

孔子说，“不学礼，无以立”。礼仪是中华民族的传统美德，从古至今，源远流长。杭州作为一座历史文化名城，良渚文明既是五千年中华文明的实证，也是“中华文明的曙光”。有如此悠久文明史光辉的照耀，在文明礼仪方面，杭州也理应走在前，做示范，为中华传统文化在新时代的发扬光大，贡献杭州智慧、杭州实践。

陈富强

网有礼

——一张网织文明

杭州是互联网之都，也是互联网文明高地。

杭州第19届亚运会开幕式上，数字人手持亚运火炬踏浪而来和现场的真人火炬手共同点燃主火炬“潮涌”，惊艳了整个世界。这是亚运会历史上首个“数字人”参与的点火仪式，也是全世界首次“数实点火”的网络互动，超过1亿名“数字火炬手”通过互联网融为一体，实现了“弄潮儿向涛头立”的亚运梦想。

在这座数字之城，类似的网络传播大手笔无处不在。如搭建“杭州之窗”城市形象数字资源共享平台，构建起中央、省、市、区四级新媒体正面宣传联动传播矩阵，“杭州·四时之美”“杭州非遗话节气”“网络云春晚”“宋韵之美”等一批正能量精品在网络广泛传播；以宣传“有颜”“有品”“有爱”的杭州为目标，开设“韵味杭州”官方抖音号，培育打造“善城·杭州志”“遇见美好杭州”

等网络正能量传播品牌，让正能量在网络空间澎湃起大流量。

一张网，织文明。织起的其实是一种“中国式现代化”的美好生活愿景，织起的也是一张“互联网之都”的社会治理网格。

杭州网事：生活因温暖而美好

生活因温暖而美好，理应成为互联网传播的正能量法则。

为了传播正能量，杭州市委网信办联合《杭州日报》推出了《善城杭州志》，这是一档记录并定格“人间温暖”的栏目。这些故事就发生在你我身边，有些稍纵即逝，有些甚至只是模糊的街头影像，但世间的美好与他们环环相扣，从中我们可以破解幸福杭州的温暖密码。

2023 年 5 月 20 日，一段“杭州初中生摆摊救同学哥哥，城管帮忙义卖”的视频在各大社交平台上流传。视频里，一群初中学生在公园里摆起了卖玫瑰花的小摊。正当这时，城管来了，却不是赶走他们，而是由两名城管队员搬来桌子，帮着孩子们一起吆喝卖花，还以 520 元的单价买走了两枝玫瑰花，这背后是一段温暖的故事。

前几天的一个傍晚，富阳区综合行政执法局鹿山中队队员郎亚军和俞国潮正在执勤，看见一群穿着校服的中学生在东吴公园里卖花，于是走过去询问。少年们看到他们有些紧张，支支吾吾地解释道：“叔叔，我们班有个同学的哥哥生病了，确诊了恶性肿瘤，要很大一笔医药费，我们想卖花帮他们家筹点钱。”

这群少年来自富阳区鹿山中学906班。5月20日这天，孩子们批发来了100朵玫瑰花，亲手包装好，系上蝴蝶结。一群人“浩浩荡荡”来到东吴公园，准备摆摊义卖。无论少年们怎么推销，摊位都鲜有人问津，更令他们忐忑的是——城管来了。

两位城管队员听完少年们的讲述，决定助力他们。他们搬来桌子，设立了义卖点位，与少年们一同向路人讲述玫瑰花背后的故事。很快，小摊周围聚起人潮，路过的情侣及一般市民被这场有爱的联动吸引、打动。不少人买了花，捐出了一份善意。郎亚军、俞国潮还代表鹿山中队分别捐助了520元，“买”了两朵意义特别的玫瑰花。那一晚，少年们的100朵玫瑰全部售出，共计筹措到善款2800余元。

第二天，鹿山中队收到了孩子们的万千谢意：“你们的举动就像是黑暗中的那一束光，照亮了我们这次前行的路……这次活动让我们充分感受到城管为人民服务的宗旨，感受到了富阳的温暖，让2023年5月20日变得如此温馨、浪漫、有爱。”

城管队员与这群鹿山少年的故事，打动了不少网友，也引起了阿里公益“天天正能量”的关注，他们联合潮新闻为富阳区鹿山中学906班全体学生、富阳区综合行政执法局鹿山中队两位执法队员颁发了20000元天天正能量特别奖。

那份颁奖词中这样写道：

520，在这个爱意满盈的日子，玫瑰花香弥漫在城市上空。同学亲属身患重病，孩子们自发摆摊筹款，只想为同窗分一份忧。

在法与情的交叉口，城管们也想为生命助一次力。设立义卖点、帮忙吆喝……法理不外乎人情，他们用大爱将这座城市包围。

运用实例：正向传播主流价值观

近十年来，杭州市委网信办始终坚持“正能量是总要求”，准确把握网络传播规律呼应民众向善诉求，持续深耕“杭州正能量”网络传播工作；通过生动鲜活的真实故事，以典型实例传播主流价值观，成为践行“网有礼”的有效方式。

2023年6月13日，一条《外卖小哥路遇女子溺水纵身跳下数十米高大桥救人，40万网友点赞：平民英雄，真男人！》的新闻，迅速在网上以发酵般的速度传播。网友发布的视频中，一黑衣年轻男子站在大桥的栏杆外准备往下跳，桥下的水面上，有一女子在挣扎。一旁围观的群众劝男子要小心。在鼓足勇气后，男子纵身一跃，跳进江中，带着该女子往岸边游去。该视频发布到13日下午6时，已有逾40万网友点赞，大家都称外卖小哥是“平民英雄”“真男人”。

做好正能量传播，前提就是持续关注正能量事件。

仅以2023年6月的一周为例，总共收集整理到110余条重点正能量线索，同步由市委网信办向省委网信办新莓汇平台投稿110余篇，提供正能量热点线索58条，获省办录用41条。与此同时，市委网信办还积极发挥“韵味杭州”

抖音号正能量传播矩阵优势，整合网络媒体、自媒体、“网军”队伍等传播资源，加快正能量事件在网上的传播。

一是健全“织网”式工作机制，每日梳理线索汇总形成“杭州正能量”信息选题清单，对其研判确定相应的策划推送级别。注重暖新闻议程设置，择取真切平实、可行可效、打动人心的“杭州正能量”人物、事件，平视角、怀敬意、有温度地讲好身边的暖心温情故事，潜移默化地在网民心灵里播撒主流价值观。

二是形成“撒网”式传播热潮，由主流新媒体首发快发、引爆全国舆论密集关注，推动杭州暖新闻屡屡出现。仅“人民日报”官方微信就于显著位置发布了“杭州特级教师吻别照”、“杭州最美女孩”许艾菲、“杭州翠苑一区孝心车位”等报道。其中，杭州“最美女孩”许艾菲捐献造血干细胞的暖新闻，短短 4 天信息阅读量就突破 1 亿 6 千万余次。

三是打造“金网”式传播品牌，比如围绕“讲网络好故事，做杭州好网民”主题，聚焦乡村义务送教教师、爱好动漫的青年检察官、志愿者、护水“蛙人”、杭州“最美女孩”许艾菲、践行党的十九大精神的杭州青年、杭州网络公益事业从业者等群体，制作推送“杭州暖心月历”微视频产品，累计吸引 1000 余万人次阅读、转发、点赞。又比如运河闸弄口段的“秋水轩”上线了一处“爱心补给站”，免费提供给路人饮用水、雪糕、棒冰。两台“爱心冰柜”成为夏日高温天气中让人眼

外卖小哥跳桥救人瞬间

“爱心冰柜”现场

前一亮的清凉风景。这样的爱心故事在网上传播，形成网络热点，很快带动了杭州市内不少地方，如有意思书房、银行、商场、社区……都出现了“爱心冰柜”，甚至在临安、建德等区县市也出现了“爱心冰柜”，网络公益集聚效应由此形成。“韵味杭州”抖音号及杭州日报官方抖音号通过慢直播镜头远程“打卡”，打造了“爱心冰柜”传播爆款，使其成为网络公益传播的一个品牌，吸引了全网 7 亿人次的关注。

四是组织“拉网”式立体宣传，围绕“更轻阅读、更暖人心、更好传播”策划主旨，瞄准移动端传播渠道，精选即时发生的杭州暖心事件，采用短视频、H5、长图、手绘等新媒体技术呈现方式，以最快速度制作采集杭州暖新闻，进一步推动社会主义核心价值观的网上传播。杭州市委网信办与杭州日报全媒体中心联合制作推送 34 期《善城杭州志》H5 电子杂志及年终特辑，吸引网民阅读量800余万人次。

五是找好“布网”式叙事角度，如“暴雨夜，杭州的哥一路跟着陌生姑娘，结局太暖”，讲述出租车司机赵洋在凌晨“多管闲事”，挽救了一个鲜活的生命。杭州市委网信办协调中央和重点商业网站广泛转载，联动中新网、新浪、腾讯、网易、今日头条、一点资讯等重点网络平台转发，在朋友圈等平台发动分发传播，引发众多网民点赞。有网民称：“为‘爱管闲事’的司机师傅点赞！因为有许许多多像你们这样的人，我们的社会才如此美好！”

六是讲好“补网”式民生故事，从市民感受的角度来讲政府工作。如市民蒋先生发布短视频讲述他到富阳区行政服务中心办事时，已过了下班时间，但

善城杭州志　暴雨夜粉衣姑娘拦车呼救

善城杭州志　外卖小哥彭清林跳下10米高桥救人

窗口工作人员二话没说，收了材料就开始办理。这段点赞浙江“一号改革工程”和杭州“最多跑一次”的视频迅速冲上热搜，话题＃过了下班时间窗口工作人员还在办理业务＃阅读量 1.3 亿，后续话题＃不打烊为市民办事的窗口工作人员是名孕妇＃阅读量 42 万。

心心相融：情感共鸣的亚运传播

亚运期间，杭州迎来四海宾客，网有礼该如何更好地体现？

“心心相融，@未来（heart to heart，@future）”，这是杭州第 19 届亚运会的主题口号。其最大亮点是互联网符号 @，既代表了万物互联，也契合了杭州互联网之城的特质，中文可以形象地读作“心心相融，爱达未来”。

情感共鸣、角色共情，是以社交媒体为代表的互联网舆论与传统媒体建构舆论最显著的本质区别。以杭州亚运会互联网传播为例，9 月 24 日晚，在杭州亚运会女子 1500 米自由泳决赛现场，中国选手李冰洁率先触壁时，位于泳池 1 道的越南选手距离游完全程还差 100 多米。虽然落后很多，但在场观众没有嘘声，没有催促，而是齐声为她喊“加油”。当她即将触壁时，现场更是响起了雷鸣般的掌声。这一情景顿时在网上引起热议。网友们认为，杭州观众是很有格局的，充分体现了体育的开放与包容精神。

而在网上，亚运会期间类似真诚热情、心心相融的故事还被网友发掘出了很多。开幕式上，当只有寥寥数人的叙利亚代表团出场时，现场观众为这个还处在战乱中的国家的运动员们，报以热烈的掌声和呐喊。观众还把同样的待遇给了阿富汗和伊拉克代表团，表达对这些国家参赛运动员体育精神与奋斗不息态度的赞美。感人的故事和真诚的赞美在网上发酵，形成了一股热流，充分体现了杭州人的“网有礼”，也引导了互联网上亚运精神的传播。

舆论场不是“非对即错”，而应该是“海纳百川”。杭州亚运会，除了官方视角的宣传外，来自社会网民的正向观点与好评声音呈现明显上升态势，这与宣传引导中的“共情”密不可分。

或许，杭州“网有礼”的破题之关键词就在于这个神奇的“@”。

@，互联网符号，意为“at”，意即我在场，要让更多的网民都有存在感，都能找到自己发声的空间；@，谐音正可读作“爱”，一定要表达温暖与美好的情感；@，就是关联，要让新闻事件本身尽量大地“与我有关”；@，就是“爱达”，一定要追求传播的到达率，而不只是简单地追逐流量，这才是美美与共的网络传播。

由此，我们就可以从“和而不同”“别样精彩”“爱达未来”三个维度，来解读杭州“网有礼”的核心价值观与方法论，呈现一个“在这里看见上下五千年中国”的杭州，解读一座数字与文化交相辉映的人间天堂与互联之城。

张海龙

餐有礼

——小餐桌　大文明

江南忆,最忆是杭州。提起杭州,最让你难忘的是什么?

对于很多人来说，也许是如画的山水风光。还有很多人说，这座城市给人留下最深记忆的是城市文明。而“餐有礼”正是杭州城市文明的一个缩影，也是践行社会主义核心价值观的生动体现。

进入“亚运时间”，向世界展现中国特色、浙江风采与杭州韵味，留下亚运经典记忆是每位杭州人的使命与愿望。一届顶级赛事的成功举办，既取决于东道主的精心筹备，更需要主办国群众的热情参与。其中，“礼”的内涵映照，更是代表着东方大国的独特魅力。中国是礼仪之邦，一句“有朋自远方来，不亦乐乎”，会让四海朋友体验到宾至如归的温馨。面对高朋满座的“大场面”，“餐有礼”看似个人行为，实则反映了中华文明礼仪，是一个关系中国形象、浙江形象、杭州形象的大问题。

“光盘到光瓶”：向世界展示杭州文明

“一粥一饭，当思来处不易；半丝半缕，恒念物力维艰。”

一粒粮食，折射传统美德的熠熠光辉，更反映着现代文明的基本诉求。2013年，倡导绿色生活反对铺张浪费的“光盘行动”在杭州推行开来，经过十年努力，“点菜要适量”“吃不完打包”已成为杭城餐饮服务人员和消费者的共同习惯。“光盘行动”之所以引起广泛共鸣，正是因为它承载着现代公民的责任担当。创造财富固然是人的价值体现，而节约自律又何尝不是人性光辉的显现呢?

每一食，便念稼穑之艰难；每一衣，则思纺织之辛苦。近年来，在杭州，人们随便走进大酒楼、小餐馆，基本都能看到“不剩菜、不劝酒、不吸烟”“有一种节约叫光盘、有一种公益叫光盘、有一种习惯叫光盘”等类似的提醒标语。随着“光盘行动”深入开展，食品浪费问题得到有效遏制，节约粮食、反对浪费在全社会蔚然成风。一粒粮食，饱含滴滴汗水；一张餐桌，传承优良品德。“厉行节约、反对浪费，事在全民、人人有责”，不仅弘扬了中华民族勤俭节约的优良传统，也培育了新的生活观和消费观。

如今，杭州的“光盘行动”转变成了犹如“斑马线前礼让行人”的自觉行动。这得益于多年来杭州深入宣传“不光盘子才丢面子”的理念，提高消费者合理消费、按需点餐、珍惜粮食的意识，让节约适度、绿色低碳、文明健康的生活方式和消费模式成为更多人的选择。杭州市文明办联合商务部门、协会、媒体和企业组织“文明餐桌行动”，通过QQ、微信等新媒体发出倡议，及时表扬餐饮企业好的做法，纠正存在的问题。

公筷公勺

浙江省委党校教授李一认为，用餐时要做到“文明”二字，包含了很多方面：“从不同的维度来分析，我们可以发现，文明用餐本身包含着很多方面的特定要求。比如坚持理性消费、适度消费，避免铺张浪费；保持用餐环境安静整洁，避免高声喧哗、乱丢杂物；点餐付账有序排队，避免扎堆拼抢；等等。这种文明用餐的行为，说明杭州人对文明的认识加深，并彰显出一种自信，不会因点菜不多、埋单没抢过朋友、将剩菜打包带回家这些行为而感觉‘没面子’。”

“谁知盘中餐，粒粒皆辛苦。”这句唐诗妇孺皆知。不过时代不同了，我国农业已基本实现了现代化，那么这首唐诗在今天的意义，已不是“悯农”，而是“节约”。米粒虽小，尤见礼义廉耻；节约事微，可助兴国安邦。“节约”还是一种危机意识的表现，上升到国家战略，尽管我国粮食生产连年丰收，对粮食安全还是始终要有危机意识，“饭碗要牢牢端在自己手里”。

据测算，我国餐饮业人均食物浪费量约为每人每餐 93 克，浪费率为 11.7%，大型聚会浪费率达 38%。每年被倒掉的食物，足以供应两亿人一年的口粮。我国人口多、基数大，每人浪费一点，这个量就会很惊人。浪费不仅给我国粮食生产带来较大压力，由此产生的大量厨余垃圾，还会导致环境污染。制止餐饮浪费，对守护粮食安全、保护生态环境意义重大。珍惜每一餐饭，节约每一粒粮，不是“要我做”，而是“我要做”，即使生活一天天好了，我们也没有任何权利浪费。

厉行节约、反对浪费，事在全民、人人有责。厉行节约不仅是个人私德，更是社会公德。一个人的力量或许有限，但只要乘以杭州 1200 多万的人口基数，就能让“光盘行动”发挥积极的作用。从我做起、行动起来，让“光盘”成为生活习惯，让勤俭成为价值追求，让节约成为自觉行为，这是全社会的共同责任，也是杜绝“舌尖上的浪费”的必然选择。

节俭节约作为一种传统美德和价值追求，无论在国家层面、社会层面还是个人层面，都是社会主义核心价值观的题中应有之义。节约风气的形成，非一朝一夕之功；公民意识的完全成熟，也需要一个长期过程。2022 年，杭州市文明办、市机关事务管理局发起一场“光瓶行动”，进一步倡导厉行节约、反对浪费的文明风气。

“喝剩的瓶装水看似微不足道，但若每人节约‘半瓶水’，也能积少成多、聚沙成塔。”杭州市文明办相关负责人表示，在瓶装水浪费严重的现实情况下，像倡导“光盘行动”一样倡导“光瓶行动”，拒绝、减少瓶装水浪费行动倡导非常有必要，应该大力倡导推广。如今，在杭州各类会场或活动场所将在显著位置设置“光瓶行动”公益广告或标志标识，适时提醒与会者带走未饮尽的瓶装水。

以举办亚运会等重大活动为契机，杭州市文明办等单位深入开展文明好习惯养成专项行动，宣传倡导推进“光瓶行动”，将文明节约、绿色环保的理念带入会场、带入赛场，向世界展示杭州文明社会新风尚。此外，杭州各地各部门已将开展“光瓶行动”活动的成效，作为衡量社会文明程度的重要指标和文明好习惯养成行动的重要内容。

“光瓶行动”落地落实，需要社会各界形成合力，需要人人不断增强节约环保意识，不断浓厚节约饮用水资源的氛围。杭州市文明办倡议，大家自觉养成“带走半瓶水”的行为习惯，将“光瓶行动”打造成杭州文明新风尚。

筑牢制度“四梁八柱”：“餐有礼”的长效密码

文明习惯，并非一日养成。文明不仅需要唤醒，更应在制度层面进行设计。多年来，杭州通过各种方式，筑牢制度的“四梁八柱”，探索文明养成的方法。

公筷公勺是一面镜子，映照着公共卫生意识与社会文明风貌。早在2020年，杭州就发布了《杭州市餐饮企业公筷公勺使用指引》，该指引从公筷公勺的定义、摆放、服务、管理和宣传引导等5个方面，对公筷公勺的使用和管理提出指引性意见，适用于各类餐饮服务单位、机关企事业单位食堂及其他集体用餐场所。根据《指引》，采用“公筷公勺制”时，应做到“一菜一筷”或“一菜一勺”。筷子或勺子置于菜盘右侧或者靠近桌心的一侧，筷尾或者勺柄靠近就餐者一侧，或者在右手边。若采用“双筷制”，则在每个餐位摆放双筷，摆放在餐盘右侧，私筷在左，公筷在右。如果在火锅店，商家应提供与私筷、常规公筷有区别的“生料专用公筷公勺”；自助餐厅或其他就餐者自行取餐的用餐场所，应配置公筷公勺，并配置摆放公筷公勺的托盘或托架。从一项公筷公勺文明公约上升到制度规范，这是杭州注重餐桌文明制度建设的一个缩影。

能否做到文明？社会实践中往往会出现反复，甚至出现倒退。如何把握好法治与道德的平衡点，以良法保善治、促文明？如何寻找到长效密码，让文明“保鲜”？这些命题考验着治理能力和治理体系现代化的水平。

文明主要靠教化，但是还得有严格的规范。为“文明”立法，这方面杭州已走在了前列。《杭州市文明行为促进条例》于2016年3月1日正式实施。2021年，杭州市十三届人大常委会第三十五次会议表决通过了《关于修改〈杭州市文明行为促进条例〉的决定》。《条例》对公民文明行为基本规范进行扩充和完善，使用公筷公勺、杜绝铺张浪费等内容都写进了法规。比如《条例》规定，“就餐时鼓励分餐制和使用公筷公勺，传染病暴发、流行时按照要求做好个人防护”。餐桌文明的基本道德要求上升为法律规范，纳入法治化轨道，成为新时代加强精神文明建设、共建人民群众美好生活的一项重要举措。

社会主义核心价值体系建设，需要法治的支撑和保障。现代社会，德治和法治互为表里，相辅相成、密不可分。中国法学会党组成员、学术委员会主任张文显认为，核心价值观融入法律，既要引导人、激励人、约束人，又不能超出限度、强人所难。如果简单地将道德要求视为法律规范，会使社会生活泛道德化，甚至混淆法律与道德的界限。因此，将核心价值观融入法律时，要对社会文明程度和道德水平进行科学研判，做到与当下的社会文明程度相匹配，与大多数人的道德水平相适应。

立法奖惩只是手段，最终目的是通过德法兼治不断提升广大市民的文明素质和社会文明程度。餐桌文明不能只停留在文本条款上，更需要发动社会各界的广泛参与和日积月累的长期坚持。

为了让餐桌文明融入老百姓生活日常，杭州采取了多种方式：持续加强

《反食品浪费法》的宣传与贯彻，协同推进餐饮服务食品安全监管与制止浪费工作，做到“同部署、同推进、同落实”；开展“文明餐桌”和“光盘行动”，鼓励餐饮服务经营者推出“半份菜”“小份菜”，推行“绿色点餐”模式；加大对餐饮服务经营者设置反餐饮浪费标志标示、主动进行消费提示提醒的监督检查，解决一批店堂无宣传、餐桌无标识、点菜无提醒的问题；印发《杭州市专项治理餐饮浪费问题实施办法》，抓深抓实反餐饮浪费专项治理工作等。严格的制度，制度设计中人性的温度，落实各项制度不打折扣的力度，给不文明戴上“笼头”，定下规矩，让更多的人告别不文明、告别陋习，成为新时代拥抱文明礼仪的新人，也推动着这个素有“天堂”之称的地方不断刷新城市文明新高度。

绿色生活点亮“亚运文明”

党的二十大报告提出：“倡导绿色消费，推动形成绿色低碳的生产方式和生活方式。”绿色生活方式是一种简约适度、节俭低碳的生活方式，推动形成绿色生活方式，需要持续提升人们的节约意识、环保意识、生态意识，引导全社会积极参与生态环境保护，自觉践行绿色生活理念。

近年来，杭州积极引导、培育文明健康、绿色环保的生活方式，深化开展公筷公勺、光盘光瓶、垃圾分类等文明好习惯养成专项行动，打造具有影响力、杭州辨识度的标志性文明成果，展现新时代文明建设中的新担当、新作为。

在武汉大学社会学家周运清教授看来，文明是一座城市的素养，更是每一位市民的素养，文明建设要求每位市民提高文明自觉，不断强化公民意识。2023 年以来，杭州市文明办开展了“21 天文明好习惯养成计划”线上打卡活动，号召市民大众践行文明好习惯。市民登录“21 天文明好习惯养成计划”线上打卡小程序打卡页面，每天选择一项当日完成的文明好习惯，如吃完一个水果、喝完一瓶饮料、吃光一顿美食、使用公筷公勺、垃圾分类等，点击勾选并上传照片即可完成打卡，以此引导大众践行“光盘光瓶”“公勺公筷”“垃圾分类”等文明之举。

文明礼仪离不开每个杭州人的践行和努力。杭州市第十四届人大常委会委员、“中国青年五四奖章”获得者、杭州十大杰出青年、世界技能大赛冠军、杭州技师学院教师蒋应成表达了对“21 天文明好习惯养成计划”的感想：“亚运会即将在我们家门口举办，每个人都是东道主的一分子。我们要用实际行动为杭州亚运助力！”

杭州亚运会作为展示大国形象的一个历史机遇、国际舞台，参与其中的普通人的形象，往往就是国家精神面貌的代表。为此，“人人都是东道主”并不是一句空洞的口号，每个人都是中华文明的使者，每个人都是这座城市的主人，大家都在以“主人翁”姿态，为杭州亚运添砖加瓦，贡献自己的一份力量。全国青年岗位能手、世界技能大赛冠军、杭州市创意艺术学校美发专业教师、世赛美发项目教练团队成员石丹呼吁杭州市民一起参加活动：“盛世中国，精彩亚运，相约杭州，你我同行！来参加‘21 天文明好习惯养成计划’线上打卡活动吧！21 天养成一个文明好习惯，很简单！”

在杭州亚运会的高光时刻，我们要让世界看见作为历史文化名城、创新活力之城、生态文明之都的杭州，更要让世界看见“最美杭州人”的杭州，充分展现杭州城市文明的高度。“餐有礼”正是城市文明的一个“窗口”，参与21天文明打卡，更像是杭州人共同签下的“文明公约”，共同奔赴这个时代的重要见证，其中，杭州的中小学生也成了文明打卡的主力军。

比如，杭州第二中学通过各班电子班牌通知，将光盘行动的宣传海报投放到各个班级。食堂将节约粮食的海报与标语放置在明显位置。利用各条线的宣传，学校让“节约粮食　光盘行动”的意识深入人心。杭州市基础教育研究室附属学校以“锄禾日当午，汗滴禾下土。谁知盘中餐，粒粒皆辛苦”引入主题，开展“节约与浪费”大讨论，从而让大家明白光盘行动的重要性；通过世界上有100多个国家目前存在缺水的状态，让大家知道“光瓶”行动的重要性。截至2023年6月，全市100多万中小学生参与“浙江有礼·最美杭州”文明新实践，扎实有效推进文明习惯养成，促进提升学生文明素质、城市文明水平，为迎亚运营造文明有礼的良好氛围。

“餐有礼”这曲新时代的文明新歌正在之江两岸奏响，让杭州成为“芝兰之室”。一个引人向往、让人留恋、令人赞美、使人惊叹的文明杭州、礼仪杭州，再启征程。

郑莉娜

乐有礼

——值得欣赏的另一种美

“乐有礼”，指的是在参加旅游、娱乐，观看比赛、文艺演出时，应当始终做到文明有序，知节守礼。文明伴游乐、有序观赛演，不仅能保护自然风景和悠久的文化遗产，提升杭州文化旅游业的格调和风采，还能展现个人良好的文化艺术素养和文明素质，与追逐自然美、艺术美的人们一起，度过轻松快乐的休闲时光，共同树立美丽城市的文明形象。通过多年的文化旅游活动文明宣传引导，广大市民深谙此理，尽享文化旅游之乐的同时，恪守文明规范已愈加自觉。

文明游乐的习惯是这样养成的

位于拱墅区绍兴路以东，紧倚上塘河的城北体育公园，每到晚上和双休日就特别热闹，门球馆、室内运动场、游泳馆，还有那两块巨大的室外草坪，都吸引着众多前来游乐休闲的市民。这两块室外草坪总面积约 7 万平方米，是整座公园的一大亮点，不少市民在草坪上坐躺，有的还搭起帐篷，举行消暑、野餐等活动，令人乐而忘返。

“虽然草坪上种植的主要是耐踩踏型马尼拉草，但不文明的使用还是会让草坪受损。不过，如今在草坪上游乐休闲的市民，绝大多数是非常文明的，破坏草坪的现象很少发生，这一点让我们十分满意。”城北体育公园养护单位相关负责人介绍说，正因如此，公园已把这两处草坪列入了开放项目，允许市民入内休憩。公园还专门制订了草坪封闭养护管理方案，将大面积草坪分成两个功能区域，一部分供游客休憩，一部分封闭养护管理，交替开放草坪区域。

为了引导市民在公园文明游乐休闲，在草坪边，城北体育公园设置了温馨提醒告示牌，并组成文明巡查队，对草坪上的不文明行为进行劝阻。如烧烤，穿高跟鞋踩踏，进行羽毛球、篮球、拔河，以及使用大型帐篷等行为，都是不允许的，因为帐篷覆盖太大，会影响草坪的光合作用和透气性。在市民撤除帐篷时，提醒他们要及时清理搭帐篷打桩的地钉，以消除安全隐患。同时还劝导市民，离开草坪时记得把垃圾带走，清理好草坪，切实做到文明游乐。

2023 年 3 月，杭州市成为全国首批城市公园绿地开放共享的试点城市之一，包括公园草坪在内的绿地，都要成为面向公众开放共享的城市公共空间。

垃圾分类

2023 年 5 月， 10 座城市公园成为杭州市第一批开放共享的城市公园绿地，城北体育公园即为其一，另外 9 座分别为运河亚运公园、杭州植物园、东湖路市民公园、海塘公园、吴越文化公园、江一公园、湘湖旅游国家度假区、金沙湖公园（一期）、东吴公园。“后期，我们还将陆续对城市公园绿地空间进行有序开放，预计到 2024 年，全市城市公园开放的绿地和空间将不少于 1000 处。”市园文局负责人介绍， 目前多部门正展开协作，研究出台绿地开放指引导则，还将邀请市民群众全程参与，制订好杭州草坪开放文明公约，并把它打造成共建共享共治的金名片。

2023 年 5 月，《杭州草坪开放文明公约（草稿版）》出炉，主要条款有爱护草坪，不破坏一草一木；垃圾不落地、自备垃圾袋随身带走或将垃圾丢至指定处；不在草坪上使用明火、不在草坪上吸烟；避免在草坪上使用带有地钉等尖锐的露营装备（或在指定区域使用）；家长看护好孩子，“铲屎官”牵好宠物；不在草坪上进行不被允许的经营活动，滋扰他人等。这些都与“乐有礼”中的“文明伴游乐”的基本要求高度相符。显然，这项文明公约就是市民与草坪之间的一份约定，通过全体市民的共同参与，一点一滴地推动成形，成为“乐有礼”的典范。

2023 年 4 月 6 日，杭州市文明办指导西湖之声电台推出了“迎亚运讲文明　树新风”——21 天文明好习惯养成线上打卡活动，鼓励市民深入践行文明好习惯，塑造文明新风尚，全面点燃群众文明迎亚运的热情。两期活动累计吸引 27 余万市民线上打卡，小程序浏览量超 80 万人次。在这场活动中，不少市民“乐有礼”的文明素质生动地呈现出来。

几位市民一起骑着共享单车出游，在设在景区内的共享单车停放点取车停车时，看到不少共享单车随意停放，有的甚至倒伏在地上，便一起扶起，在规定区域内整齐摆放。他们还拍下照片，在朋友圈发出“文明停放　有礼游乐”的倡议，进行文明游乐宣传。

年轻父母带着孩子爬宝石山游玩，一路上非但不乱扔饮水空瓶，还引导孩子在沿途路边发现空瓶、纸盒等，一律扔入垃圾箱。

有市民行走在孤山路、白堤一线，从断桥到西泠桥，欣赏西湖美景，沿途劝阻踩踏养护中的草坪、攀爬折枝、在绿化带遛狗等不文明行为……

“21 天文明好习惯养成”线上打卡活动只是引导市民践行文明好习惯的

其中一项活动，所涵盖的内容也不只是文明游乐，但市民在“乐有礼”方面所表现出来的主动和热情，就令人欣慰和赞赏。尤其是在全民迎亚运期间，广大市民在游乐中，自觉践行文明好习惯为亚运助力，并以自身的文明行为影响身边的游客，通过裂变式传播，互相看齐，营造了一座国际旅游城市绝佳的文明环境。

人人成为“乐有礼”的践行者和传播者

“请大家按次序进入景区”“前面的游客不要聚集扎堆”……在灵隐景区，一群被昵称为“红马甲”的文明旅游志愿者，每天早上 8 点钟就已到岗，带着一队队游客坐车、购票、进入景区，同时还对不文明旅游行为及时阻止和劝导。“红马甲”忙碌的身影成了景区另一道亮丽的风景。

在杭州各个景区，总有“红马甲”出现，活跃在景区，引导游客践行文明、安全、健康旅游。余杭区良渚街道成立良渚文化志愿者总队，策划“志愿者服务周”活动，提供讲解、导览、咨询等服务，倡导文明旅游，还致力于推动后申遗时代良渚古城遗址保护研究传承利用；每到元旦、“五一”和“十一”长假，西湖边龙翔桥就会出现“最美人墙”，百余名志愿者手拉着手，以整齐的步伐和响亮的口号，引导市民、游客文明出游；杭州东站、杭州西站、汽车西站等交通枢纽的志愿者创新射线延伸式服务模式，不再局限于岗亭固定式服务，而是流动于各客流高峰区域，劝阻不文明行为，维持文明秩序，宣传文明旅游理念。

在萧山区各大景区里，“萧马甲”们同样在忙个不停。“姑娘，湘湖景区往这里去，绕（拐）过去再甩（拐）一下！”“先生，给你一张纸，口香糖吃完包起来扔垃圾桶，记得垃圾分类哦！”“小伙子，这里不能乱扔东西，要维护好景区环境哦！”“走斑马线！走斑马线！那边的小伢儿说的就是你……”在这支“萧马甲”队伍中，有的是20出头的95后，也有笑容可掬的“花甲老人”。他们一面开展文明旅游宣传，一面劝阻游客的不文明行为，工作量虽大，却乐在其中。

“杭州旅游业良好口碑的形成，离不开这些活跃在各个景区的文明旅游志愿者。”杭州市文化广电旅游局相关负责人感慨地说。用优质的志愿服务推动和宣传文明旅游，有助于杭州形成主客共享的文明旅游氛围，有助于“乐有礼”的弘扬，有助于提升城市的温度与幸福感。

有人曾在网上调查并归纳杭州旅游景区部分游客的不文明行为，希望消除这些行为，每个市民和游客都能做到文明有礼。如在西湖旅游，在石碑上刻字、乱扔垃圾、在西湖网鱼、在西湖泡脚，这4种不文明行为是最令人反感的，还会对西湖景区旅游品质造成伤害。除此，随意采折花草、践踏养护中的绿地、在公共场所大声喧哗、手机声音外放、无证兜售和强卖等行为，也被人们所厌弃。

想要让绿意更长久，让大家都能做到文明游乐，离不开精准的长效管理机制，也离不开宣传和引导。近十多年来，结合迎接G20杭州峰会和杭州亚运会、亚残运会的举办，杭州市文明办会同文化、旅游、教育、交通等相关部门，持续开展文明旅游“进场站、进景区、进广场、进宾馆、进门市、进社区、进校园”等活动，搭建丰富多彩的文明旅游宣传平台，宣讲《杭州市文明行为促进条例》《中国公民国内旅游文明行为公约》等法规和规范，并通过优化管理服务、强化安全监督等举措，不断深化、拓展文明旅游的内核和外延。随着文明旅游“七进”活动深入开展以及形式多样、内容新颖的系列文明旅游宣导活动接连举办，文明理念在杭州已逐步扎根于市民、游客心中。

2023 年“五一”假期期间，文明旅游志愿者来到杭州汽车西站、吴山广场、雷峰塔景区、西溪天堂游客驿站、西城广场咨询点、延安路咨询点、西轩酒店等处，向大家免费发放“迎亚运　讲文明”笔记本、公勺公筷以及《出游提示口袋书》《爱旅游行文明》文明旅游折页等宣传资料，倡导市民游客践行文明、安全、健康旅游。这些活动都是“喜迎亚运　文明有我”主题志愿服务活动的一部分。

杭州西湖风景名胜区连续多年开展以“我为西湖加一分——呵护西湖 · 共享美好”为主题的系列文明旅游活动。在面积仅约 60 平方公里的西湖景区里，像“五彩白堤”“凤凰岗”这样的文明品牌示范点可谓星罗棋布——西湖女子巡逻队和景安巡逻队是景区的“移动文明岗”，还有高荣生警务室、吴山大碗茶温情服务岗、西湖水滴先锋岗、西湖志愿者微笑亭等各具特色的文明服务品牌。

2023 年 7 月 13 日，杭州市旅行社行业协会牵头启动“迎亚运 · 讲文明 · 迎未来”主题宣传活动，发布《文明诚信倡议书》，这是 2020 年国庆前夕该协会发布《文明旅游 · 健康出行》倡议后的再一次文明倡议活动。这份倡议书号召市民和游客要恪守公德、讲究礼仪，积极践行文明诚信出游，争做文明诚信旅游的践行者；要自觉遵守《中国公民国内旅游文明行为公约》和《中国公民出国（境）旅游文明行为指南》，自觉遵守公共秩序，保护文物古迹，爱护环境、垃圾分类投放；要厉行节约、抵制浪费，积极践行“公筷公勺”“光盘行动”；要尊重当地法律法规、风俗人情，做文明和友谊的传播者。

“‘西湖山水确实要比电视里的还要美，但在杭州游玩，印象最深的还是杭州人的文明素质。’这句话是一位外地游客对我说的。我认为，这是对杭州市民‘乐有礼’文明素养的高度肯定。”杭州外事汽车集团“心连心”车队司机胡小初说，他已在杭州做了 21 年的出租车司机，对杭州的人文之美早已有了深切的感受。前不久，他拉了一单生意，乘客是从辽宁来杭旅游的一家三口。进入景区，坐在后排的女乘客突然叫停车。等车靠边停下，这位妈妈往回跑了几十米，蹲下捡起一个牛奶袋子。回到车上，她轻声细气对 5 岁的儿子说：“旅游景区的干净整洁，是大家共同维护的结果，谁都不应该

亚运圣火火种采集

乱扔垃圾。”

“这位女乘客的话我难以忘记。因为维护杭州景区之美，不但杭州市民做到了，连外地游客也纷纷跟进。这说明，市民与游客之间在‘乐有礼’方面已经互相感染，形成习惯，这才是更值得高兴的。”胡小初深有感触地说。

文明观赛演是亚运会的一道亮色

9月30日，杭州亚运会各项比赛正酣。下午，在杭州奥体中心网球中心（“小莲花”），场内一片安静，中国选手张之臻即将迎来自己的亚运冠军点。上千名观众全神贯注地观看着，直到对手回球出界，张之臻怒吼一声将球拍甩飞，全场观众方才爆发出雷鸣般的欢呼与掌声。“在场的每位观众都做到了文明观赛，选手的每个好球，都能赢得全场整齐划一的喝彩。而之前，观众们还做足了网球的‘观赛功课’，不大声呼喊，不随意走动，不捡打飞到看台的球。”一位“资深”观众赞叹道。

在桐庐马术中心，首场比赛“盛装舞步”被称为人与马共同演绎的“马术芭蕾”。比赛过程中，为了防止赛马受到惊扰，没有一名观众在场内走动，在场的所有人都能全程“静音”；在某场比赛前，一位观众发现自己的座位与他票上的座位号不符，但他没有任何争吵或强行占座，而是主动与工作人员沟通解决，守规矩的行为体现出对亚运会秩序的尊重……可以说，杭州亚运会期间，热情、文明、有序的观赛氛围洋溢在各个赛场。

随着亚运会赛事高潮迭起、精彩不断，观众们在热情、文明、有序观赛上也“渐入佳境”。在田径赛场女子5000米决赛中，来自尼泊尔的桑托希·什雷斯塔从一开始就掉了队，但她一直奋力奔跑，全场为她响起最强大的加油声；48 岁的乌兹别克斯坦老将丘索维金娜亮相女子跳马决赛，“丘妈最棒”“丘妈我爱你”的鼓励声响彻全场；而在绍兴棒（垒）球体育文化中心垒球场，观众们用中英文齐唱《生日快乐》，为中国选手颜思语和菲律宾选手安托利豪共庆生日。“文明观赛演”的感人言行，充分展现了杭州这座历史文化名城的风度与热情。

为了统筹推进杭州亚运会和亚残运会文明观赛工作，市委宣传部（市文明办）牵头制定《亚运知识和文明观赛宣传普及专项行动工作方案》，明确了文明观赛的工作目标、重点任务、责任分工、工作要求，并指导督促各地各有关单位制定完善文明观赛实施方案。市委宣传部副部长、市文明办主任王文硕先后召集亚组委办公室、市体育局、市公安局、市文广旅游局等市有关部门召开文明观赛（演）工作专题研究会和迎亚运城市文明大提升行动调度会，并与亚组委办公室共同召开文明观赛专题工作部署会，分析存在问题，促进信息共享，推动工作协同，积极推进文明观赛各项工作。

临近杭州亚运会和亚残运会举办，市文明办通过各种途径，强化文明观赛社会宣传，在社区和机场、车站、码头、酒店、宾馆、景区、办事大厅、营业厅等公共场所发放超 200 万册亚运文明观赛宣传册，加强亚运知识、文明观赛礼仪宣传普及，拍摄制作倡导文明观赛系列短视频，在公交、地铁移动电视以及户外大屏滚动播出；设计制作以文明观赛为主题、以亚运会吉祥物为角色的系列动画短视频并播出。杭州文广集团通过消息、评论、访谈、专题等形式开展宣传，播发文明观赛相关报道超百条。青少体育（亚运）频道新媒体端重点关注文明观赛，还向大众普及观赛礼仪、赛事规则等，总浏览量达100万以上。杭报集团通过新媒体，宣传文明观赛相关内容，浏览人数众多。各区、县（市）积极推进亚运知识和文明观赛宣传普及专项行动，广泛开展文明观赛宣传倡导活动。同时，借助杭州市第二十届邻居节、文明大篷车进社区等活动，宣传普及文明观赛礼仪。

“亚运会既是一场体育盛会，也是一场文明盛宴。亚运会上值得尊敬的不只是金牌，值得关注的不只是体育明星风采，还有无处不在的体育精神。这一精神也体现在观众席上、网络上。文明观赛，从大的方面讲，是一个国家和民族文明程度的缩影；从小的方面讲，是一座城市整体形象和市民素质的体现。”杭州亚运会组委会办公室（总体策划部）负责人介绍说，“为了进一步细化亚运会文明观赛的行为规范，杭州亚组委会同杭州市文明办又专门梳理了《亚运会、亚残运会场馆文明观赛礼仪》《亚运会、亚残运会竞赛项目观赛礼仪》等规范，对包括观众、工作人员在内的所有现场人员都提出了文明观赛的要求，这些要求都在赛前进行了充分的宣讲和落实。”

杭州亚运会和亚残运会的开、闭幕式都在杭州奥体中心体育场（“大莲花”）举行。为了确保数万名观众文明观看精彩的演出，亚组委和奥体中心提前做好文明观赛内容整理，做好竞赛信息收集更新，完备信息折页编制工作并做好折页印刷与发放，让观众提前了解开、闭幕式观演礼仪；通过视频动画、播报员口播、观众互动等多维方式，为观众进行文明观演礼仪教育；将以往观演中呈现的文明故事，通过视频等形式与观众分享学习；同时，面向观众服务需要，合理配置观众服务物资，如荧光棒、雨披、降温用品等观众物资，轮椅、婴儿车等应急物资，失物招领箱、扩音器、引导指示装备等运行服务物资。良好的运行保障给观众带来更好的文明观赛体验。

“迎亚运　潮端午”划龙舟

“迎亚运　潮端午”主题活动，在余杭梦想小镇天使村举行

令人欣慰的是，通过组织者和全体观众的热情配合和精心协作，杭州亚运会和亚残运会的开、闭幕式演出现场观演秩序极其良好，始终展现出一幅热情洋溢、文明有礼的画面。尤其是在开、闭幕式演出结束后，全体观众都能有序离场，没有出现任何抢道、哄闹行为，没有一个人因不听指挥而掉队。亚运会开幕式结束当晚，有7.1万名观众离场都能保持井然有序。而在离场时，观众们纷纷带走垃圾，干干净净的彩色座位让人特别舒心。这一切，都向世界展示了杭州观众的文明素养，给中外嘉宾留下了难以磨灭的深刻印象。

孙　侃

第三章

十名片

“最美十名片”：

“天书美片善，清芬播无穷。”

近十年来，“浙江有礼 · 最美杭州”市域文明新实践有序推进，为民办实事活动不断深入，“十百金名片”“一县一品”培育行动有效实施，至2023年，全市已涌现出上百个文明新实践金名片；持续提升“礼让斑马线”“孝心车位”“救在身边”等精神文明品牌，营造全社会见贤思齐、崇德向善的浓厚氛围；以“志愿浙江 · 杭州文明帮帮码”平台为基础，全面升级“杭州市新时代文明实践在线”，打造“志愿善城”，实现了从“最后一公里”通向群众“最后一平米”“掌心指尖”的跨越。更多的文明场景正在为城市“金字招牌”落下浓墨重彩的一笔。

“让”出来的风景

——礼让斑马线的“文明符号”

走在杭州的街头，你会在不经意间发现一道美丽的风景线，那就是“礼让斑马线”。当看到有行人要过马路时，私家车、公交车、出租车都会提前停下来，等行人安全通过之后再启动。这一停一让，使得杭州给人的印象格外深刻，书写了这个城市独有的“文明符号”。

这是看得见的美丽，也是一座“善城”的温度。

在市民日常生活中发现礼让之美

近日，“最美小哥”彭清林因为跳江救人而火遍全网。在接受媒体采访时，他谈到2016年第一次来杭州时的感受：“当时我骑行到斑马线前，突然私家车、公交车都齐刷刷停了下来。”“那里没有红绿灯，车就这样自动停下来让我先过去。”这一刻，彭清林的内心很是感动。他发现了杭州的美，并烙印在脑海中，成为人生中的美好。

正是这样的礼让，让彭清林“受宠若惊”，爱上了这座城市，并来到了杭州工作。当得悉有人跳江之时，他勇敢地跳下去，把女子救上来，成为另一道“最美的风景”。一个人和一座城市的双向奔赴，由此成为佳话。

不少游客走在西湖边，正在欣赏美景时，突然看到公交车停了下来。原来是有人想要过马路。任何一名杭州司机，只要发现行人有这样的需求，就会在斑马线前停下来，让行人先过去。车让人，这是很多来过杭州的人，带走的美好记忆。

一个城市有一个城市的风景。作为城市的重要组成部分，人是最关键的，因为城市的文明程度往往正取决于这座城市的市民的素质。文明体现于一点一滴、一言一行。对于杭州而言，这种融于生活中的美随处可见。

老子《道德经》云：“合抱之木，生于毫末；九层之台，起于累土；千里之行，始于足下。”在今天大家习以为常的礼让斑马线，并非凭空出现，而是来自长期的积淀，它有一个逐渐形成的过程。

在推行礼让斑马线中创造文明之美

一个城市的文明，不仅在于丰厚的历史文化，还体现于市民的综合素质。在一个城市的精神史上，总有一些年份熠熠生辉，标注着难忘的时间节点。

时间回到 2005 年，那一年，杭州市公交集团推出了“人行横道礼让”，作为对杭州市文明办在全市范围内推出“文明从脚下起步”活动的响应。

“人行横道礼让”即礼让斑马线，是为了让行人更好地通过马路，减少交通事故的发生，营造一个良好的交通环境，公交车在这方面带了个好头。“文明从脚下起步”，生动形象，朴实贴切。对于行人来说，做到红灯停、绿灯行；对于司机来说，宁等三分，不抢一秒。如果都能做到这样的话，那么人们的交通安全就多了一份保障。

作为试点，11 路公交车首先进行“人行横道礼让”。那段时间，当人们想过马路时，竟然发现 11 路公交车主动停了下来，感到有点惊喜。或许起初大家没想太多，但第二天，还是这样，以后还是这样，这就让市民们竖起了大拇指。这样的情况持续了一段时间，反响良好。随后，杭州市公交集团总结经验，在全市范围内全面推广这项工作。

礼让斑马线

“人行横道礼让”不仅靠持续的宣传教育，还需要在制度层面对司机的行为进行规范。2007 年，杭州市公交集团制定并实施了《公交营运司机五条规范》，其中明确规定了“行经人行横道时减速礼让”“见人必让，10 米内必须制动停车”，对所有公交司机的行为进行明确而具体的约束，这也是必须遵守的规范。

此后，杭州市公交集团还修订完善了《DIMS 车速监控考核流程》《营运司机“五个一点”行车操作要则》《营运司机星级评定指导意见》等规章制度，举办“满分司机培训班”等，有效规范司机日常操作行为，鼓励司机争做“星级司机”，使得“人行横道礼让”的实施有了制度上的全面保障。

没错，刚开始推行的时候，可能有部分司机有点不习惯。没想到，杭州市公交集团专门派出管理人员，进行蹲点巡查，不礼让行人的司机，被扣除当月的“司机安全奖”，做到礼让行人的司机非但不扣钱，有时还给予奖金。这对公交司机来说，既是监督，又是激励。渐渐地，公交司机们的行动就变得自觉，形成了习惯。

在此基础上，2009 年，杭州交警提出了在全市推广“礼让斑马线”的设想，多方征求意见，广泛吸纳社会各界的意见，制定了《杭州市打造交通文明示范城市三年规划》，第一条“爱心斑马线”也在杭州莫干山路密渡桥路口出现。同年，杭州市内的出租车司机也加入了“礼让斑马线”的队伍中。2010 年 1 月 1 日，《杭州市客运出租汽车单车考核细则》正式实施，规定出租车在斑马线前不减速、未停车让行、未避让的，一次扣 10 分。

在推行“礼让斑马线”的过程中，全市的公交车、公共出租车和公务用车等“公”字头汽车带头文明出行，带头礼让，以此带动私家车文明出行、礼让行人。由此可以看出操作中出现的先“公”后“私”再到全社会形成共识的循序渐进的过程。如今“礼让斑马线”已成为杭州城市精神文明建设成果的重要标志之一。

既然是“礼让”，单方面的行为似乎不能称为“礼让”。你我互相让来让去，体现出文明之美。“礼让斑马线”由最初的车让人，到互相让，更多的人加入礼让的队伍。车让人，人让车，互相礼让，更显得城市之美。

杭州从“礼让斑马线”这个小切口出发，来培养司机文明出行的习惯。礼让形成风尚，由“盆景”变成“风景”，文明习惯自然而然地形成。2011 年，杭州获得“全国文明城市”称号。这是一份沉甸甸的荣誉，是对这座城市的市民辛勤付出的认可，在杭州城市的发展历程中具有重要意义。

从口头的提倡，到规范的确立，再到法规的制定，“礼让斑马线”变得越来越有依据，也愈发有保障。2016 年 3 月起正式施行的《杭州市文明行为促进条例》，其第七条明确规定：“驾驶机动车时，不以手持方式使用电话，经过人行横道时，应当礼让行人。”在这里，斑马线“礼让行人”首次被写入了地方性法规。从此，“礼让斑马线”从道德层面的提倡上升到必须遵守的法规条款。

在推行“礼让斑马线”这一文明规范上，杭州市文明办等部门不断探索，对原有的经验进行总结，推出越来越贴心的举措。2021 年 6 月，杭州推出了“礼让斑马线 2.0”行动，在全市的主要路口划出 5 米或 9 米的“黄色网格线”，驾驶员可以提前减速，过马路的行人也能提前做好准备；设置“左进右出”的“Z 字形”斑马线，让电动自行车、行人绕起来、慢下来，有效避免交通事故的发生。同年 9 月 8 日的《人民日报》上，一篇以《杭州在主要路口施划减速提示线

慢一点　形成礼让习惯》为题的报道上，称“自‘斑马线礼让 2.0’行动实施以来，截至今年 7 月 27 日，斑马线交通事故死亡人数下降 41.67%”，以真实的数据，对这一文明规范予以肯定。

在经验推广中传递向善之美

看到“礼让斑马线”这一文明现象，“新杭州人”董绍林创作了《斑马线》一诗，礼赞这种行为，向更多的人传递文明之美。与彭清林一样，董绍林也是感动于“礼让斑马线”而留在了杭州工作，并希望自己的孩子也能在这里扎根，因为小小的“礼让”一直温暖着他的心。

近几年，杭州“礼让斑马线”文明规范的推广，进一步加大了宣传力度，让这股文明新风吹拂到全国。2017 年 12 月，公交都市创建暨综合运输服务示范城市建设工作推进会在杭州召开。在会上，杭州发出“礼让斑马线”百城倡议活动，得到大家的响应。“礼让斑马线”由杭州推广至全国，同时也大大提高了杭州的城市美誉度。

如今，杭州的“礼让斑马线”已获得社会各界的广泛认可，成为一张实实在在的“金名片”。2022 年 8 月 3 日，《光明日报》在头版头条以《一条斑马线激发的城市文明》为题深入报道了杭州实施“礼让斑马线”的过程。在报道中，记者以客观的立场，谈到“2010 年前后，杭州发生了‘飙车案’等一系列交通安全事故，城市的公共安全和形象受到影响。如何‘挽回’形象并提升市民的文明素质？市委、市政府推出了‘礼让斑马线’”。在这个过程中，杭州下定决心，大力推行“礼让斑马线”，把一条小小的斑马线作为城市文明建设的突破口。事实证明，经过十多年的努力，杭州取得了成功。

斑马线是无声的，却见证着杭州的发展变迁，默默地守护着杭州百姓。“礼让”是中华民族的传统美德。杭州把“礼让”刻到了骨子里，以实际行动践行着文明，向世人展现自己的独特魅力。相信随着社会的发展，“礼让斑马线”文明现象将会绽放出更加夺目的光彩。

朱光明

孝心车位

——常回家看看的小确幸

登记在册的“亲情车牌”共计262辆，服务记录10366条，总计时长10355小时，平均每天13.2辆车次，免除金额36000余元。这是杭州市上城区四季青街道五福社区24个“孝心车位”运行半年多，停车管理系统后台显示的数据。

“需求在哪里，孝心车位就延伸到哪里。”针对老旧小区子女回家看望父母的停车难问题，2017年，杭州在全国率先探索推出孝心车位。6年多来，有近5000个孝心车位在杭城1300余个小区联动推出，极大地满足了子女们回家看看的探亲需求。“跨界整合资源、供需高效匹配、精准服务群众”，这是孝心车位在共建共治共享过程中一条清晰的灵魂主线。

解决探亲停车难，孝心车位有多俏

2017 年 7 月，杭州市西湖区的老旧小区——翠苑一区里出现了 18 个特殊的停车位，闻名全国的孝心车位由此诞生。孝心车位是指社区专门为子女探望父母时停车所准备的车位，周末来看望父母的子女，在与社区进行提前预约后，就可在此免费停上数个小时。

停车难，一直是老旧小区无法破解的“天下第一难”。很多子女去看望年迈的父母，因为找不到地方停车，只能把大包小袋给父母送上楼转身就走，常回家看看被小小的停车位绊住了脚步。

如何打通儿女看望老人的最后一米障碍？在用真招实招解决群众急难愁盼问题、增进百姓民生福祉的愿景下，杭州市开展了充分的调研。2017 年起，杭州市文明办等部门组织部分城区选择老年人多、停车位相对紧张的社区，结合各类小区场所面积、布局、设施以及人员结构等客观实际，多步骤稳妥推进孝心车位的落实：在车位选址方面，按照就近就便的原则，合理布局，方便探亲车辆停放停靠；在规范化建设方面，制定了以“探亲优先、规范停放、服从管理、文明谦让”为内容的孝心车位公约，设计了便于识别的“孝心车位”标志标识；在管理保障方面，每个社区明确专人，公开联系方式，做好车位预约、车位协调、车位开放时段管理等工作。“专用车位标识、开放提前预约、资源统一调配”，杭州市的孝心车位一出生就带有现实指导性、可操作性双强的智慧基因。

各个社区紧跟步伐，相继推出类似举措。拱墅区华丰社区一举推出 38 个专属孝心车位；拱墅区华联社区结合多个民生改造工程，拓宽小区幢间道

孝心车位

路，增加小区停车位；位于灵隐街道的庆丰社区是 20 世纪 70 年代的老旧小区，楼幢之间的公共区域狭窄，社区硬是在寸土寸金的缝隙之间挤出两个停车位……

老旧小区里有了孝心车位，大伯大妈们竖大拇指点赞，直呼暖心，奔走相告：“政府又为我们办了一件大实事！”他们不知道的是，这些车位来之不易，大多是社区专门召开会议，邀请物业、居民代表、辖区单位多次协商，最终在不影响小区现有车位的情况下一个一个硬“抠”出来的。以庆丰社区为例，经社区多方多次协商，2018 年，终于把小区边上一块小空地开辟出来，做了一处孝心车位停车场，亲情车辆既可以优先停在孝心车位上，也可以选择停车场。“在我们这里，孝心车位是优先提供的，双休日基本停满。”庆丰新村社区负责人介绍，“我们全社区70周岁以上的老人有1600位，录入系统的车辆有400多辆，但实际需求量达到了1.5倍，孝心车位在我们这里可以说相当‘走俏’。”

事实证明，小小的孝心车位一经推出就切中了社会痛点，成为值得令人期待的文明建设攻坚着力点。在取得初步成效的基础上，2019年3月，杭州市专门召开专题会议部署推进孝心车位建设，助力亲情回归。西湖区文明办重点围绕主城区街道内的老旧小区，结合社区文化家园建设，按照有车位、有预约、有巡查、有奖惩的“四有”目标，2019年当年，就有120个社区小区建成孝心车位1092个。至2021年底，西湖区的主城区街道做到了孝心车位全覆盖。2019年8月，中央文明办一行来杭调研全国文明城市创建工作，实地察看了西湖区灵隐街道东山弄社区，听取了社区文化家园、孝心车位等建设情况汇报，对杭州市将文化自信融入社区精神文明建设、推广孝心车位为老年人生活谋幸福的特色做法给予了充分肯定。调研组指出，要坚持文化统领，突出特色创新，继续探索可持续、可复制的运营模式，将孝心车位打造成为又一项利民惠民的文明实践品牌。

推动孝行传递，让孝心保温。杭州市的相关经验做法以及取得的成效不断引起媒体广泛关注，《人民日报》、中央电视台、新华社、浙江新闻频道、《杭州日报》、《钱江晚报》等相继给予宣传报道。孝心车位也从杭州走向全国，落地宁波、西安、扬州等多个城市，成为一道敬老爱老的城市最美风景线。

积极探索运行方式，孝心车位有多拼

孝心车位自推出后一直奔跑在升级路上。

如何因地制宜，因需制宜，破解资源要素制约？如何把全社会的孝心、爱心激发出来，把社会资源用心整合起来？根据不同社区的实际，2018年起，杭州积极探索试行孝心车位运行方式，对诸如供需不对称、车位闲置、预约不便等核心问题进行全力破题：在老旧小区，采用内部挖潜、外部文明单位共建等方法，多渠道挖潜增量；同时，运用手机预约、数字管理等手段，提高孝心车位的流转率。具体说来，首先是发挥社区属地功能。社区居民委员会、业主委员会、物业服务企业等充分论证，广泛征集居民意见建议，利用现有停车泊位与场地，开展孝心车位的建设和精细管理。然后是整合场地资源。在社区原有公共车位资源基础上，最大限度整合辖区共建单位、文明单位等车位资源，以优化提升、整合资源、扩量挖潜为原则，积极发动居民、周边楼宇综合体、属地共建单位等积极参与到孝心车位的活动中来，提高孝心车位供需匹配。最后是推动智能管理。在封闭式的老旧小区，通过探索“城市眼 · 云共治”系统共治模式，实现对孝心车位的信息化、流程化、规范化管理；建立探亲子女数据库，通过安装车位监控、开通微信服务，实现一键预约、按点停车、自动出入的智能化管理。同时，以孝心车位共享群等辅助方式，跟进车位使用情况，车子驶离之后，孝心车位便恢复为普通车位，提高利用率。

小河街道明真宫社区是拱墅区较早在孝心车位区域安装车位地磁的社区之一，掌握实时状态后，孝心车位运转变得流畅，泊车更为便利。翠苑一区则紧紧抓住“未来社区”建设的契机，不但将孝心车位数量提升至35个，还融入了智能化。翠苑一区的升级版孝心车位专门安装了地磁检测器、单双向引导屏等设备，探亲子女可以通过微信小程序“交通场景”版块进行预约，导引图上会直观显示孝心车位、应急车位和普通车位的剩余数量，“红色爱心”标识醒目显示剩余的孝心车位的位置。随时看，精准停，孝心车位迈入了 2.0 时代。

值得一提的是，为鼓励子女们常回家看看，除了一键预约、按点停车、自动出入的智能化管理外，杭州市更是采取多种措施落细落实孝心车位运行，让常回家看看从政策“纸面”到行动“落地”：首先依托社区文化家园建设平台，

孝心车位

通过志愿服务、积分兑换等活动，将孝心车位与社区文化家园阵地活动融合，推广公益爱心；其次是将孝心车位建设作为衡量社会文明程度的重要指标，实地查看孝心车位规范化建设情况，推动孝心车位使用管理落细落实；然后是发起孝心公约倡议书，推动社区、物业、业委会、共建单位和个人成为孝心公约践行者、传递者和守护者，一同积极参与到孝心车位的活动中来。

通过政府主导、群众参与、志愿服务、数字赋能、共建共享，孝心车位的知晓率、支持率、参与率持续扩大。

“回家看父母还能享受奖励政策，真的被暖到了。”“车位平时正常停，被需要时灵活调剂，这样蛮好，我们不使用孝心车位的车主也没有意见，需要我挪车的时候肯定配合。”孝心车位运行至今，各社区逐渐形成停车业主的主动挪车让位和老人子女严格遵守停车预约时间的良性互动，居民参与小区治理的氛围越来越浓厚。

在知晓孝心车位的功用后，越来越多的社区共建单位主动加入这场爱心接力赛。在西湖区文新街道沁雅社区，周边的绿城物业、联合银行等20多家单位纷纷与社区签约，在双休日员工不上班时让出单位空余车位作为孝心车位使用。自从这项措施实施之后，有些员工在双休日来加班时特意不开车，给社区老人的子女贡献车位，最多的时候空出来十几个。

通过不断实现自我革新、自我迭代，孝心车位2.0不仅智能了，更赢得社会各类阵地、各支力量的理解和支持，从一项社区福利升级为一种价值导向、一场全社会参与的孝心助力行动，形成了全社会动员、会社会参与的大格局。

体现城市文明温度　孝心车位有多暖

2022 年 8 月，首批 15 个“浙江有礼”省域文明新实践为民办实事项目出炉，“孝心车位”赫然入列。

据了解，浙江省文明办在征集项目的过程中，注重收集各地的探索做法，为全省其他地方破难提供借鉴。孝心车位项目是杭州着眼新时代文明实践，着力打造的又一项利民惠民的文明实践品牌，其突出特点是以孝老敬老为切入点，在停车难背景下，与享受特定车位资源服务相结合，此举既是对孝心孝行的有力倡导，更体现了社会治理的创新。经过 6 年的实践发展，孝心车位产生的功能已不仅仅在于帮助子女解决看望父母时停车难问题，更是在居家养老、孝心文化、公共文明、社会治理等多个方面发挥了引领和示范作用。

运用精神和情感的力量，形成善治的力量，作为城市文明实践的新载体，杭州市孝心车位的建设过程也是一个暖人心、聚民心、筑同心的过程。“从表面看，孝心车位只是为子女停车提供了一种便利，但其背后凸显了人人想担当的社会责任感。”杭州市文明办有关负责人介绍说。

与杭州近年来不断涌现的众多精神文明品牌的人文关怀基因一脉相承，孝心车位举措虽小，却让人心头一热，在孝心和爱心的双重托举下，增值了城市的文明程度，丰厚了城市的品格和温度。扎实的举措、成熟的经验、丰富的内涵使“孝心车位”成为新时代文明实践中尊老敬老、为孝助行可观可感的鲜活范本。

多年来，杭州不断对养老服务开展创新探索。接下来，杭州市还将充分发挥“孝心车位”品牌的延伸作用，利用新时代文明实践所（站）、社区文

孝心车位

化家园等基层阵地，推广孝心文化，倡导孝美德，进一步形成崇尚孝道、践行孝心的浓厚氛围，让更多市民群众成为城市文明建设的参与者、评判者和获益者。

塑造城市精神、浸润群众生活、涵养社会美德。孝心车位，点亮孝行，点亮一座城市丰富饱满的文明底色。

董 嫣

“救在身边”

——杭州街头的急救“神器”

穿行于车水马龙的杭州街头，细心的市民朋友会发现，有一个外表呈红白相间的透明箱子，在公共场所悄然普及。这种设备的名称叫作自动体外除颤器，英文简称 AED，是心脏骤停患者的救命机器。

中国红十字会的数据显示，我国每年发生心源性猝死的人数高达 55 万，平均每天有 1500 人死于心源性猝死。浙江省人民医院的数据显示，在浙江，每年有约 3 万人发生院外心跳呼吸骤停，抢救成功率仅 1% 左右，其中一个重要原因，就在于等待救护车的时间过长。在杭州，等待救护车的平均时间为 11 分钟，已远低于全国平均的 15 分钟，但对于突发疾病而言，还是不够迅捷。

相关专业资料显示，如果由专业医生做心肺复苏，在患者心脏停搏 1 分钟之内实施，抢救成功率大于 90%；4 分钟之内实施，成功率约为 60%；间隔 10 分钟以上，成功率几乎为零。“死神”的魔爪如此尖利，这意味着对于心脏骤停患者的抢救，就是与时间赛跑，来不得半点拖延。

“救在身边”，应运而生。

“救在身边”，开启数字化一键救护

一般情况下，心搏骤停 4 分钟后，大脑将发生不可逆的损害，因此这 4 分钟被称为“黄金 4 分钟”。这是一场时间与生命的竞速。可惜的是，哪怕再抓紧时间，救护车也很难在 4 分钟内赶到现场。

在这样的生死关头，AED 成了名副其实的“救命神器”。目前许多 AED 都自带语音指示程序，即使非专业人员也可以用它对患者进行除颤和心肺复苏。值得一说的是，这些 AED 设备的背后，有一个名叫“救在身边”数字应用场景，正探索一种新模式，能够帮助急救人员争分夺秒，从“死神”手里拉回一个个鲜活的生命。

来自杭州红十字会的办公室副主任封昕介绍，在数字化改革中进化的“救在身边”数字应用场景，包含“一键呼救、救护培训、AED 导航、成为急救侠”等 4 个功能板块，目前该应用已在余杭、临安开展试点。紧急情况下，使用者可以在一键拨打120的同时，通过数字化手段呼叫附近的救护员，并且快速检索到离自己最近的AED设备，辅助进行心肺复苏治疗。

“救在身边”数字应用场景最为基本的功能是“一键呼救”。该功能目前正与120急救调度指挥系统进行对接探索，目前已在杭州临安区落地。当收到呼救，120调度系统能在该应用场景及时掌握呼叫人的定位，更便于急救中心的调度员快速指派就近的救护车和周边的急救志愿者。临安区依托“救在身边”数字应用场景构思，建立区急救快速反应综合指挥中心，将交警122指挥中心、公安110指挥中心、医疗120急救指挥中心、红十字“急

2023年4月11日，为浙江旅游职业技术学院亚运志愿者举办应急救护培训

救侠”调度中心纳入其中，四方实时联动，统一实施应急指挥调度。截至目前，累计启动红十字“急救侠”快速反应14次，共向60名“急救侠”发出急救指令，35名“急救侠”响应，快速响应率达58%，成功施救8人。

另外，“AED导航”功能集中了浙江全省的AED设备数据，可实时查询设备位置。全省3000余台AED在地图上一目了然，能让急救人员及志愿者随时查找附近是否有可用的AED，有效提升AED的使用效率和施救成功率。该功能也随着设备增加，在不断更新完善中。

当然，还有用于志愿者培训考核的“救护培训”栏目，通过这个栏目，能在日常学习各项急救知识，通过理论、技能培训考核后，提交《浙江省急救志愿者登记表》，领取“浙江省急救志愿者证”，就正式成了急救志愿者。

从杭州区域试点到全省推广，“救在身边”数字应用场景通过数字化改革赋能，旨在打破AED、求救者和救护员的三大信息孤岛，实现数据的互联互通，创造出高效、便捷的群众性自救互救新模式，将“偶遇式”急救提升为“精准化”急救，用爱心争抢急救的黄金时间，为心梗等突发疾病的患者争得获救良机。

生命至上，体现城市人文关怀

2021年6月，杭州市新时代文明实践“红十字救在身边”被中央文明委确定为重点工作的项目基层联系点。在此之后，杭州市在应急救护方面做出了大量探索。杭州市文明办联合市红十字会等机构将群众性急救纳入新时代文明实践行动，在全市3000余个新时代文明实践阵地增加AED设备，迅速提升其覆盖面。“救在身边”通过在临安、余杭等区先行试点，以区域推广的形式“以点带面”，让文明理念深入人心，让急救知识普及到千家万户。

今年以来，随着杭州旅游业的复苏，各大景区和交通枢纽又恢复到游人如织的景象。目前，在人流密集的公共场所，如高铁站、地铁站、学校等都有 AED 设备的身影。在亚洲最大的高铁枢纽之一的杭州东站，迄今已使用救命“神器”AED 成功挽救了 6 名心脏骤停旅客。

在杭州第 19 届亚运会开幕之前，杭州给所有的地铁站里都安装了 AED 设备，人流量大的换乘站还不止 1 台。据杭州地铁集团工作人员介绍，在杭州市文明办志愿服务工作处和市红十字会的大力指导与支持下，杭州地铁已实现了平均每站一台 AED，一线重点岗位（值班员、值班站长）人员 100% 持证，即“浙江省急救志愿者证”，每台设备 24 小时配有一名持证上岗人员的配置。针对 AED 的使用操作，地铁一线站务人员在上岗前实行了全员培训，并每月定期组织重温培训，确保员工具备相应的操作能力。截至目前，杭州地铁已有多起成功施救案例。2021 年 1 月 7 日，一名乘客在列车上晕倒，1 号线闸弄口站工作人员在将乘客抬到站台后，判断乘客无意识、无呼吸后，立即对其进行心肺复苏，并配合 AED 除颤。经过不间断心肺复苏和 4 次除颤后，乘客恢复了呼吸和心跳。

杭州公交也在重点公交站和公交停车场先行配置了 25 台 AED。站点的工作人员对这项新的工作内容非常严谨细致，从 AED 设备正式投入使用起，每天都有检查人员巡检和维护，查看装置外观、电极片包装是否完好，状态指示灯是否正常，确保有备无患。

在亚运会筹备期间，杭州市还实现了 56 个亚运会、亚残运会竞赛场馆和训练场馆 AED 布设全覆盖；同时配备近百支急救志愿服务队，与专业救护团队一起为来自国际国内的运动员和游客观众提供安全保障，展现独具特色的杭州志愿文化。

作为全国第一个以地方立法形式规范公共场所 AED 自动体外除颤器配置、使用的城市，杭州制定出台了《杭州市公共场所自动体外除颤器管理办法》和相应配套制度。“救在身边”数字应用场景还纳入了杭州市政府 2023 年度十件民生实事，计划全年新增公共场所 AED 共 1000 台，新（改）建综合性急救站 12 个，举办青少年防溺水公益培训课 1000 堂。这些数字生动地体现着一个城市的人文关怀和对每个生命的万千珍重。“救在身边”数字应用场景正在成为幸福杭州的又一张金名片。

见“急”行事，志愿力量星火燎原

在杭州这座人口千万级别的大城市里，有这么一群人，他们因“志”而行，不辞辛苦地奔赴急救现场，哪里有需要救助的病患，哪里就闪动着他们的身影；他们也因“愿”而动，不求回报地向身边人传授着急救技能，已期汇聚更多爱的光芒，让急救知识散播出去挽救更多鲜活的生命。他们就是被称为“急救侠”的急救志愿者。

杭州长期推进全民应急救护培训普及行动，在制定杭州市《红十字救护员管理规范》地方标准基础上，建立了救护培训考官库，提升市民的应急救护知识普及率和救护员证持证率。据统计，仅 2022 年，杭州市新增红十字应急救护持证人员 10.4 万名，同比增长 300%，新增 AED 设备 2000 余台，

拱墅区亚运场馆举办应急救护演练

新增应急救护知识普及 306 万人次，累计招募急救侠 5.5 万余名，建成应急救护实训基地、考点和实操体验点等阵地 40 余个，现场成功施救 10 余例。“人人学急救、急救为人人”的氛围在杭城日益浓厚，“救在身边”正逐渐成为杭州文明的新标杆。

来自杭州市西湖区万科物业的员工夏振辉被评为首届全国“十大最美救护员”。2019 年，还在读大三的夏振辉通过马拉松队友，了解到杭州市西湖区红十字会正在组织应急救护培训，他当即报名。经过认真学习，夏振辉考取了红十字救护员证，并成为一名急救志愿者。2020 年 7 月 30 日午后，夏振辉的手机突然响起，一条急救求助信息传来：附近某小区，一名装修工人触电倒地，心脏骤停，情况非常危急。他立即到达事发现场，赶忙疏散人员，迅速判断伤情，跪地进行心肺复苏术，心中默念着“1001、1002、1003……”便于读秒计时。时间一分一秒过去，救护车终于抵达现场。因伤者情况危急，夏振辉又随车护送，他记得当时路况不好，站在救护车内按压非常容易摔倒，是患者家属紧紧抱住他的双腿，他才能站稳身体做完按压动作。最终，该名伤者成功获救。

“能够成为救护员，我感到很快乐。”夏振辉说，“救护员是一种责任，不仅要勇敢帮助他人，还要用自己的行动引导社会风尚。”他希望，未来有

杭州市红十字会2022年“世界急救日”主题日

更多的人成为急救志愿者，让急救知识深入每一个人的心中。

2022 年 5 月 23 日，杭州市萧山区衙前镇某中学，一名学生在上晚托课时忽然倒地，脸色苍白。该校教师陈建迅速赶来，评估学生情况，马上拨打 120 急救电话。在通话中，他描述了学生晕倒，脸色青紫，还有心脏病史等情况。120 调度员第一时间指导他立即取来 AED 设备。班主任老师王丽娜得悉最近的 AED 设备就在学校校医室门口，立刻将其取回教室。在等待救护车的过程中，学生呼吸骤停，陈建老师又在第一时间进行心肺复苏，配合使用 AED 进行了 3 次除颤，直到 120 救护车抵达学校。因为抢救及时，学生脱离了生命危险。

因为此次急救，陈建老师被评为浙江省十大“最美救护人”。但他说，能够把学生从死亡线上拉回来，也得益于学校对急救培训的重视：“学校一直很重视意外伤害急救培训演练，此前专门邀请了红十字会的专业培训人员，对所有老师进行了急救培训。”

在杭州市文明办、杭州市红十字会等单位的多方牵头下，救护员队伍不断壮大。“红十字救在身边”志愿服务总队以各种方式指导建立分队，壮大志愿服务力量，致力于实现“意外伤害和突发事件现场都有救护员施救”，培育“守护生命、救在身边”的杭城文明新标杆。为提升市民自救、互救能力，打通科普惠民的“最后一公里”，“救在身边”数字应用场景长期提供公益培训，只要在平台检索，就可报名参加近期开设的培训班。

致力于践行“人民至上、生命至上”的理念，“救在身边”数字应用场景还持续通过微博、抖音、公众号等新媒体阵地，以云课堂、短视频等方式，开展救护培训普及宣传，点亮杭州这座“智慧善城”急救志愿的无限星火。如今，无论是急救志愿者在市民中所占的比例，还是在急救硬件设施数量、急救成功率等方面，杭州都在全国遥遥领先。“会急救、敢急救、愿急救”正在成为杭州市民文明实践的新风尚。

徐晨喆

守望相助，民呼我为

——“杭州市文明帮帮码”

从先秦的“出入相友，守望相助”，到当今的“一方有难，八方支援”，在历史长河里，中华民族对于互帮互助的表述虽有变化，但其实质始终未变。

全面落实党的二十大相关部署，杭州市以数字化改革为抓手，注重开拓创新、坚持实干实效，迭代升级打造“文明帮帮码”数智赋能平台。作为新时代文明实践在线数字综合服务平台，“文明帮帮码”向上贯通省级和向下贯通市、县、乡镇、村社，内容覆盖文明实践、志愿服务、阵地管理、交通保障等方面。

线上的便民志愿服务体系

一座城市的文明不仅在其颜值，更在其精神。志愿服务，就被誉为“温暖人间的最美风景”，是城市的文明底色。

杭州在构建覆盖全市域的新时代文明实践体系，推进新时代文明实践与志愿服务融合发展，整合各类社会优质资源，实现志愿服务的精准触达等方面，曾经面临着诸多难题。一是文明实践阵地、理论宣讲资源较为单一，基层理论政策宣讲主要以讲座、报告会等线下面对面的形式开展，宣讲内容缺乏多样性和吸引力，基层优秀的宣讲模式很难打破时间和空间的限制；二是各类社会资源分配不够均衡，文明实践阵地、地方特色品牌、文明单位等优质资源各成一体，共享力度不足，未能通过合理分配的方式实现资源利用最大化；三是志愿服务活动触达不够精准，由于志愿服务内容缺乏对群众需求的了解，提供的服务主要集中在文明劝导、平安巡防、助老助残等方面，无法满足群众多样化、个性化的需求。

为了着力解决这些问题，杭州市紧贴全省数字文化系统建设要求，迭代升级“文明帮帮码”数智赋能平台，着力构建特色化的理论宣讲线上传播体系、高效化的实践阵地管理体系、精准化的志愿服务触达体系、共享化的资源对接体系、兼容性强的多跨接入体系和“民呼我为”个性化便民志愿服务体系。

“文明帮帮码”平台按照“1+2+6”的主体予以构架：“1”即建设 1 个杭州市志愿服务在线（文明帮帮码）驾驶舱，“2”即用户端和管理端两端互通，“6”即建设“首页宣传展示（功能导航）模块、文明实践（服务群众）功能模块、志愿服务组织管理功能模块、个人中心查询模块、亚运志愿服务在线

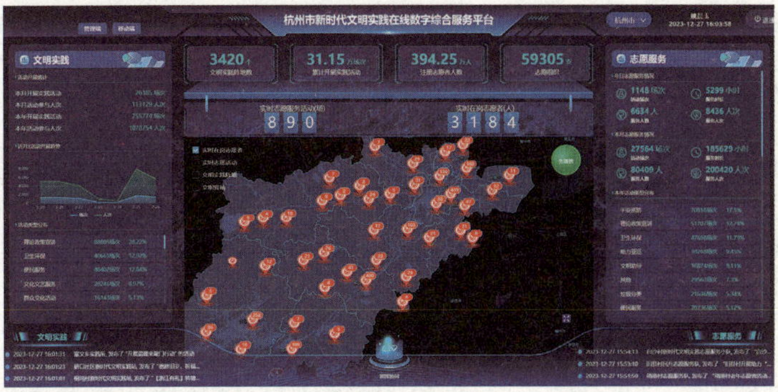

文明帮帮码

专区功能模块、快捷键功能模块”等六大功能模块，实现不同领域、不同层级、不同业务、不同场景之间的多跨协同。

“文明帮帮码”的推出，多维度展示了全市新时代文明实践阵地活动数据、志愿者实时数据，驾驶舱贯穿市、区（县）、乡镇（街道）、社区四级，为各区县基层一线开展工作提供数据支撑，达到了阵地活动“重点突出”、全域志愿“热图呈现”、关键指标“一目了然”、指挥协同“一键触达”、实时活动“动态轮播”的效果。

“文明实践 + 志愿服务”，创新打造特色化数字平台

中共中央宣传部、中央文明办印发《关于扎实推进建设新时代文明实践中心试点工作的通知》特别指出要加强对志愿服务的组织引导，有针对性地进行孵化培育，组建类型多样的志愿者队伍，打造高质量的志愿服务项目，精准对接群众需求，特别是注重开展深入细致的精神抚慰和人文关怀，以品牌项目汇聚力量、凝聚群众。要建立文明实践志愿服务长效机制，完善志愿

者登记注册、激励嘉许等制度，增强动力、激发活力，吸引更多志愿者扎根农村、服务基层。

新时代文明实践中心主体力量是志愿者，主要活动方式是志愿服务，如何实现志愿服务精准常态？

“文明帮帮码”做出了答案！

在推进建设“文明帮帮码”平台的过程中，杭州市始终将新时代文明实践置于工作重心，紧紧围绕中央文明办提出的新时代文明实践中心建设“一个目标、四个定位、五项工作、三个到位、六大能力”的要求，致力于将平台从最初的“志愿服务＋阵地管理”模式转变为“新时代文明实践数智综合服务平台”。

在工作过程中，“文明帮帮码”发挥线上理论宣讲传播共享优势，始终坚持把传播党的创新理论作为首要任务。精心设计模块内容，包含“科学理论、百年党史、共同富裕”等十一大类理论题材，“市民大学堂”“三分钟理论快讲”“听TA说”“新村夜话”“堂前燕”等特色品牌，并通过实践（有礼）讲堂提供各类宣讲教案、宣讲课程、乡土教材电子版，为基层一线提供宣讲资源，为满足群众学理论、用理论需求，提供“多样化、精品化、定制化”线上响应。

与此同时，“文明帮帮码”借鉴社会网购平台供单模式，将传统线下“结对”“一对一”模式，改为线上“供单”“一对多”模式。供单主体以市直单位、文明单位、优秀社会组织等为主，服务内容含“学习实践科学理论”“宣传宣讲党的政策”“培育践行主流价值”“丰富活跃文化活动”“持续深入移风易俗”“人文关怀”等六大主题类型，服务阵地覆盖新时代文明实践中心（所、站）、党群服务中心、文化礼堂、文化家园、第二课堂、爱国主义教育基地等各类公共场所，通过单位共建、阵地共建、活动共联、队伍共育，实现线上各类资源共享，联通各文明实践阵地定期统一开展新时代文明实践活动，形成线上点单、供单、派单、评单模式。2023 年 1—10 月份平台已累计实践活动数据 19.1 万场次。

在此基础上，“文明帮帮码”进一步提升文明实践阵地热活率，推出实践活动（智能课表）“一键上传”功能，实时掌握全市新时代文明实践阵地每日、月、周活动开展情况，并通过浙里办、支付宝、微信朋友圈等多端，将活动传播范围由阵地内向阵地外转变。结合各类人群兴趣爱好筛选、活动地理信息定位，成功构建阵地与群众间信息互通多端透出模式，将活动内容、传播方式由传统线下推荐向线上扩散迈进，活动报名人群由“周边化”向“区域化”转变，活动效果由“过程化”向“评价化”升级。至 2023 年 9 月底，已累积各类活动发布数据 227618 场次，并通过“文明帮帮码”微信公众号、短信点对点发送报名等功能，文明实践阵地实现从“最后一公里”向送到群众“掌心指尖”“最后一平米”的服务目标迈进。

有了内容，有了平台，有了志愿服务组织，“文明帮帮码”更是重视志愿服务精准触达率，以积极响应群众需求为核心，以推进志愿服务制度常态化、精准化为工作目标，创新性地推出志愿版“民呼我为”应用场景“帮帮‘益’站”。

打造“帮帮‘益’站”功能，通过“‘益’起帮”“帮帮我”等功能板块，不断完善“群众需求点单、实践阵地派单、志愿组织接单”服务体系，打通服务群众需求“直通车”，在群众与社会资源之间架起供需桥梁，实现志愿服务精准触达。群众可通过“帮帮我”发布个人求助信息，提出“疫情防控”“安全巡防”“便民服务”等新时代文明实践志愿服务项目需求。在各级文明实践阵地后台审核的基础上，各类新时代文明实践志愿服务组织可通过“‘益’起帮”接单模块回应群众求助，提供新时代文明实践志愿服务。整个服务过程借鉴成熟的外卖快递和同城配送模式，推出“服务码”功能，确保服务者与被服务者之间精准对接，并通过“移动虚拟号”功能，保护用户个人隐私，规避信息泄露风险，消除人身财产安全隐患。该模块自上线以来，平台质量从“建成”向“建好”递进、服务质量从自评向众评转变、内容供给由大众化向定制化升级。

2022 年底，为适应新情况、新问题、新挑战，“文明帮帮码”努力实现“尽量延锋、有效削峰、平稳渡峰”，上线“余药互助 · 共享药箱”功能，缓解群众“购药难”压力，登录使用累计 40 余万人次，发布互助信息 1 万余条，互助成功率超过 90%，受到社会各界广泛关注与认可。《浙江日报》、浙江新闻、浙江卫视等媒体均进行了报道。“‘文明帮帮码’提升市民幸福感”还荣获了 2022 杭州生活品质总点评年度事件。

以下这些用户访问数据，清晰地说明了“文明帮帮码”平台的社会影响力:2022 年以来，“文明帮帮码”平台累计访问次数 4331 万，日平均访问次数 6.6 万；日最高峰访问次数 183 万，日最高峰访问人数 25.1 万。群众使用热度逐步提升，平台活跃率稳步增长。

数字赋能，“码”上互助未来可期

“文明帮帮码”平台志愿服务供需信息的有效对接以及文明实践供（点、派、接、评）单体系的建立完善助力形成一系列推动“新时代文明实践+志愿服务”高质量发展的理论成果。为完善志愿服务组织架构，杭州专门成立了市志愿服务工作委员会。为拓展新时代文明实践中心建设，杭州市印发《深化拓展杭州市新时代文明实践工作方案》《杭州市新时代文明实践中心（所、站）建设规范（试行）》。为以结对共建形式进一步深化新时代文明实践志愿服务活动，杭州先后印发《杭州市关于开展新时代文明实践结对共建的指导意见》《杭州市新时代文明实践志愿服务总队建设方案》。

为有效助力新时代文明实践与志愿服务的融合发展，助力构建志愿服务内容的精准触达机制，实现各类新时代文明实践活动数据统计的统一化、集成化，健全志愿者、志愿组织常态化保障机制，全市390万志愿者通过平台享受志愿者专项保险礼遇。同时，文明实践和志愿服务时长纳入全市积分管理体系，通过“志愿服务换积分、积分换优待服务”等激励方式提供积分落户杭州、入学等优待。

在未来，“文明帮帮码”还计划通过打造“实践（有礼）讲堂”功能，邀请不同职业、年龄的群体，围绕“二十大”“共同富裕”等主题，解读政策法规、时事热点等话题内容，联通“新村夜话”“堂前燕”等地区特色品牌，打造理论宣讲云上空间，进一步推动习近平新时代中国特色社会主义思想在城乡基层深入人心、落地生根；通过“实践活动”功能，推出智能课表“一键上传”功能，实时掌握全市新时代文明实践阵地每日、月、周活动开展情况，将活动传播范围由阵地内向阵地外转变。

“文明帮帮码”还借助地理定位筛选最近活动，并在多端透出，聚力阵地与群众间信息互通，把新时代文明实践活动送到群众“掌心指尖”；通过上线“实践联盟”功能模块，上架全市各级党政机关、文明单位等示范单位服务项目清单，提供“学习实践·科学理论”“宣传宣讲·党的政策”“培育践行·主流价值”“丰富活跃·文化活动”等菜单式服务，联通各文明实践阵地定期统一开展新时代文明实践活动，形成线上点单、供单、派单、评单模式；通过打造“帮帮‘益’站”，借助“益”起帮、帮帮我等功能，不断完善“群众需求点单、实践阵地派单、志愿组织接单”服务体系，打通服务群众需求“直通车”，在群众与社会资源之间架起供需桥梁，实现志愿服务精准触达，助力新时代文明实践落地生根。志愿服务组织可在线进行队伍管理、活动招募、活动数据实时查看等，实现志愿服务组织统一平台管理，让志愿服务工作良性、智能运转。

“文明帮帮码”是杭州以数字赋能提升城市新时代文明实践中心建设的创新尝试。我们有理由相信，数字赋能，“码”上互助，志愿服务添彩“浙江有礼·最美杭州”，终究会让“文明之花”开遍大街小巷。

沈　荣　区晓颖

第二课堂

——青少年学生教育的“金名片”

2008年以来，杭州市已命名青少年学生第二课堂活动基地105家，参与青少年学生第二课堂基地（简称“第二课堂”）活动的已超过2500万人次，极大地激发了青少年揭秘自然、探索社会的兴趣。相对于坐在教室学习而言，学生参与的第二课堂，在某种意义上，可以说是“行走”的课堂。经过10多年发展，杭州市各中小学第二课堂建设取得良好成效，并形成富有特色的经验，已是成为杭州青少年学生教育的一张“金名片”。

“行走”的课堂，让公益场馆兼具育人功能

为进一步加强和改进杭州市青少年学生素质教育和公民道德教育，用好管好各类公益性场馆并使之成为青

少年学生第二课堂教育的重要场所，推进青少年学生德智体美全面发展，全面提升杭州市青少年学生生活品质，2007年12月，杭州市委办公厅、杭州市人民政府办公厅印发了《杭州市青少年学生第二课堂行动计划》，明确指出，青少年学生第二课堂不是一般的课外活动，而是对学生教育方法和课外活动行为模式的一次变革，它通过促进课内与课外的融合、教育与教学的融合，积极主动、潜移默化地培养学生正确的世界观、人生观、价值观，增强青少年学生的创新精神、实践能力和适应社会的能力。第二课堂活动，将课本知识与学生的日常生活、城市的人文历史、社会的实践活动有机融合，提供学生了解社会、参与社会活动的机会，使青少年拥有更广阔、适应身心成长的发展空间，有利于提高杭州青少年学生文明素质、道德修养，丰富青少年的精神文化生活。

实施青少年第二课堂工作以来，杭州市已逐步形成了富有特色的经验，主要体现在“三个结合”。一是公益场馆与育人功能相融合。全市现有105家第二课堂实践基地，包含各类博物馆、美术馆、科技馆、展览馆和其他公益性场馆。这些场馆充分发挥了第二课堂主平台作用，不断创新服务方式与内容，为广大青少年提供优质的公益服务。同时，这些场馆也为广大青少年提供学习的场地和素材，创新活动内容和方式，提供有特色、差异化的服务。

二是学校组织与自主参与相结合。对于第二课堂的开展实施，各中小学校均制定了详细的活动规范、活动要求。如杭州市娃哈哈小学的“寻美杭城”系列活动，充分发掘学校周边的杭州市青少年学生第二课堂活动基地的文化艺术资源，编织“寻美”课程图谱，把周边的资源串起来，让学生自主走出校园，去感受美，增强爱国爱家乡的感情。走出学校，会发现更为广阔的天空，感悟丰富多彩的世界。

三是知识习得与素养提升相整合。第二课堂活动在青少年学生整体素质的提升方面发挥了重要作用，特别是在思想道德、礼仪规范、乡土人文、科学素养等方面，形成高品质、富有杭州特色的青少年形象和风采。如杭州市学军小学的“小河长”走进西溪湿地等杭州的江河湖泊，定期巡河、护河，观察、记录河流的变化，培养生态环境意识，让小学生在关爱家乡、关心生活的过程中，践行绘就新时代的绿色教育篇章。

走入综合性场馆，拓宽学生学习视野

综合性博物馆有着丰富的资源，是展现一个地方文化的厚重载体。在粮道山 18 号，杭州博物馆静静地坐落于此，在这个馆里，经常举办互动性、沉浸式的体验活动。如 2023 年 4 月 28 日推出的以“闹忙的乡村”为主题的青少年教育体验展，该展览从二十四节气、传统节日和杭州的特色非遗切入，引人入胜。有乡村运动会，包括五常龙舟、十八般武艺、滚灯、航头双狮、天罡拳等，让人领略乡村运动之美。有方言童谣，比如杭州话童谣：

清清早干头

爬起梳个头

赚了张五块头

走到菜市头

买了个鱼头

走到窝里头

7月1日在第二课堂——杭州青年运动史馆开展“童心向党”教育实践活动

猫来拖鱼头

这首童谣生动形象，让人一下子就感受到浓郁的杭州方言韵味。除此之外，还有淳安的睦剧、桐庐的富春江渔歌、桐庐的畲族山歌等丰富多彩的地方曲艺文化。这场展览立足于传统文化，把萧山抢潮头鱼、淳安竹马、汾口草龙、临安索面等生活场景、特色美食、民俗搬到博物馆进行展示，带领大家领略乡村民俗之美。展览还设置了很多互动的环节，吸引青少年动手去参与。

图书馆的各类活动也吸引了众多青少年学生。杭州图书馆经常会举办趣味性、文化性的讲座和活动，如“馆藏碑帖简介及碑刻传拓体验”活动，让青少年走近碑帖，动手体验传拓，领略中华优秀传统文化之美。类似这样的活动，在杭州市青少年学生第二课堂活动基地中非常普遍。根据不同的文化热点，各个场馆会还会适时推出相对应的、适合青少年学生的活动。

聚焦专题博物馆，浸润学生课余生活

杭州有十分丰富的第二课堂资源，如中国丝绸博物馆、中国印学博物馆、中国杭帮菜博物馆、中国财税博物馆、中国湿地博物馆、杭州南宋官窑博物馆等。这些博物馆都会不时针对某一主题，开设常态化的展览，为青少年学生第二课堂学习活动提供生动的场域。

西溪国家湿地公园是中国第一个国家级湿地公园，有着丰富的生物资源和厚重的历史文化。位于此地的中国湿地博物馆是以湿地为主题的博物馆，在普及湿地知识、传承湿地文化方面发挥着重要作用。走进该馆，包括西溪在内的众多湿地的植物、动物都可以看到，带给人们沉浸式的体验。除此之外，中国湿地博物馆从 2012 年开始举办的湿地主题绘画大赛也深受青少年的欢迎。通过手中的笔画出他们所认识的世界，这有助于增进青少年对湿地的了解、促进湿地知识的普及。2023 年举办第十二届湿地主题绘画大赛，主题为“湿地与城市”，吸引全国青少年儿童共同探讨湿地与城市的关系，描绘湿地与城市共生、共融的丰富图景。

杭州南宋官窑博物馆是陶瓷文化专题博物馆，集中展出了众多精美的青瓷，比如南宋官窑出土的小玉壶春瓶、梅瓶、花盆、贯耳瓶等，还有南宋时期仿照商周青铜器造型制作的青瓷器皿，富有雅韵。小小的一个青瓷瓶子，承载的往往是历史的千钧重担。青少年漫步于此，看着满目的苍翠，强烈的文化自豪感油然而生。而官窑里面的陶艺活动，让青少年亲身参与制作，更添了几分鲜活感。

2022年3月10日，浙江美术馆推出“盛世修典——‘中国历代绘画大系’先秦汉唐、宋、元画特展”，吸引众多青少年学生前来参观。不少小朋友站在巨大的书画面前，认真地观察着、思考着，静静地感受线条的变化和墨色的浓淡。《千里江山图》的青绿山水，吸引着大家纷纷来此，看到秀美的山川，不禁增强对秀美山水的热爱。2022年12月12日至2023年3月12日，浙江美术馆举办“艺者风华——浙江油画百年大展”，分为“百年史诗”“大气存雄”“行健如虹”“蓄素千寻”四大板块，以不同于古典绘画的形式，呈现油画的特质，展现百年来浙江油画的发展历程和辉煌成就，也吸引了不少青少年学生前往观看。

深耕馆校合作，凸显“第二课堂”育人成效

多年来，杭州在基础教育上做了广泛而有深度的创新实践，把学校“第一课堂”与社会“第二课堂”紧密结合，注重馆校之间的合作，打造学习共同体，使中小学育人工作更贴近学生、贴近社会、贴近时代，也取得了显著的成效。

多种活动平台，涵养青少年道德情操。杭州青少年活动中心经过数十年的发展，深耕杭州本地特色文化，立足青少年，打造出杭州市中小学生科技节、杭州市中小学生文化艺术节、中国（杭州）国际少儿漫画大赛、“天堂儿歌”演唱和创作大赛、流动少年宫等众多品牌活动，吸引广大青少年参加。比如杭州市“天堂儿歌”演唱和创作大赛，立足于杭州历史文化，创作儿歌，

吸引上百万人次走上舞台，用儿歌的形式表达热爱党、热爱祖国、热爱社会主义的情感。

拓宽实践渠道，创设真实体验阵地。针对城里来的青少年学生对农业不太了解的问题，杭州青少年活动中心和富阳区洞桥乡合作，一起打造“营地+农户”的农事教育体验模式，开发了洞桥营地，打造成青少年实践能力锻炼的基地，结合节日、时令举办活动，比如清明前后开展挖竹笋的活动，玉米成熟期间收玉米，水稻成熟的时候收割水稻，让青少年在亲身体验农事的过程中，培养吃苦耐劳的精神和劳动的意识。在农户家里，用农村的锅，青少年自己动手做饭，从地里摘菜、洗菜、切菜到炒菜，全过程体验做饭的过程。虽然累一点，但青少年还是很开心的。

特色主题场馆，增强优秀文化认同感。大运河边的杭州工艺美术博物馆（杭州中国刀剪剑、扇业、伞业博物馆）是一个和百姓日常生活有着密切关系的场馆。馆中展示的是大家比较熟悉的刀剪剑、扇、伞等现代社会中经常要用到的物件。切菜、切水果需要用到刀，剪裁要使用剪刀，走在户外，天气热了挥一下扇子，下雨或者遮阳需要打伞。它们融入生活，青少年经常会用到这些工具。杭州工艺美术博物馆围绕“弘扬中华优秀传统文化”这一主题，以打造“亲民、乐民、惠民”的开放型博物馆为目标，彰显杭州地区的手工艺和工艺美术传统文化的主题特色，通过历史文物的收藏陈列、工美非遗的展示传承、丰富新颖的公共活动，深受青少年学生的欢迎。如该馆推出的“青少年创意剪纸大赛”，涵盖环境保护、红色记忆、感悟非遗、让文物活起来、童心迎亚运、宋韵迹忆等主题，并相应开展优秀作品巡展、剪纸体验营等推广活动，范围覆盖全国30个省、市、自治区800余所学校，已有超45万人次参与。

第二课堂的实践与探索，将不断促进青少年终身学习习惯的养成，提升学生综合素养与解决真实问题的能力，以更加自信的姿态面向未来。杭州青少年学生教育的“金名片”也将越来越闪亮。

朱光明

爱国主义教育专线

——绿杨阴里的一道红色风景

接待中外乘客5万余人次，日客流量高峰突破3000余人次，路线总长度17.5公里，不仅途经“淡妆浓抹总相宜”的西湖，更囊括10个爱国主义教育基地，实现空间上的文化串联，一条时刻都在展现城市爱国主义教育宣传“硬核力量”的红色专线从此立足杭州。

它就是为庆祝新中国成立70周年，为更好地传播爱国主义精神，树立文化自信，弘扬家国情怀，以感知历史的方式传承红色文化，由杭州市委宣传部（杭州市文明办）和杭州市公共交通集团在2019年3月30日联合推出的“爱国主义教育公交专线”。

不是每一条红色公交专线都叫“爱国主义教育专线”

在全国大力弘扬爱国主义精神的时代契机下，红色公交专线的建设发展成为一种重要的爱国主义教育形式。杭州作为科技硬件、文化软件齐头并进的示范性城市，特色公交专线的推出与更新，则更是日新月异。

杭城经过多年建设发展公交线路，拥有了数量可观的特色公交专线，但为什么偏偏是“爱国主义教育专线”成了特色公交专线的代表？除了城市发展的机遇助力，起决定性作用的是其本身正确的价值观导向和具有前瞻性的交通运营理念，包括充分挖掘并弘扬中华优秀传统文化、革命文化、社会主义先进文化所蕴含的爱国主义教育传统，培育契合时代发展要求的文化自觉，唤醒人们的民族责任感等特色因素。

爱国主义教育专线由10辆12米的纯电动客车和抽调的优秀驾驶员组成，从内到外标识出特色线路所具备的特性。它沿西湖环线行驶，以“最美浙江人”展示馆（浙江展览馆）为起讫点，囊括了杭州青少年活动中心、五四宪法历史资料陈列馆（北山街馆区）、岳王庙、盖叫天故居、杭州苏东坡纪念馆、淞沪战役阵亡将士纪念碑等各个爱国主义教育展馆。不仅独具匠心地选用红色装扮车身，连车厢内也都进行了一番精心布置，车窗、拉环上张贴着红色宣传标语，驾驶员座位背后的空旷处摆放着各个教育基地的服务手册……每个角落都有着满满的红色爱国主义教育元素。

在此基础上，更进一步引入创新科技，车内语音系统自动播报对应场馆的历史文化或红色故事，通过借助怡人的自然风景和厚重的人文历史实现文化空间无缝对接，打造出符合群众需求的全景式文化浸润环境，让市民乘客们能够沉浸式体验这一隅浓缩文化传承、爱国主义情怀的方寸之地。

“爱国主义教育专线”的开通运营，从城市可持续发展及文化输出方面看，亦是满足了城市差异化个性出行需求，进一步提升杭州公交服务水平，为多方位提升城市品质给出的优选方案。

在此之前，市民、游客无论是参观博物馆，还是去打卡爱国主义教育场馆，都需要换乘多辆公交车才能到达各个目的地，常在时间、精力、体力上消耗过大，连带着具有爱国主义教育重要意义的场所的流量都提升缓慢。

随着社会环境的大跨步变革，结合相关信息报道公布的专线数据分析，我们发现越来越多的人来到杭州，已不只是为一览自然风景，更多是通过参观博物馆、纪念馆，从而了解一座城市的人文历史与建设成就。“爱国主义教育公交专线”在这般大环境下亮相杭城，成为杭州交通线路上一条充满红色文化特色的专属公交路线，是杭城积极应对旅游多元化需求，进而整合利用西湖边多方文化资源推出的成功模式。

近些年来，“爱国主义教育专线”将重大历史事件、城市建设成就与爱国主义教育场所完美衔接，恪尽职守地担当起红色的“移动阵地”责任，多角度输出背后的精神力量，让市民游客深刻感知文化传承的重要性，让爱国主义精神根植于每位乘客的心中。

故此，爱国主义教育专线之所以能够在杭州这座城市的公共交通线路中脱颖而出，并成为一条具有城市专属特色的路线，既是时代给予的契机，更是城市本身顺应时代发展的真知灼见和勤勤恳恳地进行城市建设奠定的底气，也将会是反向助推城市进一步发展的重要给养。

以人为本，讲好红色文化故事，传承民族精神

西湖边的北山街，一边是自然给予杭城偏爱的秀丽山水，另一边则是记录民族历史变迁过程的红色故事发生地和纪念馆。当乘坐公交这一日常市民生活遇见纯粹的爱国主义教育专线，这堂“西湖承载民族情感，杭城展现爱国情怀”的人文历史实践课又该怎样在这湖光山色里创新开讲，且颇有深度地表达出传统文化中的优秀内涵呢?

爱国主义教育专线从设想规划始，便将初期任务锁定在“以人为本”的思想愿景上。它在动态行程里“复活”故事主角精神，所以对爱国主义教育内容的点、线、面的把握和提炼尤其慎重，因此成为企事业单位党员固定活动日开展爱国主义教育的“移动阵地”。它在城市发展中同步解决民生难题，因此在特色属性中融入有别于其他专线的运营时间，仅在双休日、法定节假日和寒暑假运营，划分出受众人群结构，为青少年打造出“莘莘学子第二课堂专列”，培养青少年传承红色文化基因，弘扬爱国主义精神。

爱国主义是中华民族精神的核心。中华民族之所以能够经受住无数难以想象的风险和考验，始终保持旺盛生命力，生生不息，薪火相传，正是因为我们有着深厚持久的爱国主义传统。

在实践中，把这些红色文化故事讲得生动有趣，富有生命力，传递给每一个市民、每一个游客，乃至每一个国人，同时引发人们的深度思考，唤醒基因序列里的民族文化自信，加固爱国主义精神信仰，并不是一件容易的事，但这是爱国主义教育专线一直追寻的目标之一。

爱国主义教育专线自开通以来，中央电视台的《朝闻天下》《新闻直播间》

栏目，杭城主要媒体以及中国文明网、腾讯网、中新网等网站都对其进行了专题报道。《都市快报》更是在报道中将它比作充满正能量的红色“小长征”之旅。从杭州市公交集团获悉，此条专线运营行驶中，不断上演令人动容的城市故事：

公交集团劳动模范薛红群的驾驶班次中，曾承载过一位由老伴陪着，坐着轮椅，身着军装，慕名而来的老红军。老人说：“我就想跟着这趟爱国主义教育专线走完全程，好好感受一下这个和平美好的时代。”一路上，他认真听着每一个站点的语音播报和讲解，回忆着当年为国革命的画面，很是满足。

在杭州，在游人如织的西子湖畔，用“最美”力量串联红色景点和展馆的道路上，“爱国主义教育专线”公交车早已广为人知。完成初期目标后，它响应时代号召，积极助推杭州城市建设，优化文化传承模式，实现红色宣传载体再升级。

不改初衷，完成“创新型5D城市名片”升级蜕变

基于城市文化发展特色，杭州市委宣传部联合杭州市公交集团，按照“景城融合、以人为本”的发展思路，规划推出了“爱国主义教育专线”。历经多个寒暑的运营实践，借杭州城市规划（东坡路实行步行街）线路优化等机会，结合乘客的需求，专线被收入构建起“两环十射九连”的景区公交线路网络中，迎来线路融合升级，更名“西湖外环线”，于2023年3月11日重新推出。线路走向由之前的武林广场西始发至武林广场西的环线，调整为由白堤始发至白堤。运营时间由原来8:30到16:30延长至18:30结束。这让市民和游

人又多了一小时在湖光山色里沉浸式体验红色故事，享受西湖美景的慢时光。

如果说爱国主义教育专线前期的开通，丰富了杭州展示对外形象的内在动力，使得市民、游人对像五四宪法历史资料陈列馆、淞沪战役阵亡将士纪念碑这样的地方不再陌生，那么，升级完成后推出的“西湖外环线”则是对现实流量需求提出的高效回复，是在下沉民众生活，助力实现城市生态良性循环中跨出的实质性一步。

承接大流量分解交通压力任务后，这张用心打造的弘扬爱国主义精神的城市文化品牌名片，看似主定位向重点突出旅游观光属性偏移，实际上则是为红色文化宣传拓展了受众覆盖面，让更多的人能被杭城厚重的人文历史浸润，被红色文化宣传包裹，从而更加具象地体悟爱国主义精神的核心与重要性。

不论是升级前，还是升级后，“西湖外环线”（爱国主义教育专线）都尽己所能地向乘客输出城市闪光点。多年来，它秉承着城市创新发展和文化传承缺一不可的发展理念，凭借用心用情的全面付出与经营，入选2019年杭州市民体验日“最具品质体验点”50强，荣膺2019年度杭州市精神文明建设十件大事，2021年荣获浙江省百条品质公交线路称号，2022年又获得中国交通职工思想政治工作研究会城市公交行业分会“行业优秀文化品牌”等荣誉，可谓硕果累累。

升级重新推出后，结合网联流量时代境况和满足城市差异化个性出行需求的目的，这条特殊的公交线路再次受到了广大市民、游客的高度欢迎，已成为杭州城市里的一张创新型5D城市名片。

现下，“西湖外环线”（爱国主义教育专线）公交车的车身既有融入民生，回归普通的蓝白色的，也有维持革命红色的。虽然，外在视觉上变得多样多彩，但为区分专线特色，车前依旧放着格外鲜明的爱国主义专线路线指示牌。随着亚运主题的登场，杭城这张升级后的动态名片，也和各路公交车一起进入新一轮换装，成为杭城新的风景线。

从品味杭城人文精神，到厚植市民、游客爱国情怀，爱国主义教育专线的每一程，都脚踏实地地履行着传播爱国主义精神，树立文化自信，弘扬家国情怀，以感知历史的方式传承红色文化，把杭州打造成一座更具温度的“善城”的初衷。

魏飞燕

公共空间共享

——宽广让生活更美好

城市公共空间品质的改善，体现了一座城市的经济水平与文化软实力，也决定了这座城市的宜居程度与居民的幸福指数。回顾过去的十年，从2014年开始的学校体育场馆对外开放，到G20杭州峰会前后的城市公园建设及“破墙透绿”附属绿地共享，到“后疫情、迎亚运”时期的停车位共享、公园草坪定点开放的尝试，随着以人为本的公共空间治理越来越趋于精细化，杭州的“公共空间共享”，已经真正走在了时代前列。

体育场地共享，健身就在家门口

杭州的体育场地共享，是和群众性体育运动的蓬勃发展同步的。为了落实全民健身战略，提升本市市民的身体素质，2014年1月，市政府办公厅印发了由市体育局、市教育局、市财政局等部门联合制定的《推进杭州市中小学校体育场地设施向社会开放的实施办法》，从组织管理、经费预算、人员队伍等方面，为体育场地的共享提供了机制保障，使老百姓在家门口健身的愿望得以实现。

创人民满意，就是最好的服务。即便在新冠疫情期间，在杭州实施常态化疫情防控阶段，全市的体育场馆仍尽可能地保持有序开放。从2020年初开始，至2021年5月，全市有716所中小学室外体育场地和13个室内体育场馆（试点）向社会开放。

高架桥下篮球公园

2022年下半年，为更好满足市民群众的健身需求，进一步营造“全民健身、共享亚运”的氛围，校园体育场地重新恢复对外开放，并实行“应开尽开”。根据有关部门提供的数据，至2023年3月，全市开放中小学校体育场地（馆）共1184个，其中室外体育场地905个全部免费向社会开放，279个室内场馆免费或低收费向社会开放，加上几十个亚运会新建场馆的惠民开放，基本满足了人们更趋多样化的健身需求。

除了体育场馆设施的100%开放，杭州体育场地共享的另一大亮点是嵌入式体育场的建设。为了构建更高水平的全民健身公共服务体系，2022年7月，杭州市委社建委和杭州市体育局联合发起了“寻找杭州金角银边”新闻共建行动，以“变废为宝”“见缝插针”的建设理念，增加供给，创新性地破解“群众运动去哪儿”难题。截至目前，全市已建成大大小小的“嵌入式体育场地”2243片，共计78.9万平方米。比如建设于拱墅区石德立交桥下的杭州篮球公园，目前已成为年轻人最爱的“网红”运动打卡地。杭州市委社建委相关负责人表示，到2024年，杭州人均体育场地面积将达到2.7平方米以上，并形成供给丰富、布局合理、功能完善的“10分钟”健身圈。不久的将来，适合各年龄层次的“健身房”将真正开到家门口，让每个老百姓都享受到亚运的红利。

停车位共享，细微之举见美善

随着城市经济的快速发展，城市居民的私家车保有量也快速增长，致使中心城区停车难问题日益突出，尤其是老旧小区的停车难问题更加严重。在

共享停车

探索解决停车难题的方面，杭州也交出了一份令人满意的答卷。

时间倒回 2022 年 6 月，为贯彻落实市委提出的“我市要探索尝试释放单位公共空间为百姓共享共用”的工作要求，经市委宣传部（市文明办）、市国资委、市数据资源局、市城管局、市教育局、市体育局、市机关事务局、市园文局等 13 个单位共同研究，制定了“共享城市公共空间”的方案举措。其中，“释放停车位”就是此次公共空间共享扩容的主要内容。

在市城管局的积极统筹下，累计 400 个单位参与了停车位共享，综合利用停车泊位约 2 万个，对缓解部分区域内停车矛盾效果显著。以拥有 28 个共享车位的滨江区国土大楼为例，该处运营至今，共产生 50 笔夜间包月订单，为周边钱塘春晓花园、温馨人家等小区居民夜间停车，提供了极大的便利，得到社区负责人的肯定和大力支持；收获临停预约订单累计 113 笔，使周边小区那些探访亲友的车主及出行换乘地铁的车主得到了实实在在的方便。又比如拥有 50 个共享车位的余杭区政府东面露天停车场，该处运营至今，共收获 23 笔夜间包月订单，解决了部分景腾人才公寓租户下班回家停车难的问题；收获临停预约订单累计 146 笔，为浙大一院余杭院区就医和文一西路站换乘地铁车主提供了极大的便利。

为了将杭州的共享停车打造成“整体、美观、醒目”的专属名片，市城管局还按照“三统一”（统一格式、统一制作、统一铺设）原则，对每一个共享停车场入口进行了改造，统一了公示牌、宣传单等物料，全市共铺设物料 1000 余件。经过改造的停车场，在便利居民的同时，也给城市增添了一抹亮色。

另据市国资委的有关人士介绍，近几年来，国资委根据市里的工作部署和委员建议，在做好充分摸排和调研的基础上，积极鼓励下属国企向社会敞开大门。按照“安全为首、错时共享为主、鼓励双向互惠、分类收取费用”等共享原则，稳步推进实施“错峰车位共享”，截至目前，国资委下属企业的二万六千余个车位全部对外开放，为更好地解决群众急难愁盼的停车难问题，贡献了国资国企的力量。

杭州是全国有名的”数字之城”，共享停车的一大特色，是采用了数字化改革的成果。市城管局联合华数集团建立了全市统一的泊位共享平台“邻里停”，作为城市大脑停车系统的组成部分。通过浙里办进行共享泊位信息的发布与运营，车主可享受车位查询、路径导航、个人车位发布、邻里共享等“一站式”停车服务。手机点一点，方便又快捷。

杭州的停车共享，最值得一提的还有充满浓浓温情的“孝心车位”。目前在许多老旧小区，为了让子女周末、节假日来探望老人时停车方便，都推出了一定量免费停放的专属“孝心车位”。孝心车位的设置，不仅帮助子女解决了看望父母时停车难问题，更是在居家养老、孝心文化、公共文明、社会治理等多个方面发挥了引领和示范作用，还成为杭州这座善美之城的金名片。

绿色空间共享，诗意地栖居

杭州之美，美在山山水水，也美在散布在杭州角角落落的公园，美在社区、街角等公共区域随处可见的园林小品，美在那些可游、可赏、可玩、可休憩的“绿地共享空间”。

所谓“绿地共享空间”，指的是城市附属绿地，即机关企事业单位、商业楼及企业园区等配套绿地的共享及城市公园绿地的共享。前者的打开方式是“破墙透绿”，据主管全市绿化的杭州市园文局相关负责人介绍，此项工作是由市园文局统筹指导的，开展时间较早。近几年来，借 G20 峰会与亚运会的春风，市园文局一直在鼓励各个城区根据自己的情况，让拥有良好绿化环境的单位、企业园区、商业区域打开围墙，实现了附属绿地与城市公共绿地的共享共用，助力城市景观风貌的提升。这方面比较典型的范例有两个，其中之一是位于环城西路与凤起路交叉口的温德姆酒店前的街心公园。它是由外侧的公共绿地与温德姆内侧的附属绿地连通打造而成的，整块绿地面积 1100 多平方米，里面的花草高低错落，是一处别具匠心、赏心悦目的景观小品。第二个案例是滨江区的海威中心。“破墙透绿”工程实施之前，原本它是禁止外人进入的钢制家具生产基地。2022 年下半年，借助园区升级为研发基地的契机，企业撤去了四周的围栏，之后海威中心便成为周边居民十分喜爱的散步慢行道。

由市园文局倡导的“破墙透绿”共建共享项目，得到了各城区许多具备开放条件的机关单位、产业园区与商业体的响应，从 2021 年至今，包括江吟公园、杭州第一技师学院、金盛科技园、长征桥路 42 号院等地都陆续完成了改造工作，系列项目将为下一步全市范围内推广积累更多经验。

附属绿地的破墙透绿，增加了社区居民美好生活的绿意空间，而城市公

共享运动场所

园绿地的开放共享，则更大限度地满足了人们对运动健身、休闲游憩、搭建帐篷等亲近自然的户外活动需求。

根据住房和城乡建设部办公厅《关于开展城市公园绿地开放共享试点工作的通知》，2023 年 3 月，杭州成为全国首批城市公园绿地开放共享试点城市之一，由此，市园文局将城市各大公园的草地空间、林下空间、空闲地等区域的有序开放提上了日程。

公园绿地空间的开放共享需要具备一定的条件，比如社区公园相对面积较小，而居民有希望保持现状的要求。一些小型的街心公园开放，需要专业的管理，而景区的公园有强有力的管理方，比较容易实现共享。在公园绿地空间的开放共享具体实施之前，杭州市园文局很早就启动了城市公园绿地开放的摸底调研、现场踏勘、数据分析等一系列的工作，并通过数字化的通道，邀请全体杭州市民参与制定杭州草坪文明开放公约，与管理方一起，建立起绿地空间共享的规范。

继杭州成为全国首批城市公园绿地开放共享试点城市以后，城市公园绿地共享正在稳步向前推进。按照公益性绿地优先、有明确管理养护主体的绿地优先、设施齐全和资源丰富的绿地优先的原则，经过前期紧锣密鼓的筹备，目前已有 10 个城市公园的绿地开放共享空间开始试点运行，其中有城北的网红公园运河亚运公园、城北体育公园，以及位于风景名胜区的杭州植物园、位于萧山区的湘湖国家旅游度假区等。

后期，市园文局还将进一步有序开放城市公园绿地空间，将根据不同的活动类别进行功能区域细分，开辟多元的绿地开放共享空间，针对不同的客流，推出线上线下的预约管理等机制。预计到 2024 年，我市城市公园开放的绿地和空间将不少于1000处。

杭州城市公园的绿地共享，今后将围绕“草坪经济”大做文章。据园文局相关负责人介绍，通过前期不少有益的探索，杭州在这方面已积累了丰富的经验。一是在基础服务，比如湘湖的露营服务区，提供帐篷搭建、天幕租赁、桌椅租赁等项目；二是举办特色集市，比如五一假期的小河公园，就举办了丰富多彩的集市活动，吸引了众多市民游客前来打卡；三是以草坪为载体，举办大型的富有特色的文艺活动，比如刚刚落幕的西湖音乐节，已经连续多年在太子湾公园大草坪上举办，成为杭州独有的文化符号。今后，随着更多的公园绿地投入开放，园林管理部门将引进更加优良的品种，采取更加科学高效的养护手段，让草坪不会被轻易踩坏，并且延长植物的生命周期。而对于管理方而言，首先需要做的就是核算相关成本，并结合当下趋势确定活动形式，以经营收益反哺草坪养护。

城市公园绿地的共享带来了新的机遇和挑战，接下来市园文局会努力打造市民游客喜闻乐见的品牌化活动，将依托杭州特有的历史文化植入，打造独具特色的草坪文化，让杭州的绿地共享空间越开放、越精彩。

一张乒乓球桌、一个停车泊位、一片绿草地，它们的面积本身都不大，但通过创新性的共享，从封闭到开放，从部分闲置到全时使用，能最大限度地提高市民群众的获得感和幸福感，更折射出杭州这座“善治之城”的温情、安逸和文明。

许志华

文明驿站

——如何温暖一座城

2023 年 8 月 3 日，“爱杭城‘益’起来”杭州亚运城市志愿服务站点启动暨站点地图发布仪式举办，220 个市级“亚运文明驿站”正式亮相并启用，它们分布在亚运场馆及亚运村周边、机场火车站等交通场站、重点路段沿线地铁站和公交车站、大型公共观赛空间、热门景区景点、特色街区、文化交流空间等七类重点区域（以下简称“七类重点区域”）。作为一个集旅游咨询、亚运宣传、城市活动、便民服务于一体的常态化亚运城市志愿服务阵地，它们将为公众提供交通引导、信息咨询、医疗应急、失物招领、亚运文化宣传、助残服务等形式多样的志愿服务。杭城街头由此又多了一道靓丽的风景线。

在杭州第 19 届亚运会和第 4 届亚残运会的赛场上，各国运动员拼搏奋发的身姿引人瞩目，奖牌榜上遥遥领先的中国队金牌数量振奋人心。其实，亚运竞赛并不局限于各个场馆内，还在这座美丽城市的每个角落予以呈现。借助于这场体育盛会，我们向世界展示的不仅是强劲的体育实力，不仅是足以自豪的物质文明建设成果，还展示着一座现代化国际大都市的文明形象。亚运文明驿站正是“浙江有礼”文明品牌的又一生动实践，它以向中外嘉宾提供宾至如归暖心服务的方式，让世界真切感受当代杭州社会主义精神文明的发展水平。

漂亮的文明驿站缘何而来

萧山区作为杭州亚运会重要保障区域，承担亚运城市志愿服务工作的重要使命任务，在全省首创亚运城市志愿服务品牌“亚运文明驿站”。2023 年年初，他们利用闲置的“核酸小屋”改造成为固定的文明驿站，利用“退役”客运车改造成为流动的文明驿站。“五脏虽小”但功能齐全，不仅有效利用了闲置资源，减少财政资金浪费，也为城市增添了一道靓丽风景线，更体现了杭州亚运“绿色、智能、节俭、文明”的办会理念。

萧山区的做法很快取得了实效，并得到了充分肯定。2 月 17 日，市委常委、宣传部部长黄海峰在《“核酸小屋”变身“亚运驿站”——萧山区首创亚运城市志愿服

拱墅区武林大妈“暖心连线”亚运志愿服务站

务新阵地》的工作专报上批示肯定；6 月 13 日，杭州市亚运城市志愿服务站点建设现场会在萧山举行，全市推广建设亚运文明驿站；6 月 27 日，省委副书记、市委书记刘捷赴萧山区你好广场实地调研亚运文明驿站。之后，这股“改造风”席卷杭城，各类闲置的核酸检测亭、岗亭、公交车、客运车通过标准化、规范化、系统化的改造，摇身一变成为亚运文明驿站。据统计，在七类重点区域，共布局了 220 个市级亚运文明驿站、314 个区级亚运文明驿站，并联动 3400 余个新时代文明实践中心（所、站），全面打造亚运城市志愿服务“风景点”“风景带”“文明实践矩阵”。

“亚运文明驿站的服务区域主要为‘七类重点区域’，根据工作需要合理设置站点，对标对表‘简约、安全、精彩’的办赛要求，站点可利用核酸小屋、退役公交巴士等各类空间进行提升改造，也可以整合利用各系统、各行业现有的青年V站、地铁彩虹驿站、贴心城管驿站、党群驿站、微笑亭等阵地资源共建共管共用，融入亚运城市志愿服务，精品打造一批辨识度高、影响力强、服务形象佳的亚运城市志愿服务站（点），重点形成亚运城市志愿服务特色‘风景点’‘风景带’，全面展示城市国际文明形象。”在亚运城市志愿服务站点建设现场会上，市委宣传部副部长、市文明办主任，杭州市志愿服务联合会会长王文硕说。

滨江区“滨滨”有礼文明驿站——星光气球小屋

据介绍，被列为全市城市志愿服务“风景点”“风景带”的亚运文明驿站，围绕赛会需要重点提供“七个一”标准化服务，即一套“6+X”志愿服务项目（信息咨询、医疗应急、失物招领、便民服务、手机充电、文明指引等）、一个规范化配备应急药箱（列明常规应急药物清单，实时检查并及时更新，确保药品安全有效）、一支以上结对包干志愿服务队伍（固定入驻且在显著位置公示）、一张服务时间计划表

（包含服务周期、每日上岗时间、人数等）、一张区域志愿服务联络表（包含站点周边 AED 设施、警务室、地铁等服务点地址及联系方式）、一份应急预案和一支应急梯队。服务期间志愿者须统一着亚运城市志愿者服装上岗，服装样式由市文明办委托中国美院团队专门设计，主题为“爱杭城”，“爱杭城”LOGO 以英文字母“HZ”高度凝练地展现了杭州国际化志愿服务内涵，寓意“城市”志愿者的美好形象。“HZ”既与亚运口号和亚运精神相呼应，更表达了“奉献、友爱、互助、进步”的志愿服务精神。

基本服务之外尚有“个性”表达

“亚运文明驿站”是从众多亚运城市志愿服务站点中精心遴选出来的，所以它拥有先前服务站点的若干特征，但又根据各个区域、各个文明驿站甚至不同志愿者的特点，增加了个性鲜明、风格独具的服务项目、内容和方法。各个区（县、市）在驿站的建设、运行和管理上，也都有各自的要求和做法。在总体任务和基本特点统一的基础上，这样的个性化设置和“表达”当然是允许的，且是必需的。

亚运倒计时 30 天来临之际，西湖区举办了文明驿站启动暨西湖阿姐亚运宣言仪式，先后组织 30 余名西湖阿姐参与驿站志愿服务活动，提供外语翻译、文明观赛、旅游资讯、信息服务等各类活动。国庆期间，亚运赛事正酣，西湖区又组织西湖阿姐，邀请四方宾客参加品鉴九曲红梅、西湖龙井等系列活动，传播优秀非物质文化遗产，力争让西湖阿姐志愿服务品牌成为文明驿站的金名片。北山城管微笑亭文明驿站位处西湖景区及商圈周边，中外游客较多。他们特意引入“漂流书屋”“爱心雨伞”等个性化服务，还免费提供口罩、消毒水等防疫物资，并把信息咨询、交通引导、母婴服务、手机充电、应急救助等服务始终作为该文明驿站的重点服务内容。

滨江区在亚运文明驿站建设过程中，采用点面推进，阵地联动的方法，实现一站多用、平台共享。他们建设了6个市级标准文明驿站，打造“滨滨”有礼文明驿站主阵地，释放出“小站点”凝聚、辐射、引领的“大能量”效应。他们优化“政企共建”模式，由区文明办、团区委、浦沿街道与中建一局宝龙城合作，将原有的集装箱改造成驿站，配备应急药品、饮用水、雨伞、手机充电、轮椅、爱心图书等各类便民设施，提供社区帮扶、应急救助、信息咨询、交通指引等志愿便民服务，同时拓宽辐射范围，链接多方资源，注入企业力量为驿站赋能添力。滨江区还在服务内容上，融合高新、助残特色，点亮国际滨的文明志愿形象，如星光气球小屋文明驿站配备了爱心发电站、自动开合的玫瑰花伞、VR体验、机器狗、智能机器人等特色“高新”产品，无障碍手语翻译系统、爱心轮椅、盲杖等助残便利服务设施也在亚残运会期间提供全方位服务。

在拱墅区武林路上，经过改装的红色集装箱特别惹眼，身穿红马甲的“武林大妈”卡通形象和杭州亚运会吉祥物“三小只”在橱窗里欢笑，集装箱上方还写有“文明驿站”四个大字。这里便是赫赫有名的“武林大妈”亚运文明驿站。

“武林大妈”是一支由5.3万余名志愿者组成的志愿服务团队，在拱墅区武林街道已成立多年。这处由集装箱改建的服务亭建于2017年，2020年曾被列入亚运城市大比武后全市唯一保留的亚运城市服务亭。为迎接亚运，武林街道对它实施了提升改造，成为“武林大妈”亚运文明驿站。

入内参观，里面不仅配备了茶水壶、微波炉、雨伞、针线包、应急药箱等便民服务设施和用品，还配备了 AED 除颤仪、轮椅等医用设备。门口的陈列架上，《亚运知识　文明观赛》《文明亚运市民手册》等各类亚运宣传册一应俱全。与“武林大妈”这个冠名相符的是，这个亚运文明驿站的志愿者大多为中老年妇女，但她们对志愿服务十分热心，不少人已担任了多年的志愿者。“Welcome to Hangzhou！”正在这里值班的俞阿姨大声朗读着英语短句，她的手里正握有一本有各种英语短语和中文翻译的小册子。显然，地处市中心城区、距西湖不远的这个亚运文明驿站，志愿者们用简单的英语，为外国友人提供交通引导、旅游咨询、亚运宣传、应急救助等服务，已是一大特色。

城市志愿服务的内容形式仍在深化中

从字面上理解，“亚运文明驿站”似乎专为本届杭州亚运会的举办而设。从站点的遴选、服务内容的确定、志愿者队伍的组成等方面来看，它的服务对象似乎只是亚运期间前来杭州的中外宾客，重点解决的是他们在观赛、旅游、交通、生活等方面临时遇到的困难，提供的服务区域和内容范围是有限的。然而，随着亚运城市志愿服务活动的持续深入，也随着亚运文明驿站服务内容的不断丰富，服务方法的不断完善，这一专项性服务活动，已溢出了原先所预设的内涵和范畴、思路和方法，其作用的充分发挥超出预期，其存续的必要性和必然性也日益凸显。

西湖区西溪湿地文明驿站

为了让每一位在杭的中外宾客，能及时获得专业、细致、暖心的服务，市文明办在“文明帮帮码”平台还上线了“亚运城市志愿服务站点地图”，这也是亚运文明驿站的一大特色。它是围绕杭州亚运会、亚残运会城市志愿服务需求，基于杭州220个亚运城市志愿服务站点搭建的自主性选择、个性化预约、精准化服务的亚运城市志愿服务一体化服务平台，旨在为亚运城市志愿者提供全流程一体化亚运城市志愿服务。

亚运城市志愿服务站点地图上线了四大功能场景。“网上查、身边找”

精准化“选点”便捷功能，能让志愿者根据亚运城市志愿服务地图当前定位，显示周边亚运城市志愿服务站点，并可查看、选择身边的站点，实现精准选点做志愿；“不限时、自主选”个性化“选时”预约功能，能让志愿者根据个人喜好和空余时间，按照场次日期、时段进行选择报名合适的场次，吸引更多志愿者为亚运助力，展示志愿者个人风采；“团队约、共参与”组织化“结对包干”联盟功能，能让机关企事业单位、社会团体、志愿服务组织通过对站点进行“结对包干”，组织报名该站点的志愿者参与培训，凝聚更多志愿者力量；“志愿保险、专项礼遇”多项激励保障服务功能，能让志愿者参加活动即可获得志愿者专属保险。通过签到签退积累亚运城市志愿服务时数，根据积分换取商城各种礼品。还可以获得勋章和证书等亚运城市志愿服务专项礼遇。显然，该功能有利于激发更多志愿者参与亚运城市志愿服务。

亚运志愿服务不再是单向的，而是双向的、多向的，体现出一种家庭式的温馨。与此同时，在搭建共建共享新模式方面，由于注重调动各个文明单位的主体性和能动性，越来越多的党员志愿者积极主动地参与到驿站的建设和运行中，如中国丝绸城文明驿站联动区域内浙江中智、杭州商旅数字经济发展公司等爱心企业，形成稳定的服务力量。而普通市民也能以“一屏统览新体验”的方式，根据个人喜好和空闲时间，按日期、时段个性化选择场次，就近就便选择文明驿站，参与到各项志愿服务活动之中。显然，广大党员干部、更多爱心人士的纷纷参与，使得“小站点”汇集起无数志愿者，极大地拓展了这一专项性服务活动的参与度和覆盖面。

各文明驿站在具体运行中，推出的各项“自创式”特色服务，也大大拓宽了服务内容和范围，这无疑是这一专项性服务活动的深化。杭州火车南站·杭南驿文明驿站依托原咨询服务台提升而设立，结合交通行业特点，所推出的志愿服务内容极其丰富。“除了亚运文明驿站所要求提供的基本服务，我们还提供视频手语、机器人带路等相关服务，特地推出了‘七彩出行’，设置萧山机场、西湖景区等旅客出行常用的 18 个出行点位，采用双语，在鲜艳的七彩标签上标明公交地铁站点线路，供旅客领取。”杭州火车南站志愿者张玲丹介绍，像这样的站点，杭州火车南站就有 7 处，有些重在为司机们提供服务，有些主要提供志愿者培训服务，有些站点则配备了专业的医护团队。前不久，一位旅客突发心肌梗死，借助亚运文明驿站的力量，旅客的生命得到了挽救。

桐庐县以“全民亚运　志愿‘桐’行”为主题，突出桐庐文化特色，围绕叶浅予艺术馆等公共文化场馆，以及诗话富春江景区、严子陵钓台景区等具有桐庐特色的热门景区景点设置亚运文明驿站。在做好基本志愿服务的同时，着重弘扬“文化桐庐”新魅力、讲好“潇洒桐庐”新故事、展示“暖城桐庐”新风采。临安区的亚运文明驿站还推出了“爱心冰箱”特色服务，即在全区各镇街铺设“爱心冰箱”“爱心凉茶铺”点位，实现了亚运通勤线路、场馆周边、商业综合体等重点区域实现“爱心冰箱”全覆盖，为户外高温工作者、游客、运动员、市民送去清凉。

文明驿站是有内涵的宣传窗，是有温度的贴心岗，是有力量的桥头堡。至亚运会开幕之前，全市共有超 149.5 万人通过“杭州市文明帮帮码”平台注册报名参加亚运城市志愿服务，累计共有 252 万人次参加城市志愿服务活动，向全世界各方来宾展现了杭州城市文明形象，为杭州亚运会留下浓墨重彩的一笔。在打好杭州亚运会服务保障战役中，杭城全民皆是“战友”。“人人参与、人人享有”“赠人玫瑰、手有余香”的志愿服务精神深深烙在杭州市民心中，而在开展这项活动过程中，广大市民热情不减的参与、赞誉不断的社会反响、亮点迭出的方法创新、愈显丰富多彩的服务内容，已表明亚运文明驿站服务平台日臻成熟，也显现了这一志愿服务形式的非凡生命力。

有人说，一座城市的最诱人之处不仅在其颜值，而在其精神，而志愿服务正是一座城市重要的文明底色。“亚运文明驿站”孕育于杭州亚运会，而在后亚运时代，如何继续发挥文明驿站的平台作用，形成共享共建的良性循环，让“浙江有礼”通过看得见、摸得着的方式，引领人们润物无声地提高公共道德素养，一步一步走上精神文明高地，值得深入思考，也值得不断探索。

孙　侃

有礼单元创建

——白玉应无瑕　温润见文明

余杭，一个有着五千年历史的文化古邑，世界文化遗产良渚古城遗址所在地。良渚古城盛产玉器，最具代表性的是玉琮。它是杭州第19届亚运会吉祥物占据C位的“琮琮”的原型。

余杭区拥有其他县市所没有的、独特的区域文化资源。他们从良渚玉文化中提炼“有礼单元建设”的内在要求，并将当地精神文化资源进行有机转换，助推全域文化繁荣、全民精神富有：培育“白玉无瑕”好家庭，滋养文明实践“基本细胞”；织密“温润如玉”好邻里，强健文明实践“神经组织”；筑牢“玉见文明”好家园，壮大文明实践“村社肌体”。“有礼单元建设”使道德约束行为成为德治在基层治理现代化中的催化剂，形成优美城乡风貌、优良乡风民风、优渥增长空间的精神共富景象，取得了丰硕成果，获得了2022年度浙江省宣传文化领域共同富裕最佳案例（全域文明建设系列，全市唯一）。

培育“白玉无瑕”好家庭，滋养文明实践“基本细胞”

余杭区聚焦家庭家教家风建设，深入实施“余杭好家庭”系列工程：夯实家庭教育，培育“伢伢习德”未成年人思想教育品牌；传承家庭文化，开展家风家训再创作、祖训新释等活动，实现“户户门前晒家训”；倡导家庭新风，开展文明餐桌等“文明好习惯进万家”行动；从而推动“争做文明有礼余杭人”成为全民自觉，培育“全国五好家庭”等区级以上好家庭 545 户、美丽余杭人 256 人（含中国好人 2 人，浙江、杭州好人 47 人），举办“文明有礼　强国有我”系列主题展演活动，惠及 13 万余户有青少年的家庭。

“余杭好家庭”系列工程建设中，涌现出了“全国最美家庭”（杭州 5 户，浙江 34 户，全国 1000 户）刘亚辉家庭。刘亚辉是西安交通大学博士生，妻子李小倩是浙江大学在读博士。2016 年 8 月，刘亚辉入职阿里巴巴集团公司。短短 3 年，他斩获 16 项国内国际专利。2020 年 4 月，他远赴国家级贫困县、革命老区陕西省铜川市宜君县担任“脱贫特派员”。其间，他通过“菜鸟乡村”帮助当地改善物流；通过“寻找远方的美好”公益项目，帮助当地提升农产品的品牌价值；通过孵化支付宝“AI 豆计划”人工智能训练师项目，帮助年轻人就业；建立速卖通假发社区工厂，帮助学历不高、年龄偏大、不会操作电脑的农村留守妇女们就业。由此，刘亚辉被评为“陕西省铜川市脱贫攻坚先进个人”“宜君县劳动模范”，并当选 2022 年北京冬奥会的火炬手。他妻子李小倩是之江实验室的一名科研人员，主要研究利用人工智能等技术手段，让火星探测器在宇宙探索中变得更“机灵”。2021 年 5 月，李小倩主动申请到之江实验室北京研究中心工作至少 3 年，为国家地外探测项目贡献自己的力量。

刘亚辉的岳父母和他们一同安家在杭州，他们一直教育亚辉和小倩说，“小家安，大家才能安”。他们以身作则树榜样，身体力行扬家风，为晚辈做好表率。分居两地的刘亚辉和李小倩一直互相支持、互相呵护。2020年初筹备婚礼时，刘亚辉想申请外派奔赴宜君县，李小倩虽然不舍，但还是对他的决定表示支持。2021年，当听到李小倩希望申请到北京研究中心时，刘亚辉也全力支持妻子的选择。虽然两人少有团聚，但彼此关心爱护，做对方最坚强的后盾。

刘亚辉家庭入选“全国最美家庭”，与余杭区开展的“有礼单元建设”密切相关。刘亚辉说：“通过有礼单元建设，我学习到有礼单元是新时代文明实践中心建设的重要载体，旨在通过开展丰富多彩的文明实践活动，弘扬文明有礼的优秀传统美德，推动社会主义核心价值观在家庭落地生根。一个家庭如果有良好的有礼文化，那么这个家庭成员之间也更容易展现出和善、

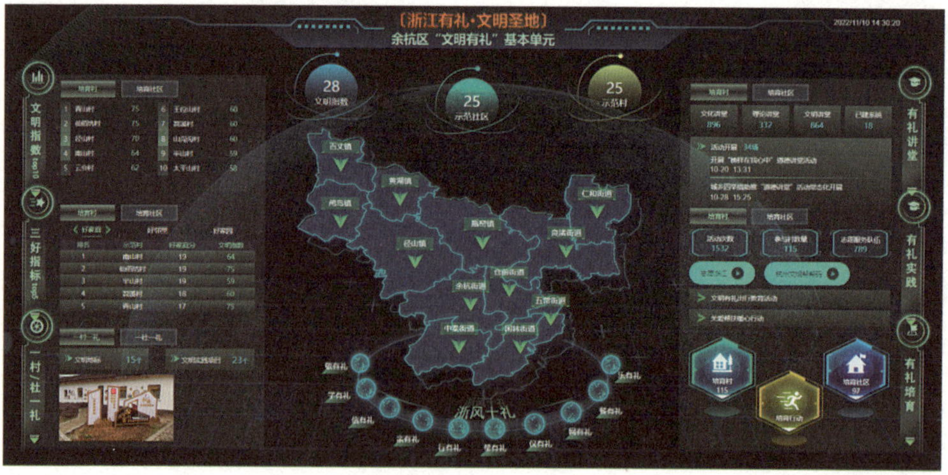

“文明有礼”基本单元数字化平台

文明、有礼的态度，同时也会在家庭中传递和弘扬这种美德，使家庭成员之间的关系更加和谐。这种良好的家风也会影响周围的人，进一步推动社会文明进步。”

余杭区培育“白玉无瑕”好家庭，滋养文明实践“基本细胞”，充分利用区内优势文化资源，即良渚文化遗产和优秀的家教文化，结合新时代、新文明、新礼仪，探索出一个精神共富的最佳案例。

织密“温润如玉”好邻里，强健文明实践“神经组织”

俗话说：“远亲不如近邻。”余杭区凝聚多方邻里共识，进一步建强新时代文明实践站等邻里活动场所。持续开展、打造“新时代创客说”为引领的“双百双千”大宣讲，品牌受众80万人次；多元化解邻里矛盾，擦亮小古城村“众人的事情由众人商量”等基层民主协商品牌；多线扎紧邻里纽带，探索文化走亲余杭模式；做强文化礼堂“共富联盟”，扩展新时代文明实践站、余阅空间等邻里活动场所。全市率先成立新时代文明实践“和润”基金1000万元，组建志愿服务队伍2628个、社会组织854个，吸引注册志愿者27.6万名，每5个人中就有1名志愿者，推动形成守望相助的邻里生态。

在乡村，让村民拆除或降低自家围墙，从来都是一件难事，更别说让村民主动了。而在余杭小古城村，“众人的事情由众人商量”这句话深入人心。有了民主协商这一“法宝”，当地降围墙从动议到完成只用了21天。如今，村容村貌干净整洁，一砖一瓦透着舒适的气息。“打开围墙，敞开心墙”的故事也成为茶余饭后一段佳话。小古城村还立足“两众精神”，以民主议事引领文明风尚。邻里之间有什么矛盾纠纷，坐在村口的大樟树下友好协商，总能有效化解，村民间愈发和睦友善。当文明习俗观念渗透人心，这里的村民不仅身体力行文明乡约，更是成为乡村文明的表达者和推动者。

为中国“两弹一星”事业奉献了一辈子的88岁杨元桂和85岁陶贻园夫妇，选择了良渚作为养老地。周四下午，陶贻园奶奶照例又去了她自愿“结对”的一位孤老邻居的家里，与老人聊聊暖心话，看看对方是否有什么生活需求。几年前，小区搭建了一个结对互助的邻里群，在社区，时常可见结对的老人一起散步、做体操。目前，这个群体已经扩展到一千余人。今年是杨元桂、陶贻园夫妇在良渚文化村居住的第七个年头，对他们来说，关上门，是不到百平的温馨小家；打开门，是邻里和谐、互帮互助的社区大家。“德不孤，必有邻。”良渚文化村汇聚了来自全国、全球的2万余名居民，早在2011年，良渚文化村就制定了《村民公约》，他们的文明实践让更多人对文明村社生活产生了更大的向往。村民们还自发组建了32个兴趣爱好社团，每当村民日、村跑、村民市集活动来临，更拉近了社区邻里之间的距离。

“有礼单元建设”做精做细城市小区治理，打通基层治理及服务群众“最后一百米”，着力提升小区精细化治理水平，织密邻里关系，让邻里关系“温润如玉”，以小单元撬动大治理，增强居民获得感、安全感、幸福感，让广大居民群众过得真正舒心、顺心、暖心，成为基层社会主义精神文明建设和实现精神生活共同富裕的行动指南。

筑牢“玉见文明”好家园，壮大文明实践“村社肌体”

美好家园是社会文明程度的象征与体现，也是社区居民在社区中各种精神文化生活的反映。

做了一辈子儿童图书馆、获评“中国好人”的庞汝勋爷爷，“从天而降”营救小孩的汤文杰，“90后白发医生”鹿燕青，拾金不昧的8岁双胞胎姐妹，“面膜女侠”教科书式灭火……近年来，一个个出圈的余杭名字与正能量事迹在全网传播。有时候，好人也有统一的“名字”。在余杭，他们的名字可能是“瓶窑奶奶”、“前溪大妈”、“洪哥”应急小分队，也可能是“红小径”“文明啄木鸟”“午潮山卫士”“宝德昌”。

一位道德模范，就是一座精神富矿；一群好人，有时候能带动一座城。比如几年前，余杭区黄湖镇青山村的村民还在“为水所困”，直到2015年大自然保护协会来到这里，怀揣着水源保护的念头，协会挨家挨户上门宣传，村内乱倒垃圾、焚烧秸秆的行为少了，争做“自然好邻居”的人多了。如今，

小古城村“众人的事情由众人商量”

小古城村 大樟树下议事

这里已经成为一个以乡村美学、传统手工艺为核心的艺术村落。一批设计师、公益志愿者、文化工作者在此共建美丽乡村，结合各类文化文明活动，形成了浓厚的“善美青山”氛围。文明风尚也将反哺基层治理。余杭区西溪源村就建立了从村党委至农户的“100+X”五级管理考评体系，村民、党员、村组长、文明监督员等均是文明建设的宣传员、联络员、劝导员和监督员。通过构建“自律 + 他律”的乡风文明建设新模式，“文明有礼”融入群众的日常生活。自治、德治与法治有机结合，乡村也走上了善治之路。

要建成最具幸福感的城市新中心，余杭正不断筑牢“玉见文明”好家园，壮大文明实践“村社肌体”。比如实施“支部建在点位上”专项行动，以“党支部认领点位、党员骨干包点位、志愿队伍认领点位”，把全区 213 个村社全部纳入建设，全区 168 个重点点位全覆盖保障，推进城市文明大提升。设立全省第一支规模达 2 亿元的区级文艺发展基金，获国家级奖项 9 件、省级 6 件，实现品质文化惠享，着力构建共治共享的“幸福共同体”。开发“文明有礼”基本单元数字化平台，定期公布全区所有村社文明指数排名情况，指导各镇街、村社继续深入树立“一村一社一礼仪”微名片，实现“在浙江看见文明中国、在余杭感受文明圣地”的目标追求。文明无形亦有形，城乡文明的建设，全民素质的提升，将让人们愈加深刻地体会到“在余杭感受文明圣地”的真实性。

余杭以“有礼单元建设”为项目载体，以数字赋能为驱动力，构建“好家庭”“好邻里”“好家园”三个维度的精神文明建设体系，通过区镇（街）村（社）三级联动，深度运用文明积分手段，推动“浙江有礼”省域文明新实践在余杭村社基本单元全面落地，彰显德治在基层社会治理体系和治理能力现代化建设中的作用，聚焦提升群众精神生活共同富裕获得感，使“文明有礼”成为余杭人共有的精神气质和共同的价值追求。

“有礼单元建设”取得了丰硕成果：“伢伢习德”成为全国全省首创的文明实践德育品牌；由于乡风民风文明有礼，社会矛盾锐减，2021年余杭区获评“平安中国建设示范县”，为杭州市唯一；由于实现资源优质均等，城乡风貌和谐共生，2022年余杭区获评首批国家乡村振兴示范县；2022年，“礼堂联盟　文化走亲”入选省农村文化礼堂赋能共同富裕引领计划首批项目。

余杭区以培育“白玉无瑕”好家庭、织密“温润如玉”好邻里、筑牢“玉见文明”好家园为实践切口，从“家庭”这一社会的最小单位抓起，向“邻里”这一关键社会关系发力，最终浓厚社会面践行文明的“家园”氛围。“有礼单元建设”助推余杭高质量发展，实现物质精神共富。如今，余杭区在全省共同富裕考核中位列第一，多项工作获省领导批示肯定。“有礼单元建设”探索出了一条构建社会主义核心价值观体系、促进人民精神生活共同富裕的有效路径。

郑春霞

富春风尚汇

——“崇尚最美”的数字力量

数字时代，如何发现美、践行美、崇尚美？富阳区委宣传部（文明办）推出“富春风尚汇”数字化应用场景，构建了一个以底层数据库为支撑的“1+2+4+N”总体架构和多跨协同应用平台，为在全社会“发现最美”“践行最美”，引领市民自觉“崇尚最美”，构建“最美礼遇”优待机制实现便捷化、智慧化。

“富春风尚汇”应用于2021年7月上线“浙里办”，2021年8月上线“浙政钉”，2022年8月上线“浙里办”微信小程序。截至2023年5月底，市民注册超过13.8万人，占富阳常住人口的近20%，每日新增注册500人以上；建立风尚基金池，筹集资金230万，落地风尚柜70台，享用人数达255875人次；风尚广场享受人数近4800人次。“富春风尚汇”数字化应用获评全省数字文化系统优秀应用、“最美浙江人”省级试点，相关改革经验还被省委改革办《数字化改革（工作动态）》刊发推广。

那么，“富春风尚汇”是怎么搭建起来的，又起到了哪些作用呢？

发现美，从被动到主动

近十年来，杭州涌现出许多最美人物，“最美杭州人”成了杭州精神文明建设的一张金名片。那么，“最美”又是如何发现的？富阳区在推出“富春风尚汇”数字化应用场景之前，通过调研，了解到以往发现最美的途径，还是通过被动的组织推荐、媒体报道，而不是通过群众举荐和主动申报。

暖心的好人好事时时处处都在发生。如何通过数字赋能，创造出一个数字化的应用场景，实现全网全覆盖，让每一个拥有智能手机的人，都可以随时登录、随时发现、随时记录他人或自己的最美行为？富阳区文明办创造性地推出“富春风尚汇”数字化应用场景，每位用户只要登录 APP，进入服务栏目，完善基本信息，激活账号，就可以使用了。

“富春风尚汇”数字化应用场景分为“发现最美、践行最美、崇尚最美、礼遇最美、风尚 · 资讯”5 个栏目。市民可通过“发现最美”栏目所设置的“最美我申报”“最美随手拍”“最美事迹荐”3个模块，自主填报本人各类荣誉和证件照片、上传工作生活中的最美现象，提供身边最美人物事迹线索，同时，还可以通过“践行最美”栏目所设置“风尚活动”“风尚答题”“文明帮帮码”“风尚睦邻”4个模块，学习最美风尚知识、参与最美风尚活动，发布求助信息和微心愿等。而在“崇尚最美”栏目，还设置有“风尚榜”“最美群像”模块；“礼遇最美”栏目则设置了“风尚码”“风尚广场”模块，便于市民了解倡导最美风尚这一活动的进展和成果。这既解决了发现最美途径单一的问题，还实现了美的发现从被动到主动的转变，及时记录美、赞颂美、礼遇美。

市民何超的事迹，就是通过“富春风尚汇”数字化应用场景，通过“最美我申报”模块，上传自己的献血记录，主动“被发现”的一个典型案例。何超是富阳区农业农村局农田建设科的工作人员。2010年5月至2023年9月，无偿献血69次，献血总量27600毫升。他因多次无偿献血，获“2016—2018年度浙江省无偿献血奉献奖”“2019—2020年度富阳区无偿献血先进个人”“2019—2021年度浙江省无偿献血之江杯奖”“2020—2021年度全国无偿献血奉献奖金奖”。

2022年年初，有人告诉何超，可以登陆“富春风尚汇”，在“发现最美”栏目中的“最美我申报”模块上传自己的献血记录，可以自主申报美的事迹。于是，何超就把这些年自己的献血资料一一上传，获得风尚分的同时，也引起了不少人的关注。之后，他就成了富阳区远近闻名的献血达人，并因乐于助人入选2022年度“富阳好人”。

这样的例子不止何超。2021年8月28日下午2时30分左右，在富阳鹳山公园，从江边突然传来落水男孩的求救声音。千钧一发之际，休假中正在散步的90后海军士官杨进，顾不上脱下衣服，纵身跃入江中救起男孩。这一感人瞬间被现场群众拍下，上传到“富春风尚汇”。经审核，杨进被选树为“富阳好人”。“富春风尚汇”系统自动推送至区级媒体，快速形成图文和短视频，并联动新华社等权威媒体，传播量迅速上升，达2300万人次。

2021年起，富阳区委宣传部联合富阳日报社推出月度“富阳好人”发布活动。每月中旬在《富阳日报》纸媒、新媒体端同步发布“富阳好人榜”。广大市民朋友可以通过“富春风尚汇”数字化应用场景，或者拨打“富阳好人”热线，推荐身边的好人好事。区文明指导中心协同部门联合核查，予以宣传推广。2023年6月，“富阳好人榜”再次发布，救助落水者的郭水珍、蒋连珍、凌菊仙，“乡村老娘舅”何国新，孝顺好人黄月芳，救援好人孙佳平等上榜。在之后发布的“富阳好人榜”中，通过“富春风尚汇”，富阳区还发现并推出了“最美协警”“最美外卖小哥”“最美教师”等数十名最美人物。

记录美，从抽象到具体

富阳区文明办在前期调研过程中还发现，在以往，尽管通过多方努力，最美风尚已在富阳初步形式，好人好事不断涌现，但践行最美的社会氛围还有待于进一步浓厚，各级文明创建常态化、长效化机制也有待于继续健全，这主要是因为“人”作为文明基本单元的参与度不足，人们发现美、传递美的积极性尚未充分发挥出来。

孟子说：“人皆有不忍人之心。”每个人都有怜悯体恤别人的心理。看

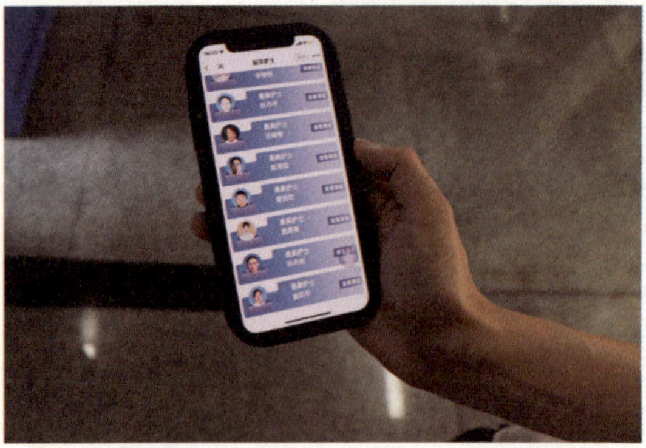

群众浏览富春风尚汇“最美群像馆”

到落水的儿童，如果你恰好在事发地点，出于人的本能，一般人都会不假思索地上前去救助。被救起的小孩的家人一般也都会感谢。但大家在口头上或者行动上的感谢，会随着事情的过去而成为过去，往往不会留下痕迹，至多也就是在口头上流传。

所以，发现美之后，还要记录美，把美的人物和他的事迹记录下来，宣传出去，一点一滴堆积起来。众人拾柴火焰高，小溪流汇聚成大江河，共同的发现、相互的赞许，个体的美就能被更多的人看见，从而带动其他人也加入美的队伍，从而形成巨大的社会正能量，使践行最美的社会氛围逐渐浓厚起来，各级文明创建常态化、长效化机制由此也会建立健全起来。

“富春风尚汇”就是基于这样的考量，通过发现美、记录美、崇尚美，让“最美”引领风尚。何超的献血事迹主动“被发现”“被记录”后，引起了很多人的关注。家人、亲朋好友对他的献血事迹也颇多赞赏，更多支持。在他的影响下，亲友们纷纷加入了献血队伍，何超的妻子就这样也成了一名献血者。她非常认同丈夫的爱心行动，同时也以自己的行动支持何超。有了孩子之后，他们会“错峰”献血。何超的一位朋友，在得知何超的献血事迹后受到感召，也加入了无偿献血队伍。受感召的人越来越多，由此便形成了风尚。

何超说，十几年来自己坚持献血，至今已近 70 次，但献血总量也就几万毫升。而献血车一天出去，采集上百个人的血量，一天就可以采集到几万毫升。

一个人的能量毕竟有限，只要全社会每个人都参与到践行美、崇尚美的行列中，那么美的事迹就如滔滔江水，生生不息，绵绵不绝。

崇尚美，从精神到物质

富阳区文明办在调研中还发现，“礼遇最美”的长效激励机制有待于完善，重集中宣传、轻常态长效的现象较为突出，缺乏全生命周期的关心关爱。往往是，最美人物影响力在几周后就明显下降。对最美人物，常常也是以精神激励为主，大部分最美人物甚至不清楚有哪些礼遇政策。

如何让最美人物切切实实地获得礼遇，让美的崇尚得以持续？如今，当何超和朋友、同事外出活动时，他可以用他的风尚行动获得的风尚分，来兑换各类礼遇物品，大家都对他能免费获得这些物品感到好奇，纷纷询问：你是怎样获得风尚分的？我们该怎样才能获得风尚分？何超耐心地向他们解释，他说，每个人都可以通过手机支付宝或者“浙里办”APP 登录“富春风尚汇”，注册并激活账号，在“最美我申报”模块主动申报，只要你做了好事，只要你为最美风尚做出了实际行动。

群众展示富春风尚汇场景

“富春风尚汇”的“1+2+4+N”总体架构和多跨协同应用，就为

“礼遇最美”提供了可靠的途径。“1”是富春风尚汇数字驾驶舱，“2”是上线“浙里办”“浙政钉”两端，“4”即发现、践行、崇尚、礼遇最美4个子场景，“N”即N个应用模块，目前已经上线16个。多跨协同应用实现了三个贯通：数据贯通、层级贯通、政策贯通。“富春风尚汇”通过美的发现、美的记录，用“风尚换风尚”，实现“最美礼遇”普惠共享，创新推出“16+X”礼遇机制，汇聚文化、旅游、文联、卫健、公交、地铁、银行、《富阳日报》、富春山居集团、城建集团、通信运营商等10余家主体和力量，对最美人物给予便捷出行、景区免费、舒心就医、低息贷款等政策。

目前，“浙江有礼·富春风尚”已经成为根植于人的内心修养，无需提醒的自觉。经过数字赋能改革，最美人物的发现和推广的多元度更高了。全区最美人物从2021年的500名上升到2022年的760名。“富春风尚汇”推出前，最美人物宣传以区级为主，传播量也就一二十万，推出后传播量指数级增长，千万级传播的最美人物就有3个。

精神共富是共同富裕的应有之义。“富春风尚汇”通过数字赋能，引导广大人民群众发现最美、记录最美，进而践行最美，崇尚最美，打造全社会“人人争当最美，处处尊崇最美”的精神共富大场景，以“最美人物”为小切口，撬动“社会治理”大变革，为引领全社会形成精神共富新风尚提供了富阳经验。

陈　锦

图书在版编目（C I P）数据

边城 / 沈从文著. — 2版. — 长春 : 吉林美术出版社,
2015.6（2022.11重印）
（美绘经典系列）
ISBN 978-7-5386-9723-0

Ⅰ. ①边… Ⅱ. ①沈… Ⅲ. ①中篇小说－中国－现代
Ⅳ. ①I246.5

中国版本图书馆CIP数据核字(2015)第111966号

MEIHUI JINGDIAN XILIE　BIAN CHENG

美绘经典系列　边　城

作　　者　沈从文
绘　　者　杜　斌
出 版 人　赵国强
责任编辑　栾　云
编　　辑　杨　溢
开　　本　787mm×1092mm　1/16
印　　张　12
版　　次　2015年6月第2版
印　　次　2022年11月第7次印刷

出　　版　吉林美术出版社
发　　行　吉林美术出版社
地　　址　长春市净月开发区福祉大路5788号
邮政编码　130118
网　　址　www.jlmspress.com
印　　刷　长春新华印刷集团有限公司

ISBN 978-7-5386-9723-0　　定价：25.00元

送给孩子们的经典美文

《365夜童话》
《安徒生童话》
《父与子（全彩畅销版）》
《格林童话》
《经典神话传说》
《三字经》
《世界著名童话》
《唐诗三百首》
《一千零一夜》
《伊索寓言》